高校招生制度改革研究丛书

高校自主招生的公平与效率：
实证研究

刘　进◇著

FAIRNESS AND EFFICIENCY RESEARCH ON UNIVERSITY SELF-ADMISSIONS OF CHINA:

AN EMPIRICAL STUDY

北京理工大学出版社
BEIJING INSTITUTE OF TECHNOLOGY PRESS

版权专有　侵权必究

图书在版编目（CIP）数据

高校自主招生的公平与效率：实证研究 / 刘进著. —北京：北京理工大学出版社，2020.11
　ISBN 978-7-5682-8053-2

　Ⅰ. ①高… Ⅱ. ①刘… Ⅲ. ①高等学校–招生制度–研究–中国 Ⅳ. ①G649.22

中国版本图书馆 CIP 数据核字（2020）第 013684 号

出版发行 /	北京理工大学出版社有限责任公司
社　　址 /	北京市海淀区中关村南大街 5 号
邮　　编 /	100081
电　　话 /	（010）68914775（总编室）
	（010）82562903（教材售后服务热线）
	（010）68948351（其他图书服务热线）
网　　址 /	http://www.bitpress.com.cn
经　　销 /	全国各地新华书店
印　　刷 /	三河市华骏印务包装有限公司
开　　本 /	710 毫米×1000 毫米　1/16
印　　张 /	15.75
字　　数 /	213 千字
版　　次 /	2020 年 11 月第 1 版　2020 年 11 月第 1 次印刷
定　　价 /	66.00 元

责任编辑 / 梁铜华
文案编辑 / 杜　枝
责任校对 / 周瑞红
责任印制 / 李志强

图书出现印装质量问题，请拨打售后服务热线，本社负责调换本研究是国家自然科学基金资助项目"提升弱势群体自主招生参与的公平与效率研究：关系模型与政策改革研究"（项目编号：71403020）成果。

作者简介

刘进（1985—），男，江苏省东海县人。北京理工大学人文与社会科学学院副教授、硕士生导师、教育学博士。主要从事自主招生公平、大学教师流动、"一带一路"高等教育、学术劳动力市场、学术职业等研究。先后主持国家自然科学基金青年基金、面上基金3项，主持其他省部级课题5项。在商务印书馆等出版学术专著多部，在期刊发表学术论文130余篇。美国波士顿学院访问学者。发起创立"一带一路"高等教育研究国际课题组，组织召开多次"一带一路"高等教育国际会议。曾被中共中央组织部全国组织干部学院、北京市委教育工委借调，曾任海南省昌江黎族自治县人民政府副县长（挂职）。

目 录

第一章 高校自主招生的公平与效率 ………………………… 1
 一、研究背景与研究意义 ……………………………………… 1
 二、国内外研究现状及发展动态分析 ………………………… 4
 三、研究内容与研究假设 ……………………………………… 24
 四、技术路线 …………………………………………………… 32

第二章 什么是自主招生公平
    ——理论模型与实证计量研究 ……………………… 35
 一、自主招生公平的概念与表征 ……………………………… 35
 二、自主招生公平发生机理：公平效率互动联系的视角 …… 40
 三、自主招生公平现状及其与效率的关系 …………………… 43
 四、提升弱势群体自主招生参与的公平性：改革建议 ……… 49

第三章 中国高校自主招生公平的现状与问题研究
    ——基于经济资本、人力资本、社会资本的分析框架 …… 56
 一、研究背景 …………………………………………………… 56
 二、自主招生公平问题研究的理论框架 ……………………… 59
 三、三类资本与自主招生的关系分析 ………………………… 69
 四、研究发现与政策建议 ……………………………………… 80

第四章 性别对自主招生影响的实证研究 …………………… 84
 一、文献综述与研究框架 ……………………………………… 84
 二、数据来源 …………………………………………………… 87
 三、研究发现 …………………………………………………… 88
 四、结论与建议 ………………………………………………… 97

第五章 中学在自主招生中做了什么?
——中学自主招生参与的实证研究 …… 100
一、文献综述与研究框架 …… 100
二、数据来源 …… 104
三、研究发现 …… 105
四、结论与建议 …… 114

第六章 自主招生学生比统招生更优秀吗?
——两类学生学业表现对比研究 …… 118
一、自主招生与统招生入校后学业表现:已有观点 …… 118
二、数据来源 …… 121
三、研究发现 …… 122

第七章 知晓率对弱势群体参与自主招生的影响 …… 134
一、弱势群体自主招生知晓率的基本情况 …… 134
二、关于弱势群体自主招生知晓率的实验干预 …… 142
三、弱势群体自主招生知晓率低的原因探究 …… 147

第八章 社会资本对高校自主招生影响的实证计量 …… 151
一、分析框架 …… 151
二、数据来源 …… 154
三、研究发现 …… 155
四、结论与讨论 …… 162

第九章 再论自主招生的科学性
——基于对学生入校后学业表现的分析 …… 165
一、自主招生入校后学业表现研究的框架设计 …… 166
二、自主招生学生入校后学业表现状况分析 …… 168
三、自主招生学生入校后学业表现的影响因素分析 …… 171
四、研究发现与讨论 …… 177

第十章　中国高校自主招生地方保护主义的大数据分析 ……180
　　一、研究假设与计量工具 ……180
　　二、数据来源与分析工具 ……183
　　三、研究发现I：自主招生名额投放的"本地效应"分析 ……183
　　四、研究发现II：自主招生名额投放的"断崖效应"分析 ……185
　　五、研究发现III：自主招生名额投放的"补偿效应"分析 ……186
　　六、研究结论与讨论 ……189

第十一章　弱势地区高中生自主招生参与的公平问题研究 ……192
　　一、理论预设 ……192
　　二、概念界定和数据来源 ……195
　　三、研究发现 ……196
　　四、研究结论与建议 ……201

第十二章　什么影响弱势中学生的自主招生报名率？ ……204
　　一、研究背景与分析框架 ……204
　　二、概念界定与数据来源 ……205
　　三、研究发现 ……206
　　四、研究结论与建议 ……212

附录 ……215
　　附1：高校招生制度改革实施效果调查问卷I（高校学生） ……215
　　附2：高校自主招生制度改革实施效果调查问卷II（考生家长） ……226
　　附3：高校自主招生制度改革实施效果调查问卷III（中学生） ……233
　　附4：致学生家长关于积极了解自主招生政策的信函 ……238

第一章 高校自主招生的公平与效率

一、研究背景与研究意义

2003年,北京大学等首批22所高校开始进行自主招生试点,尝试在高考之外另行组织对高中生的考核。过去10年,自主招生试点学校不断增加,参与学生不断增多,降分幅度不断增大,已成为考生获得重点高校录取机会的重要途径之一。2013年,党的十八届三中全会首次就推进自主招生改革做出全面部署,使自主招生改革成为2020年前中国招生改革的核心走向。但与此同时,自主招生制度却一直饱受争议,核心集中在现有制度对弱势群体的自主招生参与造成不公平。谁是自主招生中的弱势群体?弱势群体是否在自主招生中显失公平?弱势群体自主招生公平问题与效率问题的关系如何?弱势群体自主招生公平问题产生的过程是怎样的?如何采取有效措施保障弱势群体能公平地参与自主招生活动?亟须学界开展深入研究。本课题在自主招生改革的关键时点进行此项研究,具有多个方面的理论与实践意义。

其一,厘清公平与效率的导向关系,为弱势群体自主招生决策提供基础依据。

长期以来,自主招生制度设计"公平优先"还是"效率优先"的导向不清,亟须通过研究,从源头上厘清自主招生公平与效率的基本关系,为改善弱势群体的自主招生参与状况提供决策依据。2003年,教育部在最早的自主招生制度设计中更多凸显"效率"目标,即"三个有助于"目标,由于对弱势群体考生的关注不足,导致大量不公平问题出现。本课题组连续 4 年对 52 所自主招生高校的调查显示,来自西部地区的生源只占 8.7%,农村生源只占 8.45%,父母为农民的生源只占 7.5%,就读于非重点中学的生源只占 2.2%,且多次调查发现这一状况并未好转。面对公平质疑,教育部于 2010 年加上了第四个"有助于"目标("有助于高考自身的科学、公平、安全、高效"),却使自主招生公平效率之争变得更为激烈。此外,学界对于弱势群体考生的自主招生参与研究也不足,尤其是对其背后的公平与效率导向的论证缺乏,使改革决策一直缺乏理论依据,正如有研究者指出的,"自主招生进行了长达 9 年的探索,但还停留在一些基本理念的纠缠上,一些学校甚至是在错误的导向下误入歧途"。反观世界上一些主要国家,它们非常重视高校招生制度对于弱势群体的影响,以及其背后的公平与效率关系研究。比如,美国加州等地在 21 世纪初开始推行"百分比计划",2003 年就委托哈佛大学民权项目组进行了全面评估,研究发现政策设计有违"公平导向",对低收入家庭考生造成不利,据此及时做出了调整并持续评估后续改革效果。本课题研究与上述对"百分比计划"的评估有相似之处,将以弱势群体为观察视角,通过研究从本源上厘清自主招生改革的基本导向与现实偏差,为自主招生决策奠定基础。

其二,构建弱势群体自主招生预警机制,强化改革决策中的"底线思维"。

对公平底线的坚守是各国招生制度设计的核心。中国历次高考改革的经验也表明,教育公平尤其是弱势群体的参与程度是改革持续进行的基础保障。自主招生制度关乎优质高等教育资源的分配,涉及宏大的社会利益再分配问题,关乎社会流动乃至社会稳定,必须代表最广大人民的根本利益,"特别要注意防止改革减少了农村和弱势家庭的孩子上好大学的机会"。保障弱势群体公平参与权益,就是招生改革决策应有的底线思维。而这种底线思维的维护,需要科学的研究做支撑。本研究基于公平与效率的基础理论研究,构建起弱势群体自主招生公平与效率的动态预警模型,可持续开展自主招生政策运行状况的监测,有效防止改革对于弱势群体的"显失公平",守卫自主招生的公平底线。与此同时，通过预警成果的定期发布，还可拓宽民众对于自主招生改革的认知，形成全社会共同监督的良好氛围，保障改革在良性轨道上运行。

其三，保障弱势群体的公平参与，破解招生改革"一统就死、一放就乱"的困局。

中国高等教育多次改革都陷入"一统就死、一放就乱"的两难境地，招生改革领域尤其如此。自主招生改革自2003年至今，实际上也已出现过多次教育主管部门对招生权限的"收""放"过程，最近的一次是2013年"人大自主招生事件"，该事件发生后，教育部迅速下文，要求各高校"严格控制自主选拔录取招生比例"（而在此之前主要是鼓励各高校扩大自主招生比例），已显示出权力收缩上移的趋势。作为落实高校办学自主权的关键步骤，自主招生改革如果找不到破解上述两难境地的有效举措，恐难逃改革失败的命运，可能将高校落实办学自主权的机会彻底葬送（教育主管部门下一次"放权"可能将遥遥无期），也将从根本上延误中国现代大学制度建设的进程。本研究直面自主招生的公平质疑，客观化的观测指标、理论化的关系模型、定量化的数据采集、科学化的研究实验，不仅是对自主招生运行状况的评估与监督，更是对该项制度的保护，将通过研究帮助决策者及时纠正改革的方向和举措偏差，为制度运行提供合法性基础。

其四，揭示公平与效率的作用原理，探寻弱势群体自主招生参与的改革路径。

弱势群体自主招生参与的公平与效率问题已客观存在并较为严峻（详见本项目文献综述部分），当前最亟须开展的是制度改革的出路研究，而这背后是对几类关系模型的深入探究。宏观上，是公平导向与效率导向的主次关系模型研究，回答的是改革大的方向性问题。微观上，进行公平起点、过程和结果三要素的关系模型研究，探索三者之间的逻辑关系，是否存在"中介变量"，回答"中介变量"对于弱势群体自主招生参与公平状况改善的影响；进行效率要素对于公平要素的作用关系模型研究，探索过程变量（效率）对于结果变量（公平）的作用机理。研究将部分揭开自主招生公平产生的根源与"过程黑箱",并有效地从关系模型的检验结果中探寻政策改革路径。通过上述关系模型研究,在理论上将走出传统的"公平效率对立"的研究思维,对于自主招生及整个招生制度改革研究都将具有理论意义。

其五,开展弱势群体的实验干预研究,为改革决策提供直接参考。

自主招生包括整个招生考试领域的研究方法亟须革新。目前有关自主招生的研究大多仍停留在"讲讲道理、摆摆证据、说些原因、提点建议"的阶段。基于科学研究提出切实可行对策的偏少,导致政策改革缺乏智力支持。本课题在公平与效率关系模型研究的基础上,引入实验方法,考察各项可能的改革举措对于提升弱势群体参与状况的影响,可有效甄选出具有操作性的政策改革举措,直接为改革提供参考。研究方法上的突破,也把自主招生研究从当前的现象评价、制度分析阶段,推进到政策评估和实验推广阶段,对于整个招生制度改革研究也具有借鉴意义。

二、国内外研究现状及发展动态分析

(一)研究的理论界定

(1)"弱势群体"主要是指来自弱势地区、弱势阶层和弱势中学的考生。学者们对于自主招生中公平问题的担忧主要来自3个方面:宏观上,区域间名额分配方式引发不公。高等教育区域发展失衡、招生的地方保护主义、区域间基础教育失衡与人才培养理念、方式上的差异等,使农村地区、西部地区考生在自主招生中处于劣势,"上品无寒门,下品无士族"现象突出。中观上,区域内名额分配方式引发不公。中国客观存在的重点中学制度、高校生源基地制度造成了自主招生名额分配的"马太效应";应考成本过高也大大降低了弱势群体的参与度。微观上,中学内名额分配、高校人才选拔方式与过程引发不公。中学内名额分配方式、过程和结果引发质疑;高校有关学生应考资格的制定、命题的科学性、面试的有效性、考核过程的公正与公平性、以及附带产生的招生寻租与腐败等也引发质疑。

从学界自主招生公平的关注点来看,自主招生中的"弱势群体"主要包括 3 类人:① 弱势地区考生。包括家庭处于中、西部地区的考生和家庭处于农村地区(含乡镇和农村)的考生。② 弱势阶层考生。即父母职业处于不利阶层的考生。③ 弱势中学考生。即高校不投放自主招生名额的中学(一般为非重点中学)的考生。<u>本研究认为,满足上述 3 个条件中的 2 个,考生即可视为自主招生中的"弱势群体"</u>。即自主招生的弱势群体包含 4 类人(图 1-1 中交叉部分)。

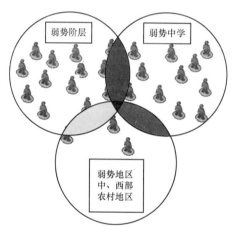

图 1-1 自主招生中弱势群体概念界定示意图

(2)"知晓率"(IR)、"报名率"(RR)和"成功率"(SR)是弱势群体自主招生公平观测的核心指标。公平,意指"公正合理,不偏袒一方"。学界对于教育公平的定义很多。比较有代表性的观点包括,美国学者格林认为教育机会的公平分配需要将"符合必要的教育"与"符合能力的教育"相结合,据此提出"平等与最善"的教育机会均等原理。瑞典著名学者胡森对于"教育机会公平"有以下解释:① 入学机会均等,或入学不受歧视。② 受教育过程中的机会均等。③ 取得学业成功的机会均等,标志是社会保证每个社群的子女在各级各类教育中所占的比重,与其家长在总人口中所占的比重大致相等。罗尔斯强调公平的"补偿原则",他认为为了平等地对待所有人,提供真正的同等的机会，社会必须更多地注意那些天赋较低和出生于较不利的社会地位的人们。这个观念就是要按平等的方向补偿由偶然因素造成的倾斜。

从理论脉络看，历史上共出现过三个主要原则支配了高等教育的招生政策。① 继承优势。这是第一阶段高等教育参与的特征：这种参与的选择是基于学生的优势，而这种优势是继承来的，与环境相关，主要是指有幸出生在上层社会阶层的受教育者，一般是住在城市的男性。结果就是，学生只是因为所属的优势社会阶层而被选中参与高等教育。② 权力平等。到了 20 世纪，因为人口学、经济学、政治学等对高校招生的施压，继承优势逐渐被抛弃，取而代之的是权力平等的观念。其主要观点是高等教育应该向更多人开放，特别是那些社会出身不好的人。高等教育要能够代表国家的多样性，见证国家的民主。这一概念最初是被向女性提供平等入学机会的原则所激发，逐渐变为要求取消性别、种族和社会阶层的壁垒。尽管高等教育系统已经变得多样化，也在人口学上向更广的阶层扩大了其接受范围，但单纯的继承优势仍然流行。甚至，即便一些国家高等教育已实现大众化，但在高等教育结构内部，不同学科、不同学校和不同研究领域间仍存在较大差距。因此，权力平等这一原则，无论是通过向所有高中毕业生提供大学入学机会（如法国、德国、以色列）的方式，还是通过国家入学考试（如美国、印度尼西亚、越南）的方式，都受到了对其顽固坚持社会背景的质疑。质疑认为，社会背景决定了参与高等教育的程度，也决定了所受高等教育的类型。因此，过去几十年，主导的高等教育入学理论是对机会平等的强调。③ 机会平等。机会平等理论最先起源于规范经济学领域。这一理论强调要超出一般的机会平等，认为高等教育参与是具有不同程度的竞争力的，拥有较好经济、社会和文化资源的人总是有优势。解决的方法就是将继承优势变为考核学生的学术水平与他们所面临的各种困难之间的距离。

根据教育公平与招生公平的研究，结合我国自主招生制度的发展现状，本研究认为自主招生公平应在充分保证"教育机会"公平的基础上，发挥"平等最善"原则兼顾选拔效率，提倡"弱势补偿"原则促进机会平等。其中，弱势群体的自主招生参与状况是观测自主招生公平状况的关键维度。按照起点公平、过程公平和结果公平的基本思路，本研究将弱势群体在自主招生中的知晓率、报名率和成功率作为公平观测的指标。①"知晓率"（Informed Rate，简称IR），即考生能够准确及时掌握自主招生信息的情况。②"报名率"（Register Rate，RR），即考生报名参加高校自主招生选拔的情况。③"成功率"（Succeed Rate，SR），即考生最终获得自主招生录取的情况。成功率（SR）又可细化为3项观测指标，即"报名成功率"（Succeed Rate of Application，SRA，即获得自主招生笔试资格）、"笔试成功率"（Succeed Rate of Examination，SRE，即通过笔试获得自主招生面试资格）、"自主招生录取成功率"（Succeed Rate of Autonomous Enrollment，SRAE，即获得自主招生录取资格）。需要注意的是，这里的知晓率、报名率和成功率都是相对值，即弱势群体的参与状况与非弱势群体参与状况的比值。其运算公式表达为：F（IR）=IR弱势群体/IR非弱势群体；F（RR）=RR弱势群体/RR非弱势群体；F（SR）=SR弱势群体/SR非弱势群体。

自主招生公平观测的指标体系，如表1-1所示。

表1-1 自主招生公平观测的指标体系

一级指标	二级指标	三级指标	公式表述
自主招生公平（F）	知晓率（IR）	\	IR弱势群体=N1（准确及时掌握自主招生信息的弱势群体学生数）/N（弱势群体学生总数）
	报考率（RR）	\	RR弱势群体=N2（报名参加自主招生的弱势群体学生数）/N（弱势群体学生总数）
	成功率（SR）	报名成功率（SRA）	SRA弱势群体=N3（获得自主招生考试资格的弱势群体学生数）/N（弱势群体学生总数）
		笔试成功率（SRE）	SRE弱势群体=N4（获得自主招生面试资格的弱势群体学生数）/N（弱势群体学生总数）
		自主招生录取成功率（SRAE）	SRAE弱势群体=N5（获得自主招生录取资格的弱势群体学生数）/N（弱势群体学生总数）

（3）"信效度"（RV）、"成本"（C）是弱势群体自主招生效率观测的核心指标。效率最初的含义是机械、电器等工作时，有用功在总功中所占的百分比，后主要指功效、有效、见效，也指单位时间内完成的工作量。

国际学界对于教育效率的分类主流观点是内部和外部（经济）效率的划分，效率（efficiency）大多被定义为是输入和输出（结果）的关系。其中非常重要的因素是金钱投入，正如 Lockheed 和 Hanushek 所认为的，"如果过多考虑非金钱投入，得出的是效果（effectiveness）的概念"。教育的外部效率最早是由 Mingat 和 Tan 定义的，是指在教育部门之外，实现社会的不同目标。从这个方面说，输出是指更广的社会目标（经济增长、就业率增加等）。教育的内部效率是指教育部门内部的教育输入和输出之间的关系。输入（如学生等）通过"生产"（教育学上的）过程从而被"转换"为输出（如毕业生数量、毕业生掌握的知识等）。教育的内部效率包括：经济效率（用已有资源生产出的最大产出）和技术效率（用已有输入和技术生产的最大产出）。

但招生考试的效率与普通教育领域中的效率研究有较大区别。考试研究专家刘海峰教授对于招生考试效率的定义得到学界的广泛认可。他认为，招生考试主要观测两种效率，"一种效率是人才选拔方面的效率，即如何提高考试的信度、效度，准确地测验出应试者的实际水平，将优秀者选拔出来供高等学校挑选；另一种效率是指如何使考试本身做到高效、经济，能够使考试简便易行，省时、省事、省力"。

本研究认为，自主招生的效率考察重点应放在"信效度"和"成本"两项指标上。① 自主招生的信效度（RV）。主要考察招生制度的科学性情况，其中信度（Reliability，R）用来测验招生结果的一致性、稳定性和可靠性，效度（Validity，V）用来考察所测量到的结果反映所想要考察内容的程度。② 自主招生的成本（Cost，C）问题。主要是考察招生制度的方便性状况，其中成本又包含金钱成本（Financial Cost，FC）和时间成本（Time Cost，TC），如考生及其所在家庭成员准备应考的时间。

自主招生效率观测的指标体系，如表 1-2 所示。

表 1-2 自主招生效率观测的指标体系

一级指标	二级指标	三级指标	公式表述
自主招生效率	信效度（RV）	信度（R）	$R = 1 - D(e)/D(X)$ [$D(X)$ 为实际测量样本的总体方差，$D(e)$ 为测量结果误差的方差]
		效度（V）	$V = (D(V))/(D(X))$ [$D(X)$ 为实际测量样本的总体方差，$D(V)$ 为有效结果的方差]
	成本（C）	金钱成本（FC）	$FC = \sum_i \sum_j FC_i j$（$i$ 为考生家庭，j 为招生学校）
		时间成本（TC）	$TC = \sum_i \sum_j TC_i j$（$i$ 为考生家庭，j 为自主招生）

（二）自主招生公平的理论与实证研究

已有的自主招生公平研究存在"3多3少"的现象：① 文章数量多，差异性观点少。② 研究人员多，连续性研究少。③ 描述性研究多，定量化研究少。据笔者在"中国知网"的统计（截至 2014 年 3 月 4 日），自主招生研究领域共发表核心期刊文章 162 篇，其中约 1/3 涉及自主招生公平问题，主要表达了对弱势群体参与公平状况的担忧。但研究观点大多较为相似，即自主招生公平的若干表现、问题、影响等，研究人员流动性强，发表超过 3 篇及以上自主招生公平研究文章的仅 5 人。此外，实证调查研究比较欠缺。

1. 理论研究

高等学校的招生公平研究大多建立在古典主义、功利主义、平均主义和罗尔斯主义 4 种公平观的基础之上，学界一般将之区分为实体公平和程序公平，或者起点、过程和结果公平。中国学界对于自主招生公平的研究大多认为，自主招生应更注重程序公平或过程公平，重点放在规则公平和执行公平上。学界对于自主招生公平的主要质疑如表 1-3 所示。

表 1-3 学界对于自主招生公平的主要质疑

项目	观点概括	代表学者	核心观点综述
宏观质疑	违反《宪法》对公民受教育权的保护	杨世建，2010	将招生名额分配给特定人群，违反了《宪法》对公民受教育权的保护，并客观加剧了城乡、地区的不平等，且违反了联合国确定的高校录取学生的基本原则
微观质疑	自主招生名额投放造成不公	张继明，2007；杨德广，2006；何 静，2011	优秀人才被"贴上地域标签"，将名额投放到重点中学、生源基地和经济好的地区，扩大了高校招生的地区差异
	应考成本增加造成不公	庞守兴，2003；刘海峰，2011	考生因经济条件不足，放弃参加自主招生或在参加过程中处于劣势
	选拔不科学造成不公	明 凤，2007；应朝帅，2007；周剑清，2010	由于命题科学性欠佳，自主招生仍处于"低层次公平"
	面试造成不公	刘 萍，2007；尹晓敏，2012	学生表达能力的差异降低了教育的公正性
	寻租腐败造成不公	刘 进，2012	自主招生中高校权力扩大，腐败和寻租可能因此滋生
	政策执行偏差造成不公	张继明，2005	自主招生政策实施过程中变形走样，产生各类不公平问题
	择校受限造成不公	张维平，高建京，2011	自主招生"联盟"争抢生源，学生被迫与高校"签约录取"，限制了其选择其他高校的权限造成不公
	"推良不推优"造成不公	刘海峰，2007	中学为提高升学率，推荐不优秀的学生参加自主招生，对优秀学生造成不公
微观质疑	报名材料弄虚作假造成不公	杜婷婷，2012	自主招生催生出了形形色色的竞赛获奖证书，数量繁多且难以判断，部分考生申请材料还交由专业公司帮忙准备，申请材料以假充真、以次充好，对其他考生造成不公

学界对于自主招生公平问题的原因分析集中在 3 个方面：<u>一是经济原因</u>。认为自主招生所考察的"技艺"与"能力"是"用钱堆出来的"，经济原因抑制了低收入阶层子女从高等教育获益的可能性。也有一些学者担忧高校在自主招生名额投放时会考虑学费收入

问题，导致经济欠发达的地区学生录取比例低。<u>二是文化原因</u>。认为自主招生并非一种"标准刚性"的制度，极易困于人情，滋生腐败与不公。且高校行政色彩浓厚、防腐拒变能力差，难以从根源上杜绝招生腐败。有的学者甚至担心再现"文革"中的推荐选拔制度，导致"弄虚作假、指名选送、授意录取"等现象发生，造成高等教育的质量滑坡。<u>三是制度原因</u>。认为当前自主招生在命题、施测、评卷、录取等技术环节都存在缺陷，容易导致其被负面消极因素侵扰产生不公问题。

　　整体来看，已经有一定数量的文章关注了自主招生公平的研究，但真正的基础理论研究仍比较欠缺。① <u>有关自主招生公平的定义与指标体系研究匮乏</u>。已有文献彼此之间缺乏对基本概念的界定与讨论，"各说各话"现象较为突出，也缺乏基于成熟的理论范式与分析框架的公平理论研究，研究总体上较为零散。此外，已有文献对于自主招生公平的观测缺乏明确的指标体系，使得本就稀少的实证研究停留在一些基本比例的统计上，缺乏自主招生公平发生规律的探究。② <u>有关自主招生公平指标各要素之间的关系模型研究缺乏</u>。按照本研究的界定，已有文献更多属于"自主招生录取率"（SR）的研究，缺乏对其他公平指标要素的研究，也缺乏各指标之间关系模型的研究，这直接导致对于深层次公平问题的"透视"不足。③ <u>从"弱势群体"视角对自主招生公平问题的专门研究缺乏</u>。虽然已有的自主招生公平问题的探讨大多建立在对于弱势群体参与的关注基础上，但已有研究并无专门的对于自主招生中弱势群体的界定，也无专门从弱势群体考生视角的直接考察，研究的针对性并不强。而事实上，自主招生中的弱势群体和普通社会学研究的弱势群体甚至与普通高考中的弱势群体都不同，需要开展专门研究（比如普通高考对于弱势中学考生虽然不利，但不至于限制其报考资格）。

　　2. 实证研究

　　按照本研究有关自主招生公平的3个观测指标的界定，学界已有的研究显示，弱势群体在自主招生活动中的"知晓率""成功率"问题已较为严重。但目前学界仍缺乏有关其"报名率"的研究。已有的研究证实：

其一，弱势群体的自主招生知晓率（IR）低且呈固化趋势。

目前较大规模的一次实证研究是本课题组受教育部委托，于2007年对2003—2006级52所高校自主招生学生的普查（以下简称"自主招生普查"），该项研究还按照1:1的比例抽取了对照组（传统高考学生），并开展了大规模的招办主任、中学领导与教师和考生家长的调查。结果显示，学生、家长及中学教师对于自主招生知情度普遍较低，如高三家长对自主招生政策"完全不了解"的占了25.2%，只有13.9%的中学领导与教师对该政策"非常熟悉"。该次普查后，本课题组又进行了连续追踪调查。2011年对湖北省"北约""华约"考点355位自主招生家长的问卷调查显示，即使他们的子女已经进入自主招生考场，他们选择对该项政策"非常熟悉"的也只占5.2%，"比较熟悉"的占39.8%。此外，学界一项对上海某高校232位已入校大学生的调查也证实了上述结论。该调查显示，来自东、中、西部的生源对自主招生制度"非常了解"的依次占24.6%、14.8%和6.25%，西部生源选择"在此之前从未听说过"的比例居然高达31.25%。

但是，本课题组的前期访谈发现，弱势群体的知晓率（IR）过低并不一定是宣传手段落后造成的。① 自主招生宣传缺失存在人为因素。客观存在故意阻碍宣传的情况，部分地区将自主招生推荐权视为"教育福利"，以"不影响中学秩序""推良不推优"进而提高升学率等为借口，压制宣传，导致中学生自主招生信息获取不足的问题突出。一些获得自主招生参与资格的学生回忆称："是班主任偷偷地告诉我这个信息。"② 家庭文化资本匮乏制约了弱势群体自主招生知晓率。自主招生以各高校为单位，收集招生信息工作量大，当前更多由家长进行信息收集工作，其学历水平、知识结构和教育技术水平等影响了信息获取的结果（即IR的高低）。已有的研究显示，考生家长的文化背景对学生自主招生了解程度有显著影响。③ 教师家庭子女更易获得招生信息资源。父母职业为教师的考生，在自主招生中占据显著优势。"自主招生普查"结果显示，52所高校连续4年获得自主招生资格的学生中，超过1/4来自教师家庭。这与自主招生信息宣传主要掌握在中学教师手中有很大关系，笔者对教师家庭考生的知晓率（IR）与成功率进行相关分析发现其呈显著正相关关系（相关系数为0.67）。

其二，弱势群体的自主招生成功率（SR）低且呈固化趋势。

弱势地区考生的自主招生参与度过低。"自主招生普查"的数据显示，与传统高考相比，中西部地区、农村地区考生处于"边缘化"地位。获得自主招生录取的学生中，47.0%来自东部地区，44.1%来自中部地区，仅有8.9%来自西部地区；来自直辖市或省会城市的占40.4%，地级市占31.1%，县级市（含县城）占13.7%，乡镇占6.4%，农村只占8.4%；如果按照城市、农村二元划分，则来自城市的占85.2%，来自农村的仅占14.8%，城乡比达5.75:1，远高于中国实际城乡人口比（1:1.8），也高于该次调查高考学生的成相比（1.13:1）。郑若玲（2010）对教育部"阳光高考"平台公布的自主招生录取考生名单的统计也显示，录取考生主要分布在东部和中部，西部上榜考生寥寥无几。2011年，本课题组对湖北省的调查显示，该省最终获得笔试资格的考生中，农村生源只占7.1%，乡镇生源占6.4%。2011年，《新京报》报道，清华大学通过初审的考生中约有3/4的学生来自城市。复旦大学校长承认"自主招生对农村学生不公平"。2012年，杜婷婷对上海8所高校4 922名自主招生学生的地域分布分析发现，中部省份生源仅占10.48%，西部生源仅占4.27%。她对上海某理工科自主招生高校的案例分析则发现，2012年该校通过自主招生录取的农村户籍的考生仅占18.12%。

弱势阶层的考生自主招生参与度过低。"自主招生普查"数据显示，这4年间获得自主招生录取的考生，父母所从事职业类型从高（一类职业）到低（四类职业）存在显著的入学分化；并且，连续4年，这一比例无显著改善。与传统高考相比，父母处于弱势阶层的学生在自主招生制度中几乎成为"边缘化"人群。2011年，课题组对湖北的问卷调查再次显示：职业类型为"农业从业人员"的只占7.5%，而职业类型为"国家机关、企业、事业单位一般工作人员"和"教师及专业技术人员"两类所占比例之和超过55%，占据了大多数家庭。

<u>弱势中学</u>的考生自主招生参与过低。"自主招生普查"显示，2003—2006年，"非重点中学"的考生通过自主招生进入高校的比例仅为2.2%。且连续4年，这一比例无显著改善。2006年的一项公开数据显示，上海交通大学自主招生面试近5%的非重点中学考生当中，无1人最终获得自主招生录取名额。2011年，本课题组对湖北省的问卷调查显示，该省获得自主招生考试资格的学生中，无1位来自"普通中学"的考生，而来自"省级示范中学"的考生占85.3%，"市级示范中学"占14.7%。

总体来看，<u>已有的自主招生公平实证研究比较缺乏，既存在基础数据采集缺乏的问题</u>，也存在各公平要素关系模型研究缺乏、公平要素与其他要素（如效率）作用模型研究缺乏的问题。已有的文献中有关自主招生公平的实证研究仅5篇，且大多数只包含少量对基础公平数据的描述或进行过小样本调查，研究的代表性和科学性不足。本课题负责人所在课题组曾进行过大规模调查，但由于当时研究条件和研究深度所限，该数据库也难以支持公平与其他要素的相互作用研究，不利于从根本上发现公平产生的原因、过程、作用机理和改革的路径。

（三）中国自主招生效率研究

当前学界对于自主招生效率的研究仍比较缺乏，期刊文献仅9篇，且尚没有系统的自主招生信效度和成本研究。

其一，自主招生效率的既有研究以高校招生成本为主要视角。

已有的研究认为，目前高校自主招生面临的主要问题之一是成本高、效率低，而且主要是指高校的招生成本过高。一方面，高校自行开展招生活动导致投入大幅增加，"但真正符合学校要求的学生却很少"。另一方面，学生对于自主招生政策的使用率过低，也使得高校招生成本居高不下。研究显示，只有30%左右通过自主招生的学生利用降分政策进入大学。某年度浙江大学自主招生42人，41人达到正常录取线。此外，有学者认为学生在自主招生中的"背信弃义"也是自主招生效率低的表现，这造成了高校大量人力、财力和物力的浪费。

其二，有关自主招生效率的成本、信效度研究仍比较缺乏。

已有研究绝大多数站在高校的立场来思考和分析自主招生的效率问题，其核心是对于高校招生成本的讨论，而事实上，按照招生效率的普遍理解，学生应考成本和招生选拔本身的信效度才是招生改革效率的关键体现。本研究按照刘海峰教授的界定，将自主招生的效率定义为成本与信效度两个观测指标，文献阅读发现，目前学界专门开展这两项效率指标的研究尤其是实证研究的文献仍比较缺乏。① <u>成本研究缺乏调查支撑</u>。不少学者曾指出自主招生成本过高导致弱势群体参与度低，但都缺乏实证数据支持。目前笔者所掌握的唯一实证证据是本课题组于2011年在湖北省开展的调查（人均自主招生参与成本为4 203元），但仍缺乏全国性数据，且对成本的调查缺乏时间成本指标。② <u>信效度研究不足</u>。目前仍未有对自主招生笔试信效度进行的专门研究，只有个别研究关注了面试的效度，研究发现目前的面试选拔并不理想。如黄金贤对上海A大学学生的中学学习成绩、冬令营测试成绩、竞赛获奖成绩、面试成绩、高考成绩及入学后成绩的相关分析发现，面试成绩未反映出较好的相关性与信效度。

其三，自主招生公平与效率的关系研究存在欠缺。

西方学界有关招生制度的公平与效率的对比研究非常普遍，这可以帮助研究者从更广阔的视角来思考招生制度设计。但如果从数量上来看，也存在公平研究偏多，效率研究偏少的问题，意大利学者Izraeli和Murphy认为，这是高等教育领域传统上一直抵制对其进行效率和生产率分析造成的，"大多数高等教育机构的非营利性质使得研究者难以对其是否有效率给出具体的结论，也难以对其效率进行理论上的衡量"。中国情况更是如此，截至目前，中国学界仍比较缺乏有关自主招生公平与效率关系的研究。刘海峰教授对普通高考的公平与效率进行过阐述，他认为，在公平与效率的两端，管理者或决策者会趋重于效率，被管理者或民众则更关注公平，高考改革的发展趋势是从效率优先走向公平优先，继而走向公平与效率的兼顾与平衡。哈佛大学 Charles Willie 教授认为，高校招生过程中"卓越"代表的是质量，它反映的是个体特征；而"公平"体现的是在许多个体之间分配有限资源、机会、服务等的方法或者技巧，它具有群体性、组织性等特征。一味追求"卓越"或者"公平"都不能达成高等教育所追求的知识创新、培养人才、造福社会的理想境界，"没有公平的卓越将导致孤芳自赏式的骄傲自大，只执着公平而不追求卓越将最终归于平庸"，他认为卓越与公平可以相辅相成地完善彼此。本课题负责人在《公平与效率：高校自主招生的五大争论》一文中，与 Willie 教授所持观点较为接近，从 5 个方面论述了公平与效率理论上的内在关系，但仍缺乏实证数据的支撑。

从研究数量来看，<u>自主招生的效率研究处于与公平研究"不对等"的地位，既缺乏理论关注，也缺乏实践关注，此外，对于弱势群体在自主招生中的效率表现也缺乏专门研究</u>。从研究内容来看，有关自主招生效率的研究既缺乏基本的概念界定与数理模型计算，也缺乏有关各指标现实表现的数据统计与分析，更缺乏效率指标与其他指标（如公平）作用关系的研究。造成这一结果的原因有很多，其中之一是中国对于招生制度的"研究文化"，任何招生改革的出台最先接受的往往都是来自教育公平的严苛审视，而恰恰忽略了对公平背后其他因素影响的挖掘。

（四）其他国家（地区）保障弱势群体招生参与的有关研究

英文中并无与"自主招生"直接对应的词汇，主要因为西方国家的招生活动绝大多数属于高校的基本权利，无须单独强调其自主性。虽然如此，一些主要国家（地区）招生制度设计和执行过程中也面临弱势群体入学率不高、公平遭受质疑等问题，其采取的相关举措对本研究具有重要的借鉴意义。

1. 全球招生改革实践：自主招生与标准化考试的结合

当前世界范围的高校招生制度改革正出现两种走向：一方面，原来招考制度高度统一的国家和地区（强调大规模标准化考试），招生考试在向多元和分散方向发展。比如，韩国在传统高考之外，逐渐恢复了各高校的自主招生权限。另一方面，原来高校招生相对分散、自由的国家，则逐渐强调统一考试的重要性。如俄罗斯2001—2008年逐渐实施的全俄国家统一考试，改变了高校完全自主招生的局面。中国的自主招生改革，围绕大规模标准化考试（传统高考）与各高校自主招生的结合展开制度设计，与国际上此轮招生制度改革的总体趋势是一致的。具体来看：

第一，东亚邻国——韩国，从标准化考试到自主招生的改革路径可为中国提供借鉴。韩国考试文化与中国比较相似，韩国的自主招生改革某种程度上为中国改革提供了有益借鉴。该国于1980年废除了各大学的自主招生制度，逐步用严格的全国统一考试取代各高校的自主招生。但自2002年起，各高校逐渐恢复了招生自主性，依据综合生活记录簿、大学学习能力考试、大学自行组织的考核、非教学科目资料、面试、微机科目资料等6类资料录取新生。且近年来不断降低高考在录取中所占的成绩比重，通过更多非教科书领域，使大学通过考试充分了解学生的各方面成绩，这一改革举措受到了大学和考生的欢迎，并对人才选拔和培养产生了积极意义。

第二，中国高教制度参照国——俄罗斯，从完全自主招生向标准化考试的改革取得实效。中国高等教育体系很大程度上受俄罗斯的影响，该国的改革经验特别值得关注。该国曾实施了较长时期的完全自主招生制度，引发了诸多质疑尤其是公平质疑（如招生腐败质疑、面试的科学性质疑）。为此，俄罗斯于2001年通过了《关于试行国家统一考试的决定》，开始大力推行国家统一考试。到2007年，89个联邦主体中的82个联邦主体参加了国家统一考试，参与人数占到考生总数的70%。这一改革举措使得招生公平状况大为好转，也大大降低了高校招生组织的压力。

第三，高等教育强国——美国，自主招生多样化设计和公平保障举措值得借鉴。美国是比较典型的自主招生国家，该国招生制度设计具有代表性。美国高校尤其是研究型大学招生设计强调多样化，既考虑标准化考试成绩，也纳入大量多元评价指标。同时，制度设计包括有公平补偿的举措。美国名牌大学招生并不仅仅看SAT成绩。有旅美学者根据《普林斯顿评论》指导考生自我评估"录取竞争指数"的方法，整理出美国名牌大学衡量考生综合素质的"标准公式"（括号中的数字是每个考生可能得到的分数范围）如下：综合素质总分=就读的高中（0~4分）+课程难度（0~21分）+年级排名（-1~3分）+平均成绩（0~16分）+SAT成绩（6~25分）+全国荣誉学者（0~3分）+申请论文（-3~5分）+推荐信（-2~4分）+课外活动（-5~30分）+种族多元化（-3~5分）+体育活动（8~40分）+超级录取（40分）+[体育教练点名（5~10分）+家住远处（3分）+父母因素（5~8分）+多元化（3~5分）]，其中多项指标都是公平补偿指标。

中国自主招生改革符合国际上标准化考试与自主招生相结合的改革趋势。亚洲邻国韩国的经验说明，长期施行大规模标准化考试容易抑制创新人才的培养，不利于高校和中学办学；而俄罗斯的招生制度改革则说明，自主招生的施行也不能完全放弃标准化考试，否则将导致公平问题发生且效率低下。而对照美国多元化的招生录取标准，说明多样化录取是自主招生制度设计的核心，其中公平保障举措非常重要。

2. 保障弱势群体招生参与的有关研究

与中国类似，发达国家招生考试制度关注的核心也是公平问题。一些国家的制度设计进行了诸多保障公平的努力，但仍受到学术界的严密"监督"。这些主要国家（地区）的招生公平保障举措将为本课题政策改革研究提供广阔思路，学术界有关招生公平的一些研究方法和结论则为本课题研究提供重要借鉴。

（1）美国招生制度的公平关注点。美国的招生制度设计强调对弱势群体参与的"公平补偿",《平权法案》(Affirmative Action)是美国公立大学制定招生政策的重要法律依据之一。这一法律的主要目的是为少数族裔及家庭背景较差的学生提供更多的教育机会,使大学生的组成从种族、家庭经济情况及父母教育程度等角度来实现多元化。但这一法案自实施以来也受到一些质疑。批评者认为,在大学招生中使用相关条款来支持大学招收学业成绩较低的少数民族学生,降低了大学的教学质量。更有许多人批评这项法律对被大学拒之门外的更合格的白人学生具有歧视倾向。针对这些批评,一些州也曾进行了大幅改革尝试,如自1999年开始,佛罗里达州、得克萨斯州和加利福尼亚州纷纷推出了"百分比计划",以申请学生在其所在中学应届毕业生中的排名为评价标准,进而确定他们是否达到大学招生的最低要求(其实是在保障公平基础上对于改善效率的努力),对此,美国加州大学常桐善教授专门进行了研究,他发现这一过程中面试、推荐信和个人陈述或作文往往导致不公发生。这一发现与中国目前自主招生运行的问题颇为相似,已经有证据显示,一些中介机构甚至加入了学生申请材料"造假"的行列,而且中国的城乡二元分化更为严重,弱势地区考生因面试表达能力欠缺造成的公平问题已充分显现。在政府之外,美国各高校也采取诸多措施促进教育公平。哈佛大学为鼓励和帮助处于劣势的少数族裔申请入学,便专门设立了"少数族裔录取项目"(Undergraduate Minority Recruitment Program),帮助少数族裔学生获得各种申请信息,增加申请的自信心。斯坦福大学在招生时并不是仅看学生分数,还要看他们是在什么条件下得到这一分数的,如果一个考生所处的家庭、社会环境较差而能取得较好的分数,在大体相当的分数下会获得优先录取。著名心理学家罗伯特·斯腾伯格(Robert Sternberg)主持了塔夫茨大学的"彩虹"招生项目研发,削减了由目前标准化考试的弊端所造成的对不同种族、性别的学生在招生中的不公平性。美国这些高校的努力取得了一定的成效,中国目前清华大学的"自强计划"等也部分借鉴了美国的主要举措,对于改善弱势群体的自主招生参与状况具有积极意义。

（2）英国招生制度的公平关注点。英国与美国类似，招生公平研究主要来自对阶层差异的关注，尤其是1967年"卜劳顿报告"提出"积极差别待遇"（positive discrimination）的理念之后，教育机会均等的内涵由入学机会的均等，扩大至使来自"社会—经济"不利地位的学生有得到补偿的机会均等，英国大学在招生中对文化和教育不利地区的学生提供积极性的补助政策，以改善他们与发达地区学生公平竞争的能力。20世纪90年代至今，英国高等教育在实行了高学费政策之后，各大学更加注重通过"高升计划"（Step-up initiate）等积极措施来保障贫困地区和贫困阶层青年的入学。

（3）俄罗斯自主招生制度改革对于教育公平状况的改善。俄罗斯（苏联）1974年之后的招生制度全面改为自主招生，但20世纪90年代之后尤其是普京上台后，为了改变传统自主招生带来的公平性差、人才选拔效率低下问题，通过多次招生改革，形成了如今自主招生与标准化考试并重的考试格局。这大大扩大了农村学生和弱势群体学生的入学机会，且增加了这些学生进入有名望大学和热门专业的机会，缩小了区域、城乡差异，促进了阶层流动，促进了高等教育公平的实现。中国高等教育体制曾全面学习苏联，但很大的不同在于招生制度的设计，大规模标准化考试一直是中国招生制度设计的核心，这可能与悠久的科举考试文化有关，自主招生公平问题的发生也在一定程度上来源于历史文化（如人情文化）。虽然如此，俄罗斯毕竟在政治体制上曾经与中国有相似之处，其自主招生公平问题主要发生在苏联解体前，对于中国的借鉴在于，在一党制国家实行完全自主招生具有公平风险，自主招生与标准化考试的平衡可能是该种类型国家招生考试改革的主要方向。

（4）中国台湾地区"多元入学"的自主招生方案引发的公平问题。中国台湾的自主招生改革面临的公平质疑与中国大陆非常相似。中国台湾从2002年开始制订大学多元入学新方案，在联考（注：不同于中国大陆的高考，更类似于自主招生中的联盟考试）以外，扩大申请入学和推荐甄选的比例，希望能改变联考"一考定终身"和弱势家庭子弟的不利处境，但是，实施过程中申请入学过程反而对中产以上阶层的学生比较有利，其中以课外活动社团参与和口试两项为主，导致很多不公平问题发生，比如"甄选只要通过简单的基本学力测验再参加面试，很可能产生'关说'、走后门、开假证明等情形……为了让学生符合推荐条件，老师不得不替学生制造表现机会，最常见的做法是让学生轮流担任干部"，"多元入学的'关说'特权已到骇人听闻的程度"，中国台湾TVBS的民调显示，六成的家长对多元入学方案的公平性持质疑态度，七成家长赞成恢复以往的联考制度。

总体来看，主要发达国家（地区）招生公平面临的问题与中国比较类似（比如中国台湾地区、美国都出现面试对弱势群体不公的问题），一些主要举措也值得中国借鉴。当然也存在较大的差异，最大的不同是国情，中国客观存在的东、中、西部发展上的差异，中国的城乡分化，中国高等学校分布的不均衡与自主招生名额分配的地区化，中国自主招生名额在省域的初次分配、在中学的二次分配、在中学内部的三次分配等都与西方不同，因此，本文研究设计部分将更突出中国本土特点，归根到底，中国的自主招生改革具有强烈的本土特色。总体而言，西方对于教育公平与效率的关注点仍值得借鉴，尤其是研究方法上更多采用实证方法对本课题设计具有启发意义。

（五）已有研究评析

目前学界对于自主招生问题已非常关注，研究文献数量较多，已有的研究成果对于本课题设计具有非常重要的借鉴意义。已有研究呈现出与普通招生考试领域研究相类似的特点（比如更关注公平研究），但也存在类似的问题（如实证研究缺乏）。如果从自主招生政策改革的视角来看，目前学界研究主要在3个方面存在不足。

其一，研究立场上，对自主招生研究的定位不准，导致研究缺位。

自主招生正成为中国高校招生制度的主流形式，但这一现实被学界严重低估，导致对自主招生的定位不准、研究缺位。自主招生改革虽然广受学界关注，但却一直被部分学者认为仅仅是又一次在高考框架内的改革，自主招生被认为是"戴着镣铐跳舞""高考改革的自留地""传统高考补充形式"。该种定位导致自主招生研究难以深入系统，对一些根本性问题如"招生设计到底是公平导向还是效率导向""政策设计要不要重点关注弱势群体的参与公平"等缺乏有力论证和科学回答，改革缺乏指向性、科学性和系统性。而本课题组分析发现，自主招生无论从何种意义上说，都将成为中国高校招生制度的主流。证据①：从实施状况看，自主招生已从高校招生制度的补充形式逐渐变为主流形式。课题组对2014年各高校最新的自主招生简章分析发现，自主招生已逐渐成为考生获得各重点高校录取资格的最关键环节。从覆盖高校数看，自主招生覆盖了大多数重点高校，90%的"985高校"、70%的"211高校"和约15%的"省属本科高校"已开展自主招生活动；从录取学生数看，各高校年自主招生招录人数6万～8万人，覆盖30万～35万最优质考生；从降分幅度看，各高校自主招生学生平均降分41分，占高考录取分数线的7%；部分高校降分超过100分（如清华大学、浙江大学、中国科学技术大学等），超过高考总录取分数的20%，成为学生获得优质高校入学机会的最重要"法宝"。证据②：从政策走向看，自主招生改革已上升为国家意志，将成为中国2020年之前高校招生制度改革的最核心内容。第一，自主招生已在很大程度上形成了对传统高考制度的突破。2006年，复旦大学和上海交通大学深化自主招生改革，高考从招生录取"决定性"因素变为"参照性"因素，初步探索出了以自主招生（而非高考）为核心的招生录取模式。2014年，部分重点高校逐步将自主招生录取分数线降至一本线以下（如中国海洋大学获得自主招生录取的学生可降到一本线以下10分录取），不断打破传统高考对人才选拔的刚性束缚，在事实上明确了高考分数在招生录取中的从属地位。第二，自主招生已纳入党的最高计划性纲领。2010年，国务院出台的《国家中长期教育改革和发展规划纲要》明确提出了"学校依法自主招生"的表述，其中涉及的招考分离、分类考试、综合评价、多元录取等也都是自主招生的基本特征。2013年，党的十八届三中全会进一步提出:"推进考试招生制度改革,探索招生和考试相对分离、学生考试多次选择、学校依法自主招生、专业机构组织实施、政府宏观管理、社会参与监督的运行机制,从根本上解决一考定终身的弊端。"这是首次在执政党最重要的施政方针中如此大篇幅围绕招生制度改革做出全面部署。并且再次也更全面地论述了自主招生的改革方案,清晰描绘了招生改革蓝图中自主招生将起到的核心作用,明晰了自主招生改革中的各方职能。第三,自主招生更大幅度的改革呼之欲出。一批考试研究学者和决策者正力图推动自主招生的更大幅度改革。比如,将自主招生置于高考之后开展,以高考分数为基础,各高校酌情参照高考分数自主招生的新办法(复旦大学、上海交通大学、同济大学、上海财经大学等已经酝酿把自主招生考试移到高考之后进行,将高考成绩作为资格标准接受申请,利用高考后的1个月时间完成自主招生)。这将进一步明晰高考作为"大规模标准化考试"的常模参照作用,高考与自主招生的关系将彻底改变,自主招生必然成为高校招生的主流环节。<u>证据③:从国际经验看,中国的自主招生改革与当前全球高校招生改革的主流趋势相一致。</u>该项证据已经在上述文献综述中得到清楚的体现。

　　自主招生制度从高校招生的补充形式逐步变为主流形式,这要求学界研究的立场相应变化。从更广阔的视野、运用更科学的方法、采取更扎实有效的制度分析开展自主招生研究,为化解自主招生现实矛盾、迎接自主招生深入改革提供理论指导和决策参考。

　　其二,研究对象上,缺乏以弱势群体为关注点的系统研究。

　　弱势群体参与状况是招生制度设计的重要关注点,也是教育公平的重要体现。目前大多数自主招生公平研究虽然有对于弱势群体参与的关注,但基于该群体视角进行专门深入的研究不足。① 缺乏对自主招生中"弱势群体"基本概念的界定。自主招生中谁是弱势群体,谁是"强势群体",在现有文献中仍未有清晰的界定,导致研究缺乏明确的指向性。② 缺乏以弱势群体为视角的专门研究。缺乏深入到弱势地区、弱势阶层和弱势中学的考生当中,对于其自主招生参与过程和结果的专门研究,导致研究不深,无法抓住关键矛盾与矛盾的主要方面。③ 缺乏对弱势群体自主招生参与的规律研究。对于弱势群体参与不公的表现有一定的描述,但缺乏进一步对于规律的探索,尤其是公平产生机理的研究不足,无法得出有效的改革建议。

其三,研究技术上,对自主招生研究不深,科学性弱,政策建议操作性不强。

主要体现在 4 个方面:① 研究的科学性不足。系统、科学、大样本的实证研究比较缺乏;缺乏规范的研究方法,很大部分的研究仍是对现行政策的简单评说。② 公平与效率的系统研究、作用规律研究欠缺。已有研究大多单独关注自主招生公平或效率的某个方面,或将二者对立起来,或将宏观、中观和微观层面的自主招生公平与效率问题混杂在一起,研究缺乏系统性,也未认识到自主招生公平与效率的紧密联系与可能的相互转化规律,以及公平、效率内部各要素之间的规律。③ 预警研究欠缺。缺乏对于自主招生公平与效率走势的判断与预警,也缺乏对于公平与效率的长期、动态、追踪研究。④ 有效的对策建议偏少。已有研究大多停留在政策分析和制度评价上,强调发现问题、证实问题而非解决问题,缺乏经过有效验证、切实可行的政策建议。

三、研究内容与研究假设

本项目拟从自主招生公平与效率关系模型的"应然"层面入手,提出初始的概念模型和理论预设,再经由实证研究对初始概念模型和理论预设进行检验、修正和完善,最后进行综合性的实验干预研究,进而提出、检验和验证改善弱势群体自主招生参与状况的政策方案。

本项目的研究内容包括以下 3 个子研究:① 弱势群体自主招生参与的公平与效率:基本现状、主次关系及预警模型研究。通过德尔菲专家调查,从"应然"层面构建公平与效率的主次关系模型,形成公平与效率观测的指标体系；采集自主招生、传统高考 2 类途径入校学生的数据，掌握弱势群体自主招生参与的公平与效率现状；分析"实然"与"应然"自主招生层面公平与效率主次关系的错位状况及背后原因；并根据公平与效率观测指标体系，结合专家对预警区间的划定，形成预警模型，动态开展自主招生运行状况评估与监督。② 弱势群体自主招生参与的公平与效率：作用关系模型研究。分析知晓率、报名率和成功率 3 个公平要素之间的基本关系；分析效率的各要素对于公平各要素的作用关系，部分揭开弱势群体自主招生参与中公平问题产生的过程"黑箱"，从理论上探寻有效的政策改革路径。③ 提升弱势群体自主招生参与的效率与公平：实验干预及政策建议研究。以前述自主招生公平与效率的主次关系模型、作用机制模型研究为基础，结合自主招生的比较研究成果和学界的改革建议，重新思考中国自主招生的政策设计，对有关改革举措的可行性进行实验验证与完善，最终形成促进弱势群体自主招生参与公平与效率提升的政策改革建议。本项目研究的基本逻辑框架，如图 1-2 所示。

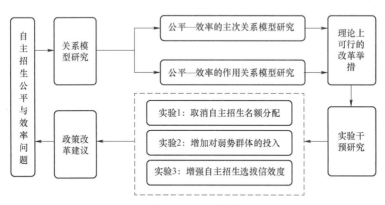

图 1-2 本项目研究的基本逻辑框架

研究 1：弱势群体自主招生参与的公平与效率：基本状况、主次关系及预警模型研究。

国际学界对于招生制度改革的评估，核心指标是公平与效率（或其中之一），主要方法是围绕改革目标—构建指标体系—采集数据进行政策评估—提出政策改革建议。比如 Izraeli 和 Murphy 用数据包络分析法对 52 所意大利公立大学的招生效率进行了评估，发现现有招生政策限制了部分学校的招生增长，同时增加了其他学校的招生负担。

招生研究中的"机会平等理论"（EOp 理论）是本研究的基础。该理论认为，个人取得的成就部分是由环境造成的（如继承遗产和社会背景），部分是个人努力（或相似变量）的结果。由于环境带来的不平等是不公平的，理应尽可能地消除；而由于不同的个人努力带来的不平等则是可以接受的。这一理论激发起国际学界的大量研究，这些实证研究集中在衡量机会不平等（Inequality of opportunity，IOp）的程度和评估 EOp 中的公共政策，主要从收入分配等角度予以讨论。世界银行也一直基于 EOp 模型在对发展中国家的机会公平进行实证分析。借鉴 Eop 分析模型，中国自主招生制度改革，应排除环境因素对弱势群体获得高等教育入学机会的影响，而与普通高考的比对是最为关键的步骤。

可以认为，中国自主招生公平与效率的主次关系包含四种组合。①"公平为主，兼顾效率"。在此种情况下，弱势群体在自主招生中的参与状况应好于传统高考，但成本、信效度情况可能不如传统高考。②"效率为主，兼顾公平"。弱势群体在自主招生中的参与状况弱于传统高考，但保持在可接受范围，与此同时，自主招生的效率状况好于传统高考。③"兼顾公平与效率"。自主招生的公平状况、效率状况都与传统高考大致相当。④"既不公平也不效率"。即不仅弱势群体的自主招生参与度低于普通高考，而且自主招生的效率也不如高考。

前文所述，决策者在自主招生政策设计上存在导向上的"摇摆"，到底是公平优先还是效率优先尚无定论。因此，本文对于弱势群体自主招生参与的公平与效率的关系模型研究，将更多听取来自学界及利益相关者的声音，区分理想中公平与效率的主次关系模型（制度设计的"应然"层面）和现实中二者的主次关系模型（制度推行的"实然"

层面），如果发生偏差，这种偏差可能就是公平与效率当前所存在问题产生的制度原因。学界已有的证据显示（参见本项目文献综述部分），这种偏差很有可能以上述第4种形式出现（既不公平也不效率）。有关自主招生公平与效率的关系模型的假设可以概括为：

假设1：自主招生公平与效率主次关系模型在应然和实然层面存在偏差，这导致了公平与效率问题的发生。

假设1a：弱势群体在自主招生中的公平状况，显著弱于弱势群体在传统高考中的表现。

假设1b：弱势群体在自主招生中的效率状况，显著弱于弱势群体在传统高考中的表现。

研究2：弱势群体自主招生参与的公平与效率：作用关系模型研究。

1. 公平各要素之间的关系模型研究

已有的研究证实，当前弱势群体自主招生公平的知晓率（IR）、成功率（SR）较低（参见本项目文献综述部分）。但迄今为止，学界一直缺乏弱势群体的报名率（RR）研究，以及对IR、RR和SR的关系研究。在部分西方国家，高校非常重视和鼓励弱势群体进行入学申请，将提升弱势群体报考率作为促进教育公平的重要手段。作为表征考生自主招生参与积极性的报名率（RR）指标，是不是介于知晓率与成功率之间的关键变量？如其与知晓率和成功率都存在显著的相关关系，则意味着可通过调节报名率，提升弱势考生的自主招生成功率（SR）。此研究假设可概括为：

假设2：弱势群体自主招生的知晓率（IR）、报名率（RR）和成功率（SR）之间存在显著相关关系。

假设2a：IR、RR、SR存在两两相关关系。

假设2b：IR对SR的影响需要通过RR来实现（即RR是中介变量）。

假设2c：弱势群体自主招生参与存在从初始环节到最终环节类似于"能量衰减"的规律，即存在IR>RR>SR现象。

如果这一假设获得证实，则说明：

第一，弱势群体自主招生参与的公平问题存在于所有环节。既存在信息获取途径不畅、信息不对称的问题，又存在弱势群体考生报考积极性不高的问题，还存在自主招生考核过程中针对弱势群体的其他不公问题（如民众讨论较多的寻租问题、或面试手段可能造成对弱势群体选拔的不公问题等）。

第二，弱势群体自主招生参与公平问题存在层层累加，不断加剧扩大的问题。弱势群体自主招生的总体公平性 $\approx IR_{弱势群体} \times RR_{弱势群体} \times SR_{弱势群体}$，由于 IR、RR 和 SR 逐渐变小（且都小于 1），导致弱势群体自主招生参与的总体公平性逐级变差。这可能是当前弱势群体自主招生参与公平现状严峻的原因，即自主招生公平问题并非学者们所认为的某个环节的因素造成的，而是各环节都存在不公，最后由各环节的不公形成的叠加效应造成的。

第三，弱势群体自主招生参与公平问题存在多种原因。弱势群体参与自主招生的知晓率（IR）偏低，对应的是投入不足，尤其是政府投入不足（如报名宣传不足）；报名率（RR）偏低，对应的是激励不足，尤其是对弱势中学名额分配不合理；成功率（SR）偏低，对应的是选拔方式科学性不足，对弱势群体造成不公。相应的，如果要改变自主招生公平现状，也应从这 3 个方面抓起，单一的对策很难改变公平格局。

第四，自主招生名额分配机制是造成公平问题发生的关键。如果假设得到验证，报名率（RR）指标发挥着公平"中介"变量的作用，则说明自主招生的名额分配导致了不公问题发生。由于高校将自主招生推荐权层层分配，导致中学之间出现了"有推荐权的中学"和"无推荐权的中学"的差异，中学内部出现了"获得了推荐资格的学生"和"没有获得推荐资格的学生"的差异，这些差异大大打击了那些没有获得推荐权的中学、没有获得推荐资格的学生的报名积极性，即 RR 指标水平较低。因此，对于自主招生公平状况的改善除了传统的举措外，更需探索"取消名额分配机制"等举措。

2. 效率要素与公平要素之间的关系模型研究

目前学界对于自主招生公平与效率的认识仍主要集中在二者冲突对立的层面,对于二者的内在逻辑、互动关系等规律研究不足,这可能是导致一些旨在保障自主招生公平的政策沦为"头痛医头脚痛医脚"的应急政策的主要原因。弱势群体自主招生参与的公平状况本质上是自主招生参与结果的呈现;弱势群体自主招生参与的信效度和成本两项效率指标,则属于人才选拔的过程变量。是否可以认为,是作为效率的过程变量导致了公平结果的发生?

如果按照时间顺序,分析自主招生"信效度"(RV)、"成本"(C)两类效率变量可能对自主招生公平发生作用的过程区间(表1-4),可以发现,RV变量更多是在报名之后发挥作用,即在"笔试成功率"(SRE)和"自主招生录取成功率"(SRAE)2个指标发挥作用。而"成本"(C)指标则可能对自主招生"知晓率"(IR)、"报名率"(RR)和"报名成功率"(SRA)3个指标产生影响。对于IR而言,弱势群体可能因成本问题无法有效获得自主招生信息;对于RR而言,弱势群体可能因担忧应考成本而放弃报名;对于SRA而言,弱势群体可能因担忧应考成本而减少报名学校数量或只报考离家较近的高校,降低了获得考试资格的机会。

表1-4 弱势群体自主招生参与效率对公平的可能影响区间

公平变量		效率变量	
	知晓率(IR)	\	成本(C)
	报名率(RR)	\	
成功率(SR)	报名成功率(SRA)	\	
	笔试成功率(SRE)	信效度(RV)	\
	自主招生录取成功率(SRAE)		\

基于上述分析,自主招生公平与效率的作用关系基本假设可概

括为：

假设 3：弱势群体自主招生参与的效率不足，导致弱势群体自主招生参与的公平性差。

假设 3a：自主招生信效度（RV）差，导致弱势群体笔试成功率（SRE）和自主招生录取成功率（SRAE）较差，即 RV 分别与 SRE、SRAE 存在显著正相关关系。

假设 3b：自主招生成本（C）高，导致弱势群体自主招生知晓率（IR）、报名率（RR）和报名成功率（SRA）指标差，即 C 分别与 IR、RR 和 SRA 存在显著负相关关系。

如果这一假设获得证实，则说明：可以通过提高弱势群体的自主招生参与效率来改善公平状况。一方面，可以探索降低自主招生成本或加大信息化建设及增加政府公共财政投入；对弱势群体参与自主招生进行成本补偿，方便弱势群体更多参与自主招生活动，改善自主招生公平状况。另一方面，可以探索改革自主招生笔试和面试的形式与内容，通过提升笔试、面试信效度最终促成弱势群体自主招生参与公平现状的改善。

研究 3：提升弱势群体自主招生参与的效率与公平：实验干预及政策建议研究。

在上述 2 部分研究的基础上，结合研究假设的验证情况，进行可行性对策建议的论证。并据此进行干预实验的设计，检验各项举措在实际操作中的有效性，为决策提供直接参考（注：本部分研究建立在前 2 部分研究的基础上，如果自主招生公平与效率的关系模型研究结果与假设存在差异，课题组将及时调整或修正实验设计）。

实验干预研究主要包含 3 项实验。

实验 1：取消自主招生名额分配机制，对于改善弱势群体自主招生公平参与状况的影响。

本研究的假设 2 分析发现，报名率（RR）指标很可能是自主招生公平的"中介"变量，通过提高 RR 水平将有利于改善公平状况。而影响 RR 水平的最重要因素是现存的自主招生名额分配机制，这对于弱势群体参与的积极性造成挫伤。

事实上，以重点中学、生源基地为基础的自主招生推荐制，人为扼杀了普通中学和未获得推荐资格学生的自主招生参与权，在传统高考的地区名额分配制度之外又形成新的招生壁垒。在政策执行过程中，还导致中学内部的权力寻租、中学"推良不推优"等问题出现。推荐制本质上是高校招生能力不足与申请学生数过多这一矛盾的一种妥协办法。西方高校大多没有实行这种推荐制，但通过多重举措解决了这一矛盾：一是限定标准化考试成绩要求；二是制订个性化申请要求；三是公布申请人数与年度录取比例。因此，如果通过合理的制度设计，取消推荐制不仅不会对中国高校自主招生活动带来负面影响，还可大幅提高弱势群体考生的参与度。

如果假设2成立，则本研究将更能通过实验干预进一步深入探讨取消自主招生名额对公平状况带来改观的可能性。

实验2：增加投入，对于提升弱势群体知晓率（IR）、报名率（RR）和报名成功率（SRA）的影响。

本研究的假设3a分析发现，成本（C）指标对于IR、RR和SRA三个环节可能发挥重要作用。而理论上，信息占有多寡和家庭背景状况不应成为自主招生的人才筛选标准。但当前很多学生尤其是边远地区、普通中学和弱势群体阶层的学生，却因信息不畅而被动放弃自主招生机会。与此同时，高校单独组织开展中学宣讲等活动，成本高、覆盖面窄、干扰中学教学、形成恶性竞争。欧美国家大多在国家（联邦）层面拥有非营利性的社会中介服务组织，较好地承担起中学生院校和专业信息宣传服务工作。构建起更规范的公共自主招生宣传平台，让更多学生获得知情权，将大幅提升弱势群体参与度，并大幅降低各高校招生宣传成本。

如假设3a得到验证，本课题则将通过对中学生的干预实验，探索不同类型的增加投入的举措，对于弱势群体自主招生参与的IR、RR和SRA指标改善的影响。

实验3：增强自主招生选拔的信效度，对于提升弱势群体自主招生参与的"笔试成功率"（SRE）、"自主招生录取成功率"（SRAE）的影响。

本研究的假设 3b 分析发现，信效度指标（RV）对于 SRE、SRAE 指标可能发挥重要作用。

事实上，中国尚缺乏以甄别学生兴趣、能力、特长和潜质为目标的大规模、标准化自主招生测试。各校单独测试数量过多导致中学生应考成本高、可选高校数量受限。少数自主招生联盟命题的科学性也存在质疑。欧美国家自主招生多以标准化测试为基础，高校极少单独组织测试。且研究证实，大规模标准化考试选拔成本低、信效度好、有利于教育"公平"。标准化测试不同于高考，基于不同难度系数构建起来的巨型试题库，可大幅提高命题科学性，能通过测试对学生综合素质展开测评，也允许高校对考试进行模块化处理以实现差异化；可大幅降低弱势群体参与自主招生测试难度；是一年多考招生制度改革的基础；还可给予学生多次失误、试错机会，有效改善中学应试教育状况。但本研究独立构建大规模标准化考试难度过大，因此，选取最接近此类大规模标准化考试的传统高考作为替代（事实上，学界也有用高考取代自主招生笔试考试成绩的呼声，韩晓蓉，2008）。因此，本研究将分析传统高考与现行的自主招生考试的信效度关系，并结合学生最终自主招生录取情况研究当前自主招生考试信效度不高导致的选人偏差问题。

如假设得到验证，研究将进一步通过对中学生的干预实验，探索通过改进考核方式与考核内容，提高笔试面试信效度，对于弱势群体自主招生参与的 SRE、SRAE 指标改善的影响。

四、技术路线

项目实施的技术路线如图 1-3 所示。研究主要包括两大方面。

一是关系模型研究。即探究弱势群体自主招生参与公平与效率的主次关系（假设 1）、公平各要素之间相互作用关系（假设 2）、效率对于公平的作用关系（假设3）。其中，① 公平与效率主次关系的研究。将运用到德尔菲专家调查、自主招生学生、高考学生调查两项数据，研究将比对自主招生公平与效率主次关系模型与普通高考的关系模型，比对"应然"层面（即被调查"专家"有关主次关系模型的判断）与"实然"层面（即学生调查数据反映出来的实际运行中公平与效率的主次关系模型）的差异。通过主次关系模型的研究，结合"专家"们给出的预警区间值，还将在本部分进行"弱势群体自主招生参与公平与效率预警模型"的计算和发布。② 公平3要素之间的作用关系模型的研究。将运用对2015届6所中学的高三毕业生的调查数据，对假设2做出回应，分析IR、RR和SR之间的相关关系，探讨RR作为"中介变量"的可行性，根据本部分的研究结果对实验1设计进行修正。③ 效率2要素对于公平3要素的作用关系模型的研究。将运用对2015届6所中学的高三毕业生的调查数据，对假设3做出回应，分析C变量对于IR、RR和SRA变量的作用关系，分析RV变量对于SRE、SRAE变量的作用关系，根据本部分的研究结果对实验2、实验3设计进行修正。

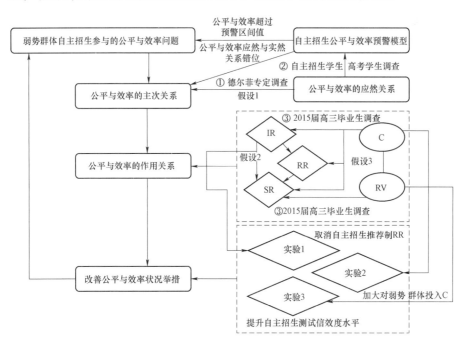

图 1-3　项目实施的技术路线

二是政策改革研究。根据关系模型的研究结果,对实验1、实验2和实验3的实验设计进行修正和完善,确保实验设计与上述关系模型的理论成果保持一致。① 实验1。以6所中学2016届高三毕业生为实验对象,共同考察"取消高校自主招生名额分配"对于弱势群体自主招生参与状况改善的影响。② 实验2。以6所中学2016届高三毕业生为实验对象,通过"增加投入",主要是宣传投入与学生家长的时间投入,考察对于弱势群体自主招生参与状况改善的影响。③ 实验3。以上述"2015届6所中学的高三毕业生的调查数据"为基础,研究提升试题信效度的举措对于改善弱势群体自主招生参与状况的影响。最终,形成中国促进弱势群体自主招生参与公平与效率提升的政策建议。

第二章 什么是自主招生公平

——理论模型与实证计量研究

自主招生是过去 10 年中国高校招生制度改革的重大成就,也是未来 10 年最可期待、最需关注也最有变数的高校招生改革方式。虽然如此,该项改革却长期饱受争议,核心集中在其可能造成的新的教育不公问题。2014 年 9 月,新出台的高考改革总体方案对高校招生制度作出了重大调整,核心集中在对招生公平的关注上,以此为基点对自主招生改革提出了多项改革方案。但是,到底什么是自主招生的公平、什么导致了自主招生不公平问题发生、如何客观评判自主招生公平现状,学界的研究仍相对匮乏。

一、自主招生公平的概念与表征

2003 年至今,学术界对于高校自主招生的研究几乎全部涉及公平议题,其核心在于:扩大的高校招生自主权、中学招生遴选权和推荐权可能滋生新的教育公平问题。虽然如此,学术界却一直缺乏严谨的关于自主招生公平概念的界定,导致理论研究不深、实证研究不足、政策建议不实。

概括来说,已有研究对于自主招生公平问题的担忧主要来自 3 个方面:宏观上,区域间名额分配方式可能引发不公。高等教育区域发展失衡、招生的地方保护主义(吴向明,2004;张亚群,2007;张亚群，2010）、区域间基础教育失衡与人才培养理念、方式上的差异（浦家齐，2007；何方，2013）等，都可能使农村地区、西部地区考生在自主招生中处于劣势，"上品无寒门，下品无士族"（郑若玲，2005）现象突出。中观上，区域内名额分配方式可能引发不公。中国客观存在的重点中学制度、高校生源基地制度造成了自主招生名额分配的"马太效应"；应考成本过高也大大降低了区域内弱势群体参与的差异性（张继明，2005；郑若玲，2010）。微观上，中学内名额分配、高校人才选拔方式与过程可能引发不公。中学内名额分配方式、过程和结果引发质疑（叶赋桂、李越、史静寰，2010）；高校有关学生应考资格的制定、命题的科学性、面试的有效性、考核过程的公正与公平性、以及附带产生的招生寻租与腐败等也引发质疑（王元伟[10]，2009）。

可以发现，自主招生公平研究在宏观、中观和微观层面的关注点存在很大不同。宏观上主要是考察弱势群体自主招生的参与结果，中观上主要是考察高校、中学的自主招生制度和政策本身的公平状况，微观上主要是考察自主招生施行过程的公平状况。但是，中观、微观的公平状况也可以直接反映到宏观维度上来，即如果高校和中学招生政策有失公平、招生活动有失公允，最终都会表现在弱势群体自主招生参与不足这一核心观测维度上来，因此，弱势群体的自主招生参与状况可以作为衡量自主招生公平状况的关键表征。

（一）自主招生公平的观测对象：弱势群体

从学界对于自主招生公平的关注点来看，自主招生中的"弱势群体"应主要包含3类人。① 弱势地区考生。包括家庭处于中、西部地区的考生和家庭处于农村地区的考生。② 弱势阶层考生。即父母职业处于不利阶层的考生。③ 弱势中学考生。即高校不投放或很少投放自主招生名额的中学（一般为非重点中学）的考生。但是，仅仅满足其中一个条件并不能称为弱势群体，如虽然考生地处弱势地区，但如就读于强势中学，同样可能获得较多的自主招生机会。因此，本研究认为，满足上述3个条件中的2个，考生即可视为自主招生中的"弱势群体"。

(二)自主招生公平的观测维度:弱势群体的自主招生参与的知晓率、报名率和成功率

从理论脉络看,高等教育学界共出现过三个主要原则支配着高等教育的招生公平政策设计理念。一是破除继承优势原则。早期的高等教育招生主要是基于学生的优势进行选择,而这种优势是继承来的(Roemer,1998),那些有幸出生在上层社会的受教育者,因为他们所属的优势社会阶层而被选中参与高等教育,因此,在招生政策制定过程中的核心原则是破除该种继承优势。二是权力平等原则。到了20世纪,权力平等理念逐渐取代了继承优势原则,其主要观点是高等教育应向更多人开放,特别是那些社会出身不好的人。这一概念最初是用来支持向女性提供平等入学机会,后来逐渐变为要求取消性别、种族和社会阶层的壁垒。权力平等原则是过去几十年中高等教育入学研究的主导原则。三是机会平等原则。该理论强调,高等教育参与是具有不同程度竞争力的,拥有较好经济、社会和文化资源的人总是有优势,因此,应该将继承优势变为考核学生的学术水平与他们所面临的各种困难之间的距离(Clancy、Goastellec,2007)。

根据上述公平原则,本研究认为,自主招生公平应在充分保证教育机会公平的基础上,发挥平等最善原则,提倡弱势补偿,促进机会平等。其中,弱势群体的自主招生参与状况是观测自主招生公平状况的关键维度,可以将弱势群体在自主招生中的知晓率、报名率和成功率作为公平观测的指标。

第一,"知晓率"(Informed Rate,IR),即考生能够准确及时掌握自主招生信息的情况。第二,"报名率"(Register Rate,RR),即考生报名参加高校自主招生选拔的情况。第三,"成功率"(Succeed Rate,SR),即考生最终获得自主招生录取的情况。"成功率(SR)又可细化为3项观测指标,即"报名成功率"(Succeed Rate of Application,SRA,即获得自主招生笔试资格)、"笔试成功率"(Succeed Rate of

Examination，SRE，即通过笔试获得自主招生面试资格）、"自主招生录取成功率"（Succeed Rate of Autonomous Enrollment，SRAE，即获得自主招生录取资格）。需要注意的是，这里的知晓率、报考率和成功率都是相对值，即弱势群体的参与状况与非弱势群体参与状况的比值。

自主招生公平观测的指标体系，如表2-1所示。

表2-1 自主招生公平观测的指标体系

一级指标	二级指标	三级指标	公式表述
自主招生公平（F）	知晓率（IR）	\	IR 弱势群体=N1（准确及时掌握自主招生信息的弱势群体学生数）/N（弱势群体学生总数）
	报名率（RR）	\	RR 弱势群体=N2（报名参加自主招生的弱势群体学生数）/N（弱势群体学生总数）
	成功率（SR）	报名成功率（SRA）	SRA 弱势群体= N3（获得自主招生考试资格的弱势群体学生数）/N（弱势群体学生总数）
		笔试成功率（SRE）	SRE 弱势群体= N4（获得自主招生面试资格的弱势群体学生数）/N（弱势群体学生总数）
		自主招生录取成功率（SREA）	SRAE 弱势群体= N5（获得自主招生录取资格的弱势群体学生数）/N（弱势群体学生总数）

（三）自主招生公平三要素关系模型

已有研究部分证实（郑若玲，2010；杜婷婷，2012），当前弱势群体自主招生公平的知晓率（IR）、成功率（SR）较低。但迄今为止，学界一直缺乏弱势群体的报名率（RR）研究，以及对 IR、RR 和 SR 之间的关系研究。本研究认为，作为表征考生自主招生参与积极性的报名率（RR）指标，是介于知晓率与成功率之间的关键变量。弱势群体自主招生的知晓率（IR）、报名率（RR）和成功率（SR）之间存在显著的相关关系。其中，IR、RR、SR 存在两两相关关系；IR 对 SR 的影响需要通过 RR 来实现（即 RR 是中介变量）；弱势群体自主招生参与存在从初始环节到最终环节的"能量衰减"规律（即 IR>RR>SR）。

对于知晓率（IR）、报名率（RR）和成功率（SR）的这种关系模型的分析对于理解高校自主招生公平问题具有重要价值。第一，弱势群体自主招生参与的公平问题存在于所有环节。既存在信息获取途径不畅、信息不对称的问题，又存在弱势群体考生报考积极性不高的问题，还存在自主招生考核过程中针对弱势群体的其他不公问题（如民众讨论较多的寻租问题、面试手段可能造成对弱势群体选拔的不公问题等）。第二，弱势群体自主招生参与公平问题存在层层累加、不断加剧扩大的问题。弱势群体自主招生的总体公平性 ≈ $IR_{弱势群体} \times RR_{弱势群体} \times SR_{弱势群体}$，由于 IR、RR 和 SR 逐渐变小（且都小于 1），导致弱势群体自主招生参与的总体公平性逐级变差。这是当前弱势群体自主招生参与公平现状问题严峻的原因，即自主招生公平问题并非学者们所认为的某个环节的因素造成的，而是各环节都存在不公，最后由各环节的不公形成的叠加效应造成的。第三，弱势群体自主招生参与公平问题存在多种原因。弱势群体参与自主招生的知晓率偏低（IR），对应的是投入不足，尤其是政府投入不足（如报名宣传不足）；报名率（RR）偏低，对应的是激励不足，尤其是对弱势中学名额分配不合理；成功率（SR）偏低，对应的是选拔方式科学性不足，对弱势群体造成不公。相应地，如果要改变自主招生不公平现状，也应从这 3 个方面抓起，单一的对策举措很难改变自主招生不公平格局。第四，自主招生名额分配机制是造成公平问题发生的关键。报名率（RR）指标发挥着公平"中介"变量的作用，则说明自主招生的名额分配导致了不公问题发生。由于高校将自主招生推荐权层层分配，导致中学之间出现了"有推荐权的中学"和"无推荐权的中学"的差异，中学内部出现了"获得了推荐资格的学生"和"没有获得推荐资格的学生"的差异，这些差异大大打击了那些没有获得推荐权的中学、没有获得推荐资格的学生的报名积极性，即 RR 指标水平较低。因此，对于自主招生公平状况的改善除了传统的举措外，更需探索"取消名额分配机制"等举措。

二、自主招生公平发生机理：
公平效率互动联系的视角

探寻自主招生公平向哪里去，首先要回答公平问题从哪里来。本研究认为，自主招生因长期规模比例过小，造成其扮演高校入学"后门"的尴尬角色，效率问题才是公平问题产生的源头。

（一）自主招生效率：核心在于"信效度"和"成本"两项指标

教育的外部效率最早由 Mingat 和 Tan（1988）定义，是指在教育部门之外，实现社会的不同目标。教育的内部效率是指教育部门内部的教育输入和输出之间的关系。输入（如学生等）通过"生产"（教育教学活动）过程从而被"转换"为输出（如毕业生数量、毕业生掌握的知识等）。教育的内部效率包括：经济效率（用已有资源生产出的最大产出）和技术效率（用已有输入和技术生产的最大产出）。但招生考试的效率与普通教育领域中的效率研究有较大区别。考试研究专家刘海峰教授（2002）对于招生考试效率的定义得到学界的广泛认可。他认为，招生考试主要观测两种效率，"一种效率是人才选拔方面的效率，即如何提高考试的信度、效度，准确地测验出应试者的实际水平，将优秀者选拔出来供高等学校挑选；另一种效率是指如何使考试本身做到高效、经济，能够使考试简便易行，省时、省事、省力"。

已有的研究认为，目前高校自主招生面临的主要问题之一是成本高、效率低，而且主要是指高校的招生成本过高。一方面，高校自行开展招生活动导致投入大幅增加，"但真正符合学校要求的学生却很少"（程斯辉，2004）。另一方面，学生对于自主招生政策的使用率过低，也使得高校招生成本居高不下。研究显示，只有30%左右通过自主招生的学生利用降分政策进入大学（狄威，2007）。某年度浙江大学自主招生42人，41人达到正常录取线（王美林，2004）。此外，有学者认为学生在自主招生中的"背信弃义"也是自主招生效率低的表现，这造成了高校大量人力、财力和物力的浪费（熊丙奇，2011）。

已有研究绝大多数站在高校的立场来思考和分析自主招生的效率问题，而事实上，按照招生效率的普遍理解，学生应考成本和招生选拔本身的信效度才是招生改革效率的关键体现。本研究按照刘海峰教授的界定，认为自主招生的效率考察重点应放在"信效度"和"成本"两项指标上。第一，自主招生的信效度（RV）。主要考察招生制度的科学性情况，其中信度（Reliability，R）用来测验招生结果的一致性、稳定性和可靠性，效度（Validity，V）用来考察所测量到的结果反映所想要考察内容的程度。第二，自主招生的成本问题（Cost，C），主要是考察招生制度的方便性状况，其中成本又包含金钱成本（Financial Cost，FC）和时间成本（Time Cost，TC），如考生及其所在家庭成员准备应考的时间。

自主招生效率观测的指标体系，如表2-2所示。

表2-2 自主招生效率观测的指标体系

一级指标	二级指标	三级指标	公式表述
自主招生效率	信效度（RV）	信度（R）	$R = 1 - \dfrac{D(e)}{D(X)}$ [$D(X)$为实际测量样本的总体方差，$D(e)$为测量结果误差的方差]
		效度（V）	$V = \dfrac{D(V)}{D(X)}$ [$D(X)$为实际测量样本的总体方差，$D(V)$为有效结果的方差]
	成本（C）	金钱成本（FC）	$FC = \sum_i \sum_j FC_i j$ （i为考生家庭，j为招生学校）
		时间成本（TC）	$TC = \sum_i \sum_j TC_i j$ （i为考生家庭，j为自主招生）

（二）自主招生公平与效率的作用关系模型

目前学界对于自主招生公平与效率的认知仍主要集中在二者冲突对立的层面，对于二者的内在逻辑、互动关系等规律研究不足，这导致一些旨在保障自主招生公平的政策沦为"头痛医头脚痛医脚"的应急政策。弱势群体自主招生参与的公平状况本质上是自主招生参与结果的呈现；弱势群体自主招生参与的信效度和成本两项效率指标，则属于人才选拔的过程变量。

可以认为，作为效率的过程变量部分导致了公平结果的发生。按照时间序列来分析，"成本"（C）指标主要是对自主招生"知晓率"（IR）、"报名率"（RR）和"报名成功率"（SRA）3个指标产生影响。对于"知晓率"（IR）而言，弱势群体可能因成本问题无法有效获得自主招生信息；对于"报名率"（RR）而言，弱势群体可能因担忧应考成本而放弃报名；对于"报名成功率"（SRA）而言，弱势群体可能因担忧应考成本而减少报名学校数量或只报考离家较近的高校，降低了获得考试资格的机会。"信效度"（RV）变量则更多是在报名之后发挥作用，即在"笔试成功率"（SRE）和"自主招生录取成功率"（SRAE）2个指标发挥作用。

弱势群体自主招生参与效率对公平的可能影响区间，如表2-3所示。

表2-3 弱势群体自主招生参与效率对公平的可能影响区间

公平变量		效率变量	
	知晓率（IR）	\	成本（C）
	报名率（RR）	\	
成功率（SR）	报名成功率（SRA）	\	
	笔试成功率（SRE）	信效度（RV）	\
	自主招生录取成功率（SRAE）		\

自主招生公平与效率的作用关系可概括为：弱势群体自主招生参与的效率不足，导致弱势群体自主招生参与的公平性差。其中又包含两种情况：一是自主招生信效度（RV）差，导致弱势群体笔试成功率（SRE）和自主招生录取成功率（SRAE）较差，即RV分别与SRE、SRAE存在显著正相关关系；二是自主招生成本（C）高，导致弱势群体自主招生知晓率（IR）、报名率（RR）和报名成功率（SRA）指标差，即C分别与IR、RR和SRA存在显著负相关关系。

这说明：可以通过提高弱势群体的自主招生参与效率来改善公平状况。一方面，可以探索降低自主招生成本或加大信息化建设及增加政府公共财政投入；对弱势群体参与自主招生进行成本补偿，方便弱势群体更多参与自主招生活动,改善自主招生公平状况。另一方面,可以探索改革自主招生笔试和面试的形式与内容,通过提升笔试、面试信效度,最终促成弱势群体自主招生参与公平现状的改善。

弱势群体自主招生参与公平与效率的作用关系模型示意图,如图2-1所示。

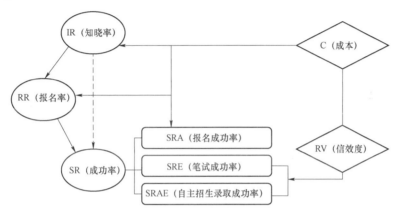

图2-1 弱势群体自主招生参与公平与效率的作用关系模型示意图

三、自主招生公平现状及其与效率的关系

以上从理论层面对自主招生公平的概念和表征、自主招生公平三要素关系模型、公平与效率互动关系模型进行了分析。那么,当前中国高校自主招生公平现状到底如何?自主招生公平三要素之间的关系模型是否真实存在?效率是否真的影响了自主招生公平问题发生?本课题组自2007年至今进行了连续的实证调查研究、实验干预研究、大数据分析研究和深入访谈研究,以下将首次系统地基于这些研究数据库进行实证分析(表2-4)。

表2-4 本课题组进行自主招生公平与效率分析的基础数据库

年份	研究内容	研究对象
2007年	2007年高校学生问卷调查	对当年度53所高校的全部自主招生学生进行普查,并按1:1的比例抽取统招生作为对照组。回收52所高校18 146份有效问卷

续表

年份	研究内容	研究对象
2007年	2007年高校招生干部调查	高校招生办公室主任：共53人，回收有效问卷52份
	2007年中学领导和教师调查	中学领导和教师：11省，每省9校，每校8人，每省72份。后随机补充3省6校。共105所中学，问卷840份，回收有效问卷501份
	2007年学生家长调查	高中考生家长：湖北省高三学生家长，发放问卷800份，回收有效问卷728份
2010年	2010年中学生访谈	对3省6所中学进行学生自主招生参与状况访谈（重点放在"知晓率"方面），完成46名学生访谈
2011年	2011年学生家长调查	湖北省获得"北约""华约"笔试资格的高三学生家长，发放问卷500份，回收有效问卷355份
2014年	2014年自主招生大数据分析	对教育部阳光信息平台上所有获得录取的自主招生学生信息进行计算机抓取和人工智能匹配（匹配上地域、中学是否为重点中学等信息）。完成30 695条有效信息抓取
2015年	2015年自主招生大数据分析	对教育部阳光信息平台上所有获得录取的自主招生学生信息进行计算机抓取和人工智能匹配（匹配上地域、中学是否为重点中学等信息）。完成11 096条有效信息抓取
2015年	2015年学生家长调查	北京大学、北京理工大学、北京师范大学三校自主招生考场外，发放问卷500份，回收有效问卷292份
	2015年高校学生调查	对当年度28所高校的全部自主招生学生进行问卷调查，并按1:10比例抽取统招生为对照组，回收有效问卷3 955份
2016年	2016年中学生知晓率干预实验	对海南省东方市、昌江县、琼中县5所中学进行义务招生政策宣讲、免费招生简章发放和致信学生家长，考察信息干预对于知晓率的最终影响。回收有效问卷373份
	2016年中学生自主招生成本干预实验	对海南省昌江县2所中学提供免费自主招生参与经费（差旅费等，由地方财政提供），考察效率因素中的成本因素对于自主招生知晓率、报名率和报名成功率的最终影响
	2016年中学生自主招生信效度干预实验	对海南省东方市、琼中黎族苗族自治县3所中学学生进行试题测验（以自主招生真题为测验素材，以普通高考试题作为对照组），考察弱势群体参与自主招生笔试的信效度表现

（一）弱势群体的自主招生知晓率（IR）低且呈固化趋势

目前国内较大规模的一次实证研究本课题组受教育部委托，于2007年开展的高校自主招生学生问卷调查、高校招生干部调查、中学领导和教师调查、学生家长调查活动。调查结果显示，当时学生、家长及中学教师对于自主招生知情度普遍较低。在学生家长方面，2007年调查中，有25.2%的高三家长对自主招生政策"完全不了解"；2011年调查中，即使子女已经进入自主招生考场，家长们对自主招生政策"非常熟悉"的也只占5.2%，"比较熟悉"的只占39.8%。2015年学生家长调查数据中，选择对自主招生政策"非常熟悉"的为19.2%，虽有一定比例的提升但仍处于较低水平。在大学生方面，2015年对大学生进行调查，对自主招生政策"非常熟悉"和"比较熟悉"的大学生只占15.3%和33.4%。在中学生层面，2016年对海南省东方市、昌江黎族自治县、琼中黎族苗族自治县5所中学高三学生的调查显示，对自主招生政策"非常熟悉"的比例仅为7.5%。在中学班主任和校长方面，2007年调查中，只有13.9%的中学领导与教师对该政策"非常熟悉"；2016年在海南东方、昌江、琼中3地进行自主招生调查时发现，绝大多数班主任甚至中学校长都"不清楚"该项政策。

但是，本课题组的大量访谈却发现，弱势群体的知晓率（IR）过低并不完全是宣传手段落后造成的。第一，自主招生宣传缺失存在人为因素。客观存在故意阻碍宣传的情况，部分地区将自主招生推荐权视为"教育福利"，以各种借口压制宣传，导致普通中学生无法有效获取自主招生信息。一些获得自主招生参与资格的学生甚至回忆称，"是老师偷偷地告诉我这个信息"。第二，家庭文化资本匮乏制约了弱势群体自主招生知晓率。自主招生以各高校为单位，收集招生信息工作量大，当前更多由家长进行信息收集工作，家长的学历水平、知识结构和教育技术水平等影响了信息获取的结果（即IR的高低）。已有的研究显示（杜婷婷，2012），考生家长的文化背景对学生自主招生了解程度有显著影响，本研究也显示出，家长学历水平和家长对于自主招生政策的熟悉程度相关系数达到0.4。第三，教师子女获得更多招生信息资源。父母职业为教师的考生，在自主招生中占据显著优势。2007年高校学生调查结果显示，超过1/4的获得自主招生资格的学生来自教师家庭。2015年再次调查发现，这一比例下降为8.74%。这与自主招生信息宣传主要掌握在中学教师手中有很大关系。

（二）弱势群体的自主招生成功率（SR）低且呈固化趋势

弱势地区考生的自主招生参与度过低。2007年高校学生调查中，获得自主招生录取的学生仅8.7%来自西部地区；仅13.7%来自县级市（含县城）、15.1%来自乡镇和农村。调查数据之外，本课题组进行的大数据分析也印证了这一发现，课题组对2014年教育部阳光信息平台公布的30 695名最终获得自主招生录取资格的考生，进行了逐条信息的录入和互联网信息挖掘。结果显示，省域间自主招生录取机会差异很大，山东（3 838）、湖北（3 564）两省录取学生数都超过3 500人，超过全国总数的10%；江苏（2 272）、河北（2 230）、北京（1 800）、辽宁（1 787）、河南（1 724）、四川（1 700）、安徽（1 586）、湖南（1 503）8省市都超过1 500人，总比例接近全国总数的一半（47.6%）。而江西（499）、福建（352）、陕西（439）、天津（344）、内蒙古（299）、贵州（221）、甘肃（201）、新疆（104）、云南（107）9省区市都低于500人，海南（36）、宁夏（30）、青海（16）等只有几十人，西藏仅8人，是山东的0.2%。西部12个省区市共获得3 767个自主招生录取名额，仅占全国总数的12.3%。课题组对2015年教育部"阳光高考"平台数据再次进行分析，统计结果与2014年变化很小，一些弱势省份（如海南省）人数进一步下降。

弱势阶层的考生自主招生参与度过低。2007年高校学生调查数据显示，获得自主招生录取的考生，父母所从事职业类型从高（一类职业）到低（四类职业）存在显著的入学分化，并且2003—2007年连续4年，这一比例无显著改善（刘进，2015）。2015年再次进行高校学生调查发现，父母职业为"农民"的仅占21.3%，与2007年调查基本持平，显著低于农村学生约50%的高考学生基数。学生家长调查数据也很有代表性，2011年学生家长调查显示，职业类型为"农业从业人员"的只占7.5%，而职业类型为"国家机关、企业、事业单位一般工作人员"和"教师及专业技术人员"两类所占比例之和超过55%，占据了大多数家庭，2015年再次调查，后者比例为43.1%。

<u>弱势中学</u>的考生自主招生参与过低。2007年学生调查显示，获得自主招生录取的学生来自"非重点中学"的比例仅为2.2%。课题组对2014年教育部"阳光高考"平台的大数据分析显示，仅有不超过1%的考生来自非重点中学（包括公立非重点中学、民办中学等），且剩下的超过99%的考生全部来自省级重点中学，即使一般重点中学也在自主招生中成为弱势群体。且连续多年该种情况未发生显著变化。

（三）弱势群体的自主招生报名率（RR）低，但显著受到知晓率（IR）影响

2015年高校学生调查显示，非重点中学自主招生报名率低，仅有7.4%的市级示范中学学生、8.1%的普通中学学生进行过自主招生报名活动，是否为重点中学与自主招生报名率呈显著负相关关系（$r=0.067$，$p=0.006$）。家庭户籍为"农村户口"的学生自主招生报名率低，仅有6.6%的农村户籍学生进行过自主招生报名活动，是否为农村户籍与自主招生报名率呈显著负相关关系（$r=-0.136$，$p=0.000$）。家庭收入较低的学生自主招生报名率低，仅有6.6%的农村户籍学生进行过自主招生报名活动，是否为农村户籍与自主招生报名率呈显著负相关关系（$r=-0.136$，$p=0.000$），家庭年收入为1万元、2万元、3万元、4万元和5万元的学生自主招生报名率分别为5.6%、9.2%、6.6%、10.9%、8.2%，家庭年收入为6万元、7万元、8万元、9万元和10万元的学生自主招生报名率分别为13.8%、14.7%、17.8%、12.7%、13.0%，收入越高，报名率总体越高，家庭年收入20万元以上的学生自主招生报名率达到了24.0%，且家庭年收入与自主招生报名率检验显著（$r=0.781$，$p=0.008$）。学生父母学历与自主招生报名率之间也保持有密切联系，母亲学历从小学及以下（5.9%）到初中（7.9%）、高中（12.8%）、大学（19.7%）、硕士（25%）、博士（60%），学生自主招生报名率显著提升（$r=0.878$，$p=0.021$）。父亲学历从小学及以下（6.1%）到初中（8.8%）、高中（9.8%）、大学（19.5%）、硕士（16.7%）、博士（28.6%），学生自主招生报名率显著提升（$r=0.928$，$p=0.007$）。

弱势群体的自主招生报名率（RR）显著受到知晓率（IR）影响。2015年高校学生调查显示，自主招生知晓率与报名率之间存在显著正相关关系（"我对自主招生政策的了解程度"与"是否报名自主招生"相关系数为0.109，sig=0.000）。本研究2016年3月在海南三个市县的实验结果显示，在前测阶段（未进行自主招生信息干预）学生自主招生报名意向率为20.6%，通过公益讲座形式进行自主招生信息传播之后，报名意向率达到55.2%，增加了1.68倍。对于弱势群体学生而言尤其如此，父亲职业为"农民"的高中生，在前测阶段学生自主招生报名意向率为23.9%，通过公益讲座形式进行自主招生信息传播之后，报名意向率达到65.1%，增加了2.72倍。在实际报名行动方面，目前监测的结果显示，在东方、昌江和琼中三个市县，进行公益讲座信息干预后，2016年度学生自主招生报名率相比于2015年分别增加了3.9倍、4.8倍和2.6倍。进行面向学生家长的信息干预（发放"致学生家长的一封信"和2016年高校自主招生简章汇编），2016年度学生自主招生报名率相比于2015年分别增加了2.1倍、4.2倍和3.3倍。上述证据说明，自主招生知晓率对于报名率确实存在显著影响，通过增加信息传输是有可能大幅促进学生自主招生报名率提升的。

（四）弱势群体自主招生参与的效率偏低，且客观影响自主招生公平状况

西方学界有关招生制度的公平与效率的对比研究非常普遍，但如果从数量上来看，也存在公平研究偏多，效率研究偏少的问题。意大利学者Izraeli和Murphy（2012）认为，这是高等教育领域传统上一直抵制对其进行效率和生产率分析造成的。中国情况与之类似。目前学术界专门开展关于自主招生效率指标的研究尤其是实证研究非常缺乏。一方面，<u>自主招生成本研究缺乏实证支撑</u>。不少学者曾指出自主招生成本过高导致弱势群体参与度低（张亚群，2010；郑若玲，2010），但都缺乏实证数据支持。另一方面，<u>自主招生信效度实证研究不足</u>。目前仍未有对自主招生笔试信效度进行的专门研

究，只有个别研究关注了面试的效度（黄金贤，2008），研究发现目前的面试选拔并不理想。在此方面，本课题组做了一些研究努力。研究发现：

一方面，弱势群体自主招生参与成本显著偏高，成本对于自主招生报名率可能存在客观影响。2011年学生家长调查显示，当年度学生人均自主招生参与成本为4 203元，对于弱势群体公平参与自主招生活动有一定影响。2015年学生家长调查显示，日常教育方面，家庭在考生进入大学前教学花费最高的是"国家机关企业事业单位中高层管理人员"家庭，生均花费18.95万元，最低的是"农业从业人员"家庭，生均花费7.06万元。在自主招生花费方面，父亲职业排序依次是"国家机关、企业、事业单位一般工作人员"（10 754元）、"教师及专业技术人员"（9 708元）、"国家机关、企业、事业单位中高层管理人员"（9 131元）、"商业、服务业一般从业人员"（9 093元）、"厂矿、运输等一般从业人员"（8 740元）、"无业或失业人员"（7 867元）、"军人"（6 300元）、"农业从业人员"（6 288元）。其中，尤其是"购买书籍""参加辅导班"两项父亲职业为"农业从业人员"的花费显著偏低。"交通""住宿""餐饮"也偏低，可能的原因是弱势阶层子女选择参加的自主招生高校数量偏少。

另一方面，自主招生效率指标影响自主招生公平指标情况仍需进一步测量。本课题组已经着手开展弱势群体与非弱势群体对于自主招生笔试、面试内容的信效度实验分析，研究结果将可以回答是否信效度影响了弱势群体自主招生参与的成功率。

四、提升弱势群体自主招生参与的公平性：改革建议

对公平底线的坚守是各国招生制度设计的核心。中国历次高考改革的经验也表明，教育公平尤其是弱势群体的参与程度是改革持续进行的基础保障（刘海峰，2010）。自主招生制度关乎优质高等教育资

源的分配，涉及宏大的社会利益再分配问题，关乎社会流动（刘海峰，2013）乃至社会稳定，必须代表最广大人民的根本利益，"特别要注意防止改革减少了农村和弱势家庭的孩子上好大学的机会"（刘海峰，2002）。保障弱势群体公平参与权益，这就是招生改革决策应有的底线思维。而这种底线思维的维护，需要科学的研究做支撑。本研究基于公平与效率的概念体系与指标体系研究，将有利于构建起弱势群体自主招生公平与效率的观测模型，可持续开展自主招生政策运行状况的监测，可有效防止改革对于弱势群体的"显失公平"，守卫自主招生改革的底线。按照本研究对于自主招生公平与效率的界定、关系模型的构建和既有实证数据的分析，课题组认为当前改善弱势群体自主招生参与状况应主要做好四方面工作。

一是厘清公平与效率的导向关系，为弱势群体自主招生决策提供基础依据。本研究提出"公平效率内部联动、效率问题是公平问题产生源头"的基本观点，对传统的自主招生公平效率观是一种发展，也提出了部分前期研究证据，但自主招生中公平效率的深层互动联系仍需开展大量的实证研究包括实验研究。长期以来，自主招生制度设计"公平优先"还是"效率优先"的导向不清，本质上并不符合哲学分析的系统观点，造成了非此即彼的公平效率对立观，可能会在价值理念上误导改革。正如熊丙奇（2011）教授所指出的，"自主招生进行了长达9年的探索，但还停留在一些基本理念的纠缠上，一些学校甚至是在错误的导向下误入歧途"，而这种理念的错位和研究的缺失可能在根本上对中国高校招生制度改革带来灾难性后果。事实上，中国高等教育多次改革都陷入"一放就乱、一统就死"的两难境地，招生改革领域尤其如此。自主招生改革自2003年至今，实际上也已出现过多次教育主管部门对招生权限的"收""放"过程。最近的一次是2013年"人大自主招生事件"发生后，教育部迅速下文，要求各高校"严格控制自主选拔录取招生比例"，已显示出权力收缩上移的趋势。作为落实高校办学自主权的关键步骤，自主招生改革如果找不到破解上述两难境地的有效举措，恐难逃改革失败的命运，可能将高校落实办学自主权的机会彻底葬送（教育主管部门下一次"放权"可能将遥遥无期），也将从根本上延误中国现代大学制度建设的进程。科学分析公平效率的内在关系，部分揭开自主招生不公平产生的根源与"过程黑箱"，有效地从对关系模型的检验结果中探寻政策改革路径，将从理论上走出传统的"公平效率对立"的研究思维，对于自主招生及整个招生制度改革研究都将具有重要价值。

二是取消自主招生名额分配机制，改善弱势群体自主招生公平参与状况。本研究发现，报名率（RR）指标很可能是自主招生公平的"中介"变量，通过提高 RR 水平将有利于改善公平状况。而影响 RR 水平的最重要因素是现存的自主招生名额分配机制的存在，这对于弱势群体参与的积极性造成挫伤。以重点中学、生源基地为基础的自主招生推荐制，人为扼杀了普通中学和未获得推荐资格学生的自主招生参与权，在传统高考的地区名额分配制度之外又形成新的招生壁垒。在政策执行过程中，还导致中学内部的权力寻租、中学"推良不推优"等问题出现。推荐制本质上是高校招生能力不足与申请学生数过多这一矛盾的一种妥协，高校应创新体制机制，形成与现代大学制度、现代招生制度相匹配的制度体系。事实上，西方高校大多没有实行这种推荐制，但通过多重举措解决了这一矛盾：一是限定标准化考试成绩要求；二是制订个性化申请要求；三是公布申请人数与年度录取比例。因此，如果通过合理的制度设计，取消推荐制不仅不会对中国高校自主招生活动带来负面影响，还可大幅提高弱势群体考生的参与度。尤其是 2014 年新的考试制度改革方案中，将自主招生延期至高考之后，学生参加高校自主招生活动不再存在时间壁垒，同时，上海、浙江新的改革方案可能导致传统科目对考生成绩区分度下降的情况，在此种情况下，应彻底放开自主招生参与资格，取消中学推荐这一"拦水坝"，让更多人才自由奔涌到高等学校。

三是增加投入，提升弱势群体知晓率（IR）、报名率（RR）和报名成功率（SRA）。本研究认为，成本（C）指标对于 IR、RR 和 SRA 三个环节发挥重要作用。而理论上，信息占有多寡和家庭背景状况不应成为自主招生的人才筛选标准。但当前很多学生尤其是边远地区、普通中学和弱势阶层的学生,却因信息不畅而被动放弃自主招生机会。与此同时,高校单独组织开展中学宣讲等活动,成本高、覆盖面窄、干扰中学教学、形成恶性竞争。欧美国家大多在国家(联邦)层面拥有非营利性的社会中介服务组织,较好承担了中学生院校和专业信息宣传服务工作。当前中国应构建起更规范的公共自主招生宣传平台,让更多学生获得知情权,大幅提升弱势群体参与度,并有效降低各高校招生宣传成本。

四是增强自主招生选拔的信效度,提升弱势群体自主招生参与的"笔试成功率"(SRE)、"自主招生录取成功率"(SRAE)。本研究认为,信效度(RV)指标对于 SRE、SRAE 指标发挥重要作用。而事实上,中国尚缺乏以甄别学生兴趣、能力、特长和潜质为目标的大规模、标准化自主招生测试。各校单独测试数量过多导致中学生应考成本高、可选高校数量受限。少数自主招生联盟命题的科学性也存在质疑,因此 2014 年新的改革方案做出取消招生联盟的决定具有一定合理性。事实上,欧美国家自主招生多以标准化测试为基础,高校极少单独组织测试。且研究证实,大规模标准化考试选拔成本低、信效度好、有利于教育"公平"。标准化测试不同于高考,基于不同难度系数构建起来的巨型试题库,可大幅提高命题科学性,能通过测试对学生综合素质展开测评,也允许高校对考试进行模块化处理以实现差异化;可大幅降低弱势群体参与自主招生测试难度;是一年多考招生制度改革的基础;还可给予学生多次失误、试错机会,有效改善中学应试教育状况。党的十八届三中全会在《规划纲要》基础上再次重申进行第三方机构命题的改革思路,但短期内第三方命题的科学性和可行性仍存疑。在此种情况下,可将高考成绩作为标准化测试的短期替代,事实上,学界也已出现用高考取代自主招生笔试考试成绩的呼声(韩晓蓉,2008),而 2014 年新的改革方案将自主招生置于高考之后,也为此种政策推行提供了可能。

参 考 文 献

[1] 吴向明. 完善高校自主招生政策的思考[J]. 江苏高教，2004(3)：46-48.

[2] 张亚群. 北大清华自主招生考试改革透视[J]. 考试研究，2007(1)：15-27.

[3] 张亚群. 高校自主招生改革：动因、问题与对策[J]. 北京大学教育评论，2010(2)：30-42.

[4] 浦家齐. 解读高校自主招生[J]. 教育与考试，2007(4)：27-29.

[5] 何方. 高校分层、自主招生与社会分化[J]. 重庆第二师范学院学报，2013(1)：94-96.

[6] 郑若玲. 高考改革必须凸显公平[J]. 教育研究，2005(3)：36.

[7] 张继明. 从高等教育大众化角度审视高校自主招生[J]. 湖北招生考试，2005(8)：68-72.

[8] 郑若玲. 自主招生公平问题探析[J]. 中国地质大学学报(社会科学版)，2010(6)：49-54.

[9] 叶赋桂，李越，史静寰. 统一考试 自主招生——高校自主招生改革研究[J]. 中国高教研究，2010(1)：26-29.

[10] 王元伟. 高校自主招生政策的利益分析[J]. 现代教育科学，2009(2)：6-8.

[11] Roemer. Equality of Opportunity [M]. Cambridge, Mass.：Harvard University Press, 1998.

[12] Goastellec. Accès et Admission à l'Enseignement Supérieur：Contraintes Globales, Réponses Locales, Cahiers de la Recherche sur l'Education et les Savoirs, 2006：15-36.

[13] Clancy, Goastellec. Exploring access and equity in higher

education: policy and performance in a comparative perspective[J]. Higher Education Quarterly, 2007, 61(2): 136-154.

[14] Avery, Levin. Early Admissions at Selective Colleges[J]. American Economic Review, 2009, 100(5): 2125-2156.

[15] Mingat, Tan. Analytical tools for sector work in education[M]. Baltimore, MD: Johns Hopkins University Press, 1988.

[16] Kariya. Japanese solutions to the equity and efficiency dilemma? Secondary schools, inequity and the arrival of "universal" higher education[J]. Oxford Review of Education, 2011, 37(2): 241-266.

[17] 熊丙奇. 自主招生与高考公平[J]. 探索与争鸣, 2012(12): 90-93.

[18] 杜婷婷. 从教育公平角度研究上海高校本科自主招生[D]. 上海:华东理工大学, 2012.

[19] 郭文斌. 昂贵的自主招生"踩"了教育公平"一脚"[J]. 教育与职业, 2011(8): 11.

[20] 程斯辉. 自主招生与高校的自觉、自律与创新[J]. 湖北招生考试, 2004(12): 1.

[21] 狄威. 高校自主招生面临尴尬[J]. 教育与职业, 2007(3): 96.

[22] 王美林. 自主招生:高考改革的新亮点[J]. 湖北招生考试, 2004(6): 14-17.

[23] 黄金贤. 参与自主招生的两类生源成绩分析及后效度对比研究——以上海A大学为例[D]. 上海:华东理工大学, 2008.

[24] Izraeli, Murphy. An analysis of Michigan charter schools: enrollment, revenues, and expenditures[J]. Journal of Education Finance, 2012, 37(3): 234-266.

[25] 刘海峰. 高考改革中的公平与效率问题[J]. 教育研究, 2002 (12): 80-84.

[26] Willie. On Excellence and Equity in Higher Education [J]. Journal of Negro Education, 1987, 56 (4): 485.

[27] 刘海峰. 中国高考何去何从 [J]. 北京大学教育评论, 2010 (4): 3-13.

[28] 刘海峰. 高考改革的思路、原则与政策建议[J]. 教育研究, 2009 (7): 3-7.

[29] 韩晓蓉. 复旦自主招生最初方案曾设想不用高考 [N]. 东方早报, 2012-02-20.

第三章 中国高校自主招生公平的现状与问题研究

——基于经济资本、人力资本、社会资本的分析框架

一、研究背景

2003 年，北京大学等首批 22 所高校开始进行自主招生试点，尝试在高考之外另行组织对高中生的考核。过去 10 年，自主招生试点学校不断增加，参与学生不断增多，降分幅度不断增大，已成为考生获得重点高校录取机会的重要途径之一。2013 年，党的十八届三中全会首次就推进自主招生改革做出全面部署，使自主招生改革成为 2020 年前中国招生改革的核心走向。但是随着自主招生规模的扩大，自主招生的公平性也饱受质疑。

已有的自主招生公平研究更多运用教育公平理论及其分析框架。研究大多建立在古典主义、功利主义、平均主义和罗尔斯主义 4 种公平观的基础之上，比如学界一般将之区分为实体公平和程序公平，或者起点、过程和结果公平。再如，中国学界对于自主招生公平的研究大多认为，自主招生应更注重程序公平或过程公平，重点放在规则公平和执行公平上。

教育公平理论及其分析框架用于自主招生存在的一大缺陷在于：公平结果的计量存在困难，也不利于从公平发生过程的角度深入分析

公平问题产生的机理。为此，本研究尝试引入资本的概念进行自主招生公平的研究。按照科尔曼的观点，每个自然人从一出生就拥有了三种资本，即"由遗传天赋形成的人力资本、由物质性先天条件构成的物质资本、由自然人所处的社会环境构成的社会资本"。中国学界对于这三种资本影响自主招生公平在一定程度上已经达成共识，但截至目前仍缺乏深入的实证数据验证与分析，本研究拟通过构建观测指标体系从三种资本的角度切入，尝试对自主招生公平发生机理进行研究。

本研究有利于系统开展自主招生现状与问题分析。当前自主招生公平现状整体堪忧。目前学界对于自主招生制度有许多质疑，其中宏观方面包括对于自主招生制度名额投放给特定人群，违反《宪法》对公民受教育权的保护，且违反了联合国确定的高校录取学生的基本原则，客观上加剧了城乡、地区的不平等。微观方面包括对于应考成本、命题科学性、面试公平性、政策执行力、寻租腐败问题、报名材料弄虚作假等诸多方面的质疑。但自主招生公平研究整体上较为零散，缺乏结构化、系统化的分析。目前对于自主招生公平性研究学者持有诸多研究视角，对于自主招生指标体系的建立，彼此之间缺乏对基本概念的界定与讨论，也缺乏基于成熟的理论范式与分析框架的公平理论研究，研究总体上较为零散。此外，已有的对于自主招生公平的观测缺乏相关指标体系，使得本就稀少的实证研究停留在基本统计中，缺乏更为深入的研究。从资本的视角更有利于直接分析、剖析自主招生公平的产生机理。自经济资本、人力资本、社会资本理论从经济学和社会学学科中产生以来学者对于三个资本的研究日益深入，可以更加全面、深入地了解到这三个资本本身的意义。并且运用相关理论对社会现象加以解释和阐述。从三个资本的角度出发，能够有效地进行数值研究与数据分析，建立观测指标，对自主招生公平问题进行有效的阐释与说明。

本研究有利于从新的视角阐释自主招生公平产生机理。"资本"的概念产生之后，学者将其运用在各个方面解释社会现象，但是基于自主招生的研究则非常稀少，传统的自主招生研究分析多只是从自主招生历史与现状、公平与效率问题、目前存在问题及制度制订层面进行研究。然而，三者对于自主招生的影响确实是不容忽视的。由于三种资本本身计量的困难，无论是从数据计量本身来说，还是数据的收集工作来说都是几乎为零的状态，本研究从本源上厘清自主招生公平与人力资本、经济资本、社会资本的关系，构建指标体系，通过研究前期收集的丰富数据进行分析，为自主招生决策奠定基础。可以帮助我们从新的视角认识自主招生公平的产生机理。

本研究也有利于从制度层面探究改善自主招生公平状况的有效路径。自主招生公平研究本质上是保障弱势群体的自主招生参与权利。在经济资本、社会资本不占据优势的人们往往是弱势群体，从学界自主招生公平的关注点来看，自主招生中的"弱势群体"主要包括3类人：① 弱势地区考生。包括家庭处于中、西部地区的考生和家庭处于农村地区（含乡镇和农村）的考生。② 弱势阶层考生。即父母职业处于不利阶层的考生。③ 弱势中学考生。即高校不投放自主招生名额的中学（一般为非重点中学）的考生。本研究认为，满足上述3个条件中的2个，考生即可视为自主招生中的"弱势群体"。即自主招生的弱势群体包含4类人。弱势群体中的影响因素则很大程度上与人力资本、经济资本、社会资本有关，或者直接由这三类资本的不同所造成。已有研究已经证实，弱势群体在自主招生中处于不利地位。但是弱势群体自主招生公平问题产生机理仍不清晰，这也导致了面向弱势群体的自主招生政策制订难以达到预期效果。本研究基于三类资本对弱势群体自主招生参与的系统分析，将既回答"知其然"的问题（公平现状），也回答"知其所以然"的问题（公平发生机理）。这有利于更深入的由制度层面探究自主招生公平现象，直面有关自主招生公平的质疑，在自主招生对人力资本、经济资本、社会资本的影响方面做到建立客观化的观测指标、理论化的关系模型、定量化的数据采集、科学化的研究。这不仅是对自主招生运行状况的评估与监督，更是对该项制度的保护，将通过研究帮助决策者及时纠正改革的方向和举措偏差，为制度运行提供合法性基础。

二、自主招生公平问题研究的理论框架

人力资本、经济资本和社会资本对于人在社会中发挥作用和创造价值具有重大的影响,自主招生作为一种与教育相关的社会行为,虽然与其他行为有区别,但是仍然会被三个资本所影响和左右。本章主要通过分析经济资本、人力资本和社会资本的单独作用,揭示它们对自主招生的影响,并构建与之相对应的指标体系。

(一) 人力资本指标对于自主招生公平问题的影响

1. 自主招生与人力资本理论研究

现代人力资本理论形成于20世纪50年代末至20世纪60年代初。由于新古典经济学理论本身的诸多质疑,人力资本理论一经面世,就成为解决经济学本身的难题和向经济学传统领域以外进军的强有力的理论。

哥伦比亚大学的西奥多·舒尔茨,提出人力资本是指蕴涵于人自身中的各种生产知识和技能的存量总和,是体现在劳动者身上的以劳动数量和质量表示的资金投入。他认为,投入、产出的增长速度的残差,一部分属于规模收益,另一部分则是人力资本带来的技术进步的结果。人力资本理论不再把"人力"单纯视为非经济因素决定的外生变量,而是将其引入生产函数模型并予以内生化,其核心存在于教育与劳动力市场的联系之中。

2. 人力资本影响自主招生公平的观测指标

自主招生中人力资本观测指标框架,如图3-1所示。

人力资本对于自主招生的影响体现在可以影响考生的能力,使考生有更好的机会参与到更优

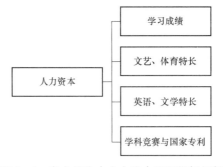

图3-1 自主招生中人力资本观测指标框架

质的教育机会当中，最终可以影响到考生在未来劳动力市场中所表现出来的价值。在具体的观测指标建立中可以参考以下内容。

（1）学习成绩优异。进入大学前，学生学习成绩优异对于自主招生考试的益处是有目共睹的。在中国目前自主招生教育大部分基本公平的背景下，学习成绩优异的学生能够获得比较平等的竞争机会，他们的学习成绩会使其在考试中有异常优秀的表现。虽然学习成绩优秀不一定能代表学习能力强或天赋高，也会被社会资本和财富资本所影响，但是已经得到高效学习方法或理解知识体系的学生在自主招生中往往能超越其他考生。

需要指出的是，学习成绩优异不一定是在学校的综合排名中名列前茅。有些学生由于文理科差异导致的偏科让他们在某些考试中没有良好的成绩，而自主招生考试中不涉及这些知识或对此涉及较少，他们的缺点被缩小，优点被放大。另外，有些学生主要参加学科竞赛或进行科学研究，某一门课程的见地远超同龄学生。大学的自主招生考试往往具有专业性，他们在某一门的长足发展足以让他们脱颖而出，这也正是自主招生的目的。

（2）文艺、体育特长。中国目前的文体特长升学制度导致了文体特长生普遍学习能力较弱，学习兴趣较低，学习能力较差的现象。他们并非没有在教育过程中努力付出，只是由于学校考试一般不涉及文艺体育的考试，或综合排名中不计算这部分成绩，他们的优点无法有效地展现。同时，一般的大学也不开设文体相关的专业，因此，自主招生考试对他们而言只是在弱势环境下的竞争，这就导致了文体特长生在自主招生考试中普遍无法取得好成绩的现象。但是他们由于长期训练，身体素质和心理素质都比一般学生要强，在刻苦学习上也有比其他人更大的潜力，学校应当适度引导，让他们在文化课考试上也能追赶上普遍水平。

另外，高校中多存在着某一体育或文艺项目是学校传统优势项目的状况，例如北京理工大学的足球特长。高校为了维持这一传统优势项目往往乐于招收相关特长生，但是也往往不可避免一些消极影响。

北京大学与清华大学曾经效仿牛津大学与剑桥大学进行划船比赛，但是最终成了两个学校之间招收相关特长生的比拼，使得比赛与招生都失去了最初的意义。

（3）英语、文学特长。在中国教育的背景下，语文、数学、英语三门考试在高考中占分均为150分，英语成绩有突出表现的学生在高考中加分的程度更加突出。然而，高考中的英语考试是一门能力性考试，不要求学生对英语的完全理解和掌握，只是考查基本的语法等能力。在自主招生考试中，英语考试往往并非作为选拔的目的，所以好的英语成绩不会有更大的自主招生成绩的提升。

文学水平与英语水平类似，在高考的环境下可以让学生获得某一科的较高分数。但是在自主招生这种考察能力的考试中，文学水平更好往往也导致更好的成绩。同时，文学水平因为和英语水平不同，没有明确的考查标准，因此，对考生成绩的促进作用可能更小。

（4）学科竞赛与国家专利。获得学生竞赛与国家专利是学生在某一方面有重要突出成绩的表现之一。目前在高中阶段有各个学科、各个类型的竞赛，在这些方面表现突出的学生往往有着更强的学习探究能力与学习天赋。他们面对传统高考时通常会因为偏科或者专心于某一专门学科的学习而并不处于优势地位，但是自主招生的目的就是要这类人才可以通过有效地选拔考试途径获得加分，弥补不足，以此来获得与其能力相匹配的教育资源。

（二）经济资本指标对于自主招生公平问题的影响

1. 自主招生与经济资本理论研究

经济资本指可以直接兑换成货币的资本形式，而它的制度化则为产权形式。它在自主招生中的影响主要在于家庭经济资本对于子女的影响，而这种影响分为两种方式来实现，一种为直接传递，另一种为间接传递。所谓直接传递是指后代从家庭直接继承一定数量的经济财富，由此使自身的社会地位、生活水平等得以改变。而间接传递是指通过家庭经济资本提供给后代的教育培训、学习环境、教育机会等，使子女今后的社会地位、生活水平得以提高。

2. 经济资本影响自主招生公平的观测指标

经济资本的测量指标主要包括直接传递的有形资源和间接传递的无形资源两个方面。其中有形物质资源主要指对于教育的直接投入，包括刚性支出，如参加自主招生的交通、住宿、餐饮及其他费用。而间接传递的无形资源则是由于家庭经济资本影响所导致的父母对于教育观念不同而对于子女教育的投入不同，这一部分属于弹性支出。虽然依然是有形的金钱来作为衡量标准，但是由于无形的意识观念所导致，由于家庭的财富地位而间接影响决定。

自主招生中经济资本观测指标框架，如图3-2所示。

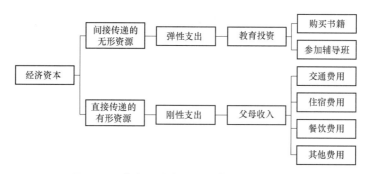

图3-2 自主招生中经济资本观测指标框架

（1）父母收入。父母收入对于子女在自主招生中的表现影响是巨大的。首先，父母收入高的家庭可以为孩子提供良好的学习环境，譬如独立书房、恒温空调等。这些对于孩子学习的提高都有促进作用。虽然艰苦的环境也可以造就人才，但舒适的学习环境对于孩子的促进作用也是不可忽视的。另外，高收入父母让子女在生活上没有后顾之忧，子女可以专心于学习，这样即使学习能力不强，但是通过延长学习时间依然可以超越其他需要考虑家庭生活事情的学生。最后，父母的收入往往与其社会地位相关，高收入带来的社会地位也会导致社会资本、经济资本影响子女的考试水平。

在自主招生中，经济资本对于其直接的影响就在于对于自主招生中所涉及的住宿、餐饮、交通等费用的投入。并且这一部分为刚性支出，对于参与自主招生的考生来说是一部分不可避免的开支。父母收入可以影响是否承担得起这部分费用，也就是说经济资本直接影响着自主招生考生的参与度。

（2）教育投资。对子女教育的投资与父母的收入虽然存在相关性，但也与家庭的支出计划和父母的期望有很大的关系。在教育投资大的家庭中的子女可以享受到更优秀的师资力量的辅导，拥有更适合学习的学习氛围与环境，虽然教师、教学在学生成才中不是决定因素，但依然可以认为更多的教育投资可以带来更大的成功机会。

父母的教育投资主要是通过辅导班与参考书籍两方面支出的。目前国内课外辅导市场已经日趋完善，收费和教学也日趋透明，高的价格必然能带来高的教育质量。因此，更愿意为子女教育投资的父母往往能获得子女更优异的学习成绩。另一方面，参考书籍也是学生提升应试能力必不可少的资源。在教育投资更高的家庭中，子女可以有更多选择参考书种类的机会，也可以根据自己所处的学习阶段进行分档练习。这一部分的投入属于弹性支出，各个家庭根据自己的家庭情况可以有选择地进行投资。

总而言之，教育投资更高的家庭子女的学习成绩优秀的机会也会更大，但这与他们的努力程度并不一定成正比。对于没有优异的经济资本的家庭，往往会造成他们并不重视对于教育的投入，因此，也导致了在自主招生招考竞争中处于劣势地位。

（三）社会资本指标对于自主招生公平问题的影响

1. 自主招生与社会资本理论研究

社会资本的概念最早是由法国社会学家布迪厄（Pierre Bourdieu）于20世纪70年代提出。他认为："社会资本是现实或潜在的资源的集合体，这些资源与拥有或多或少制度化的共同熟识和认可的关系网络有关。换言之，与一个群体中的成员身份有关。它从集体拥有的角度为每个成员提供支持，在这个词汇的多种意义上，它是为其成员提供获得信用的'信任状'。"

之后，詹姆斯·科尔曼按照社会资本的功能，将社会资本界定为"个人拥有的社会结构资源"，"它并不是一个简单的实体，而是由具有两种特征的多种不同实体构成的：它们全部由社会结构的某个方面组成，它们促进了处在该结构内的个体的某些行动"。

继布迪厄、科尔曼之后，大量的研究开始指向社会资本对于社会活动的影响研究。比较有代表性的对社会资本概念的解释认为，其指的是个人通过社会联系摄取稀缺资源并由此获益的能力。这里的稀缺资源包括权力、地位、财富、资金、学识、机会、信息等。

之后又出现更多理论对社会资本理论进行了深化，比如结构洞理论、强关系–弱关系理论、社会资源理论等。其中美国社会学家罗纳德·博特提出的"结构洞"概念对于自主招生与社会资本具有很大的借鉴意义。所谓"结构洞"，举例讲，就是社会成员 a 与 b 之间的联系并不紧密，但是若 c 和 a、b 都有紧密的联系而且彼此信任，则可促成 a 与 b 之间产生交换，c 就占据了一个"结构洞"。博特认为，竞争优势不仅要有资源优势（有权、有钱、有地位等），更要有关系优势，那些占据"结构洞"越多的人，获得的经济回报越多。但是博特的中国籍学生肖知兴教授则认为，汇集"关系"的"结构洞"往往会成为腐败的温床，导致效率低下等问题。

华人（华裔）学者对于社会资本研究具有很大贡献，该领域也是中国社会学界在国际上较有影响力的领域之一。如美国著名华裔社会学家林南，他在社会资本研究中独树一帜，从个体理性选择行为出发，在行动与结构的互动关系中，建立了强调差异、变化和建构，把社会资本放到微观、中观和宏观社会结构中进行系统论述的具有鲜明特点的社会资本理论。

到了 21 世纪，社会资本的中国化研究提出了一个新的概念，即"关系"研究，其并不与英文的 relationship 相对应，其英文词就是"guanxi"，所谓人情关系的实质就是感情实惠的交换，长期而相互的

"欠情""补情"心理,使得有能力提供帮助的人尽力在对方请求下提供帮助。

在中国自主招生运行过程中,民众对于公平问题的质疑很大程度上出现在对"关系"影响自主招生结果问题上,亦即一项公平公正的考试本应摒弃人情世故,而民众对于社会资本过多干预自主招生录取产生不满。事实上,这种不满不仅在中国大陆存在,在中国台湾也存在类似社会资本影响自主招生的情况,被称为"关说"。中国台湾从2002年开始制订大学多元入学新方案,在联考(注:不同于中国大陆的高考,更类似于自主招生中的联盟考试)以外,扩大申请入学和推荐甄选的比例,希望能改变联考"一考定终身"和弱势家庭子弟的不利处境(Chiang、Ching,2013),但是,实施过程中,在申请入学时,反而对中产以上阶层的学生比较有利,其中以课外活动社团参与和口试两项为主(刘海峰,2002;Chen,2012;Song、Tsai,2007),导致很多公平问题发生,比如"甄选只要通过简单的基本学力测验再参加面试,很可能产生'关说'、走后门、开假证明等情形……为了让学生符合推荐条件,老师不得不替学生制造表现机会,最常见的做法是让学生轮流担任干部","多元入学的'关说'特权已到骇人听闻的程度",中国台湾TVBS的民调显示,六成的家长对多元入学方案的公平性持质疑态度,七成家长赞成恢复以往的联考制度(郑若玲,2010)。

中国学界对于社会资本影响自主招生公平的质疑,主要集中在招生过程存在的权钱交易、腐败、寻租等问题上。尤其是2013年中国人民大学自主招生舞弊事件发生后,某种程度上印证了民众的此种质疑,教育部也十分谨慎,迅速下发文件,要求各高校"严格控制自主选拔录取招生比例"(而在此之前主要是鼓励各高校扩大自主招生比例),已显示出权力收缩上移的趋势。这是社会资本影响自主招生招录活动的具体表现。

笔者认为,社会资本并不能全部理解为是一种所谓"关系户"走向成功的捷径,而是一种个人通过与社会的联系而形成的一种无形的资本。人们可以利用自身所掌握的社会资本为自身的发展提供更为有利的环境与条件。但是，这并不意味着掌握有利的社会资本就一定有着更多的优势或是有着通向成功的捷径。从科举制度，到高考，再到自主招生，国家人才选拔制度虽然一直在变迁，但是目的依旧是做到最大限度上的公平与公正，最大限度上保护弱势群体受教育的权利。也就是说，虽然社会资本的影响是现今自主招生所面临的最重大的质疑，但是并不能完全将它归于导致自主招生不公平性存在的因素，更不能以为否定其价值。而由科尔曼提出的观点来看，每一个自然人生来就具备着由其所处的社会环境构成的社会资本，它对于每一个人都有着不可避免的影响。

社会资本对于自主招生影响计量上也有许多困难，首先社会资本本身计量复杂，难以观察。在社会学本身对于社会资本的可计量性便有着很大争议。其一，社会资本的贡献难于观察。其二，社会资本计量指标体系的构建十分困难，已有的指标体系混乱。不同学者的观点及分析框架差异很大，因此，得出的研究结论也往往难以达成一致。其三，自主招生与社会资本关系研究少、数据缺乏。一方面，国内对于自主招生的研究目前还是处于比较空白的状况，数据研究少；另一方面，对于已有的研究来讲，被调查者并不一定愿意说出实情，从调查方式来讲调查问卷的方法虽然涵盖面可以涉及较广，但是内容不很深，且问卷质量并不能得到完全的保证。

2. 社会资本影响自主招生公平的观测指标

社会资本概念本身和计量方法的研究虽然存有许多困难，但社会资本本身对于每一个学生个体与社会发展的重要性是不容置疑的。因此，更应该直面社会资本研究中的困难。结合已掌握资料，可以将社会资本影响自主招生的因素分为以下3个分支。

自主招生中社会资本观测指标框架，如图3-3所示。

（1）私人关系。私人关系对自主招生的影响是多方面的。一方面私人关系可以影响甚至左右选拔者在选拔时的策略，使他们无法按照既有的、公平的方法进行自主招生工作。另一方面，私人关系也会让

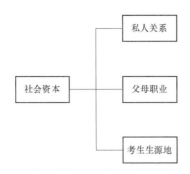

图3-3 自主招生中社会资本观测指标框架

某些选拔者对部分被选拔者有特殊的印象,非主观地对选拔不公平。这两方面的影响都会让自主招生的公平性降低,甚至引发出舞弊、贪污等案件,不利于自主招生事业继续发展。

与社会资本相关的徇私舞弊问题虽然是绝对错误地将经济资本与教育挂钩的行为,但近些年来却愈演愈烈。富有的家庭邀请掌握招生权力的人参加酒宴、娱乐等活动,甚至暗中直接给予金钱或其他贵重物品。这种行为与以上的经济资本的作用不同,并非间接地影响招生者的判断,而是直接左右招生者的招生行为,这是自主招生中绝不应出现的污点。而对于这一现象,除了社会资本的影响之外,也与经济资本密不可分。

（2）父母职业。父母职业是一个对于应试学生无法改变的事实,但这也是影响选拔公平性的重要因素。一方面,自主招生选拔的学生并非入职,也需要继续接受教育,因此,在招生工作中希望得到的是学习能力强或在某方面有特殊天赋的学生。而如果父母工作恰好在某个领域,应试学生即使没有以上两方面才能,依然可能因为受到父母的影响而展现出比其他人更强的应试能力。当他们进入学校深造,原来十数年通过耳濡目染的片段性知识积累无法适应学校系统化的知识体系,他们在学习能力和天赋上的弱势就会更多地凸显。因此,父母职业在一定程度上能够促进子女通过自主招生考试,但是与自主招生的选拔目的相悖。当父母的职业是教师时,这个现象尤为明显。父母通过系统地教育,让子女即使没有特殊的天赋才能也能在考试中表现优异。

另一方面，父母职业也可以在一定程度上起到促进学生某一方面特殊才能的作用。从而使得学生能力可以在真正意义上有所提高。从这一角度说，父母职业对于自主招生的公平性起到单一的消极影响，应试者由于从小受父母职业的教育与熏陶，使得自身能力增强，也由此形成了个人资本。因此，也可看出，三种资本对于自主招生的影响是复杂多样的。

（3）农村生源。在自主招生选拔中，农村生源有着不可忽视的劣势。首先是信息获取的劣势。农村相对城市信息获取的难度更大，掌握信息的人也更少。自主招生主要通过电视传媒的宣传与网上招生信息公示进行招生预录取工作，这一工作方式本身对于没有网络覆盖甚至没有电视信号覆盖的偏远地区就有着无可弥补的劣势。即使考生具有自主招生招考所要求的能力，也不能有效地获得相关信息，因此而错失通过自主招生获取更好教育机会与加分优惠政策的机会。

其次，教育资源的不平等也是他们的一项劣势。在大城市中，教育机构林立，很多机构专门研究自主招生的命题方式和思路。在农村和小城市，相应的机构实力和资质都不足，无法为学生提供类似服务。除此之外，农村高中教育资源落后于城市资源的现状本身也导致了农村学生在与部分城市学生的竞争中处于劣势。

最后，在名额分配方面，自主招生多倾向于发达地区及优秀的高中，虽然目前提出有诸多政策制度倾向于农村的自主招生制度的推广，例如中国人民大学在2012年提出的"圆梦计划"（招生条件：学习成绩优秀，或具有某方面培养潜能的应届农村生源高中毕业生，原则上要求平时成绩排名为所在中学的前10%，且是家庭中三代之内无大学生的应届农村户籍考生）。但是这种政策本身仍然具有较大局限性，例如覆盖面小，"三代之内无大学生"标准并非是较有说服力的标准等瑕疵。

三、三类资本与自主招生的关系分析

数据分析研究可以通过直观数据展示多个因素之间的联系或多个因素对结果的影响。本章主要运用统计学的手法，通过计算机辅助，对近年来自主招生的数据进行研究分析，得出人力资本、经济资本、社会资本与自主招生之间的联系。

（一）数据来源

本研究数据主要来自自主招生课题组两次大规模的调研活动。首先为 2007 年 6 月至 8 月对于自主招生、统招生发展状况的调查。调查对象包括：① 学生，包含 53 所高校的全部自主招生的学生、仍在校的保送生及按照自主招生 1:1 比例从统招生中抽取的对照组的学生。该调查回收了共 18 146 份调查问卷。② 高校招生干部，共计 53 人，回收 53 份问卷。③ 中学领导和教师：包括 11 个省，每省 9 校，每校共 8 人的调查。之后随即补充调查添加 3 省 6 校共计 105 所中学的数据。共回收 500 份问卷，回收率为 60%。④ 高中考生家长，包括 3 省 14 所高三学生家长一共发放 800 份问卷，回收 728 份，回收率为 91%。

另外还包括 2011 年 2 月对于自主招生家长的调查，调查对象主要为包括湖北省获得"北约""华约"笔试资格的高三家长。一共回收 355 份调查问卷，回收率达到 71%。

以上全部为一手数据，并进行了连续多年的跟踪调查，数据种类主要为大规模问卷调查，得来丰富质性研究数据。并做到了在大样本取样调查中的分层调查，即学生包括了三类进入高校的方式，家长包括了各行各业，中学和大学招生处领导也包括了各种职位。可以认为调查的结果基本与事实相符。这些前期的研究基础，为本研究分析和研判自主招生公平与人力资本、社会资本、经济资本之间的关系提供了重要依据。下面从三个资本的角度，结合数据分析各资本与自主招生之间的关系。

（二）人力资本对自主招生公平的数据分析

1. 综述——学习成绩优异是自主招生选拔条件的重中之重

目前的自主招生选拔依然还是重视学生在校的学习状况，从调查研究中可以发现，学习成绩名列前茅在自主招生中占据的52.5%比例，最为高校所重视。

2007年对于学生如何获取自主招生选拔录取资格调查统计，如图3-4所示。

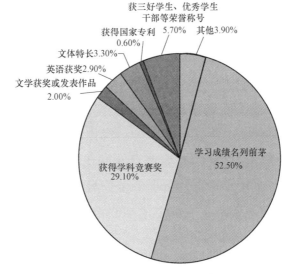

图3-4 2007年对于学生如何获取自主招生选拔录取资格调查统计

通过统计可以看出，学习成绩名列前茅的学生占参与自主选拔的学生中的大部分，超过了一半，达到了52.50%，与其他特殊能力的学生相比拥有绝对优势。这也证明了学生学习成绩名列前茅在自主选拔中最受到重视。这与我国目前自主招生考试基本公平的事实相符。另外，获得学科竞赛奖的学生在自主选拔中也能获得较优秀的成绩，证明自主招生的选拔更偏向于专业性的大学教育。拥有一技之长或者在相关学科成绩非常好的学生更容易通过自主招生的考试。

其他的人力资本包括文学获奖、英语获奖、文体特长、发明专利和班级干部的比例都没有如学习成绩这一计量标准一样的突出表现。下面将分条目论述各项人力资本状况对自主招生的影响。

2. 学习成绩——自主招生选拔的基础条件

由于平时的学习成绩无法被统一的标准所统计，各校的每次考试排名也因有着考试环境、学校教学水平差异等原因无法统计，因此，选取高考成绩是否过线进行比较。

在调查所得数据中我们发现，在自主招生选拔中的学生的高考成绩并没有特别突出，过线率仅为 66.00%，31.8%的学生没有达到录取分数线，甚至有 2.2%的学生没有参加高考。造成以上结果的可能原因是自主招生被选拔上的学生没有了考试的压力，于是降低了学习的努力程度和学习方法的贯彻，导致了他们的高考成绩并不是完全理想。另外，在通过自主招生的学生中有一部分是学科竞赛获奖的学生，这类学生大多有"偏科"的问题，即在一门或几门功课中表现优良，但是在高考的全科环境下并没有获得很好的成绩，这也是可以理解的。自主招生所选择的专业人才恰好就是这部分高考成绩不一定十分理想的学生。他们也可以通过自主招生在大学中获得更好的专业教育。

自主招生的加分目的是通过加分的手段，使得某方面有特长的学生可以受到与其能力相适应的教育，如果加分与不加分都取得同样的录取效果，那么该加分政策也是一种浪费，并没有真正达到相应的政策目的。

3. 在校期间参加科研创新类活动——多参与到自主招生中

我们在 2007 年对学生在校期间是否参加科技创新类竞赛的调查中可以看出，在参加自主招生的学生中有 21.4%的学生参加过科技创新类竞赛，比普通高招的参与比例高 1.80%。学生在校期间参加科研创新类活动的机会本身不多，所以较小数据差别就可以反映很大的问题。

而在各个级别科研创新活动的统计中，通过自主招生而进入高校的学生虽然在校级、院级的比赛中与普通统招的学生没有竞争优势，甚至还落后于普通高招学生在竞赛中的获奖状况，但是在更具有含金量的世界级、国家级和省市级的比赛中存在着明显优势。国家级与省市级比普通高招获奖率高出约 2%，在竞争最激烈的世界级比赛中甚至比普通高招学生获奖率高出近 1 倍。这是自主招生考生通过自主招生考试所需要具备的创新能力的体现，是他们获得加分的关键。

2007 年学生参加科技创新类竞赛调查，如图 3-5 所示。

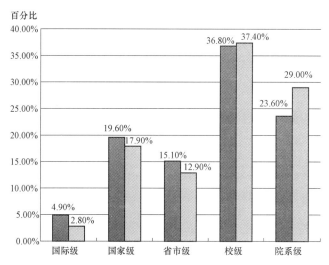

图 3-5 2007 年学生参加科技创新类竞赛调查

4. 英语、文学专长——不再是影响的重要因素

在很长一段时间，英语、语文被认为是获得更好教育机会的重要途径之一。但是在 2007 年对于学生的调查中，参加和通过外语等级考试或拥有语文特长而获得录取资格的学生比例很小，基本可以说明外语、语文水平对于学生是否通过自主招生选拔考试没有直接影响。

英语、文学获奖或发表作品并没有成为通过自主选拔的优势。这与某些家长和某些学生认为英语或语文成绩好对选拔考试有帮助的观点相悖，也值得引起家长和学生的注意——仅仅以拼英语、语文以搏上位的学习方法在当代的招生教育环境中已经不可能实现，凭借英语等级证书或者作文竞赛获奖的传统手段已经不再有效。2007 年的统计数据中可以发现，学生有英语特长的为 2.9%，而有文学特长或者发表过作品的仅占 2.0%。

而在入学后的外语等级考试调查中，对于大学进行的英语等级考试，例如四六级考试、专八考试中，普通高招学生与自主招生学生在通过率上基本没有区别，通过率分别为 85.60%和 88.80%。这也间接证明了学生英语水平并不是影响学生获得自主招生加分或者保送名额等更好教育机会的重要因素。

2007 年对于学生外语等级考试情况调查，如图 3-6 所示。

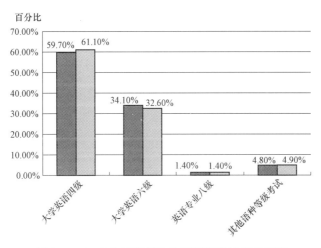

图 3-6　2007 年对于学生外语等级考试情况调查

5. 文体特长——最容易产生腐败现象的途径

文体特长生是指在文艺和体育方面有特长的学生，他们往往从小就接受专业的文体训练，在某一专业方面花费了大量的时间和金钱，而没有多余的精力和时间专注于文化课的学习。在数据中显示，文体方面有特长的占据自主招生比例的 3.30%。但是不能一味地否定文体特长生在学习方面的能力，也不能单纯因为他们文化课的弱势而否定甚至剥夺进入更高等学府学习的机会。文体特长生在高校中有利于活跃高校的文化氛围，增强高校人才的多样性。

但是从另一方面来看，文体方面特长的评定是最容易滋生腐败现象的途径之一。不同于学科竞赛、英语获奖等有统一的评价标准与规范化的管理，文体特长容易出现替考等现象，没有标准化的评价体系，作弊等现象并不易被发现。这成了并没有特长的学生可以获取加分的捷径。

（三）经济资本对自主招生公平的数据分析

1. 刚性支出——主要受到考点位置的影响

在 2011 年对于自主招生中学生家长的调查发现，投入在交通上的费用最多，平均达到了 350.86 元，消费区间在 0 元到 2 600 元之间。这多是由自主招生考点的局限性造成的。除此之外住宿费用占据第二位，平均花费达到了 268.63 元，花费范围在 0 到 2 000 元不等，这也反映了自主招生考试地区的局限，考生们需要参加离开自己生活、学习所在地参加考试，由于考生多数刚刚成年甚至未成年，常需要家长、监护人的陪伴。另外餐饮所花费用也很多，平均每人花费 207.71 元，范围在 0 元到 1 000 元间。这都导致自主招生较高费用的现象，也是经济资本对于自主招生公平影响的根源因素之一。在这 3 个费用当中，它们的中位数与平均数差距较小，说明数据分布较为均匀，也说明这三部分的支出属于刚性支出，很难避免。

2. 弹性支出——不同家庭的教育投入差距很大

购买书籍、参加辅导班的费用是由父母的收入，甚至是父母的教育水平、对子女的期待所导致，这也是经济资本与社会资本关系相重叠的方面之一。购买书籍与参加辅导班并不像住宿、交通、餐饮费用一样，有着一定程度的必然性，是不可避免的。对于书籍、辅导班所花费的费用是可以自由掌握的，对于考生及家长来说有着很大的自由选择性，属于弹性支出。调查发现，对于购买书籍的费用上，花费范围在 0 到 500 元不等，平均费用为 47.5 元，在这项中花费并不是很多。但是在参加辅导班费用的调查中则发现了较大的差距，花费从 0 到 6 000 元不等，而平均费用仅为 100 元，差距悬殊。由此也能看出大部分学生家庭并没有在参加辅导班中有较多支出，但是会出现有的家庭"一掷千金"的现象，费用支出弹性很大。

在所有的花费中，在 2011 年对家长认为自主招生是否有困难的统计中可以发现，有 84.90% 的家长认为家庭可以承担得起这一部分的费用，并没有太大的困难。只有剩余的 15.10% 的家长承认在花销方面有困难。但是在分析统计中可以看出无论是对于有关父母收入所影响的培训费开支,还是一定程度上在参加自主招生后就必然导致的教育投入,例如差旅费、报名费,有相当多的人认为并不太满意或很不满意。这都反映了经济资本对于自主招生的直接影响。

2011年学生家长对考试报名费满意度统计,如图3-7所示。

2011年学生家长对考试差旅费满意度统计,如图3-8所示。

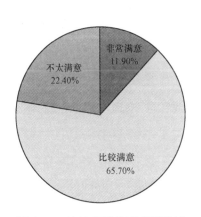

图3-7 2011年学生家长对考试报名费满意度统计

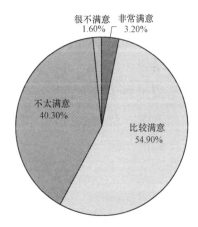

图3-8 2011年学生家长对考试差旅费满意度统计

(四)社会资本对自主招生的影响

1. 私人关系对于自主招生公平的影响——"打招呼""递条子"现象的矛盾

2007年对中学领导与教师的调查中显示有19.5%的人认为自主招生中存在"打招呼"的情况。而对高校领导的调查中有14.3%的人认为存在着"打招呼"的现象。

由此可见,无论是从高校招生工作领导角度的调查还是对中学领导与教师的调查中都发现,"打招呼"成了影响自主招生进行的一个重要因素。由于领导一般地位身份较高,能够向其打招呼的数量并不多,14.3%和19.5%已经算是一个非常大的比例。

在自主招生的招生流程中,无论是中学领导还是高校领导都可以在其中起到至关重要的作用,甚至直接决定一名学生能否获得自主招生的加分优惠政策的照顾。在政策宣传比较到位的地区和学校一般较为透明,学生们有相同的机会获得相关信息,但是在政策宣传不到位的偏远地区,中学领导会拥有更大的权利支配自主招生的名额,甚至私下通知学生获得考试名额,并让考生不要告诉其他同学。这样就大大增加了利用私人关系在中学中比例的升高。

以上统计说明了"打招呼""递条子"这种行为在自主招生中是普遍存在的,而靠这种方式通过自主招生的最大获益者就是学生自己和学生的父母,因此,可以认为父母在有能力的前提下会动用私人关系让学生通过自主招生考试。这对于某个学生是有利的,他可以获得更大的机会进入优秀的大学,但是对于其他学生和整个自主招生体系是十分不利的。因为自主招生的目的就是为了削弱或消除高考选拔方式的不公平性和不合理性。公平就是自主招生一个很重要的因素。但是,"打招呼""递条子"这种行为的出现极大地影响了这种公平,也导致了徇私舞弊、贪污腐败现象的出现。

另外,以下在对家长的统计中也反映了家长对于自主招生中社会资本的影响问题的担忧。

2007年家长认为自主招生中存在不足的调查统计,如图3-9所示。

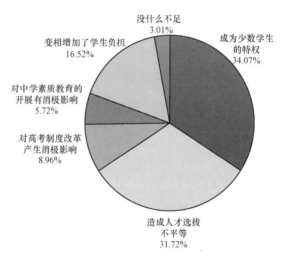

图3-9 2007年家长认为自主招生中存在不足的调查统计

我们可以发现家长在针对关于自主招生中不满意原因的问题中，最多的是认为自主招生成了少数学生的特权。这也表明没有使用特殊手段的家长对于使用了一些特殊手段的家长有一些不满，可以认定有很多家长认为，自主招生中的不平等是因为某些私人特权关系的存在而产生。

但是在 2011 年对于家长的数据调查中，仅有 5.7% 的家长承认在自主招生的过程中动用了私人关系，绝大部分家长没有动用、没有相关人际关系或者认为没有必要寻找私人关系达到自主招生加分的目的。这一调查结果与现在自主招生所普遍认为的社会资本，在一定程度上说就是"关系"的存在是影响自主招生公平的主要因素相去甚远。

在具体费用的调查中，仅不到 6% 给出了人情送礼的详细花销费用，花费 500 元人数占 2.90%，花费 5 000 元人数占 1.40%，这一调查数据与大众所认为的人情花费也有很大差距。

2011 年对于家长是否动用私人关系调查统计，如图 3-10 所示。

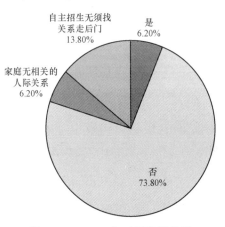

图 3-10　2011 年对于家长是否动用私人关系调查统计

另外需要说明的是，由于在家长统计中进行的动用私人关系行为的调查影响因素过多，所以不一定能作为有效数据，这也是由中国人情关系之中的隐秘性造成的。

以上数据表明，关于社会资本对于自主招生的影响存在着很大的研究障碍与研究矛盾。一方面，在调查中可以明显看出，社会资本是现在被大家所普遍承认的影响自主招生最重要的因素。在对于学校领导的调查中也可见一斑。另一方面，在真正涉及具体费用与是否运用资本的调查中显示社会资本并没有起到关键性作用。这与现今大众的观念认知矛盾，但也有可能是数据统计的困难造成的结果。

2. 生源所在地对自主招生公平的影响——偏远地区在自主招生中处于劣势

从 2007 年与 2011 年两年对于自主招生学生生源地的调查中可以发现，城市学生占据绝大多数，农村学生处于明显劣势。

2007 年自主招生考生生源地调查统计，如图 3-11 所示。

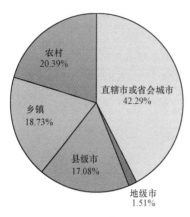

图 3-11 2007 年自主招生考生生源地调查统计

以上数据显示，在自主招生中获得了比较良好成绩的学生有 42.29% 都在直辖市或者省会城市，也就是我们所说的大城市，而县级市以下的学生比例基本相同，在 20% 左右。不可否认，县级市及以下地区的生源在自主招生的比例已经超过 50%，但是同时需要注意的是人口基数的问题。我国大部分地区还是非直辖市和非省会城市，人口数量也是前者居多。另外根据连续 4 年对 52 所自主招生高校的研究调查显示，来自西部地区的生源只占 8.7%，农村生源只占 8.45%，父母为农民的生源只占 7.5%。

因此可以看出，直辖市或省会城市的生源在自主招生的百分比中有明显的优势。这对于自主招生公平性有着巨大的影响，区位劣势使得他们在自主招生中也处于劣势，属于弱势群体。

3. 父母职业对自主招生公平的影响——教师、机关单位工作人员影响最为明显

自主选拔学生的父母职业调查中，在国家机关和事业单位工作的比例及父母职业为教师的比例都明显高于普通高招的学生。这也是社会资本对于自主招生公平的重要影响之一。处于国家机关单位的工作更有利于增加上层人脉关系的积累；而父母为教师有助于学生及学生家庭更有效率地了解到自主招生的相关政策，在自主招生中处于优势地位。

2007年自主招生考生父亲职业调查统计，如图3-12所示。2007年自主招生考生母亲职业调查统计，如图3-13所示。2011年自主招生考生家长职业调查统计，如图3-14所示。

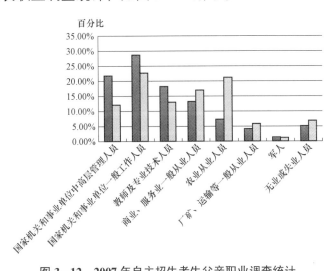

图3-12 2007年自主招生考生父亲职业调查统计
■自主选拔；□普通高招

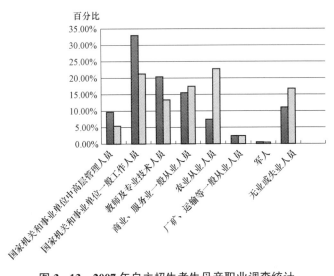

图3-13 2007年自主招生考生母亲职业调查统计
■自主选拔；□普通高招

通过上述表格可以发现，自主选拔的父母职业中为国家机关和事业单位中高层管理人员和一般工作人员的比例都高于普通高招的学生。相应地，厂矿、运输、农业、商业等行业一般从业人员的比例，都是普通高招学生的父母更多地从事。可以推断出，自主选拔考生的父母在一定程度上利用了自己职业的人际关系也就是一定意义上的社会资本。同时非国企事业单位的一般工作人员因为没有相关的人脉资源，因此，子女更多会选择参加普通高招。另外父母职业为教师的学生中，通过自主选拔的名额明显更多，说明父母为教师这项社会资本对于学生的自主招生成绩与招生信息获取非常有帮助。

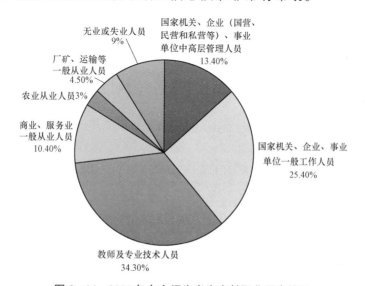

图 3-14　2011 年自主招生考生家长职业调查统计

四、研究发现与政策建议

通过以上研究，笔者有一些关于人力资本、经济资本和社会资本与自主招生之间关系的研究发现，以下是具体研究结论及相关政策建议。

（一）研究发现

1. 人力资本、经济资本、社会资本对自主招生公平的影响相互联系

如今对于人力资本、经济资本与社会资本在其本学科的研究较多，从社会学、经济学的角度出发，学者就已经给出了多种不同角度的见解与看法。现在关于人力资本、经济资本、社会资本的研究中，很少将这三个"资本"角度的研究与自主招生本身结合起来。从自主招生角度出发，较多的研究依然停留在自主招生公平的问题之中，且观点看法十分一致；从三个"资本"的角度出发，较多的研究依然是关注于企业之中三个资本的影响，而从教育角度出发的基本没有，与自主招生相关则更是稀少。

从以上的数据研究及计量标准的建立来看，不同的资本之间相互影响，很难将人力资本、经济资本、社会资本分解为完全不相关的部分进行研究。例如：家长的收入、职业会影响家庭的教育投入；人情送礼与家庭收入、社会地位也有很大关系，这便是社会资本与经济资本两者相互影响而产生的结果。另外，学生一些比赛的参加和一些奖项的获得也需要有资金支持，这是人力资本与经济资本相互作用而产生的结果。无论是从具体数据的角度，还是从理论本身来说，三者之间都有着相互影响，这也增加了研究的复杂性。

2. 人力资本、经济资本、社会资本对自主招生公平有很大影响

人力资本——对自主招生的影响与传统观念的影响因素差距较大。人力资本是自主招生所要真正挑选的资本条件，自主招生的目的就是创新与传统高考模式不同的新模式，招收有特长、在某方面有突出才能的学生。人力资本中，为了计量及招生的规范，往往产生大量的竞赛、比赛等，以此来衡量学生的能力。其中多数以英语、国家专利、学科获奖为主，但是前提条件则是拥有较好的学习成绩及较高的学习排名。在学习成绩影响自主招生这一方面是没有异议的，但是传统被认为会占据很大优势的英语已经优势不再明显。相比较来说各个学科的竞赛获奖更具有竞争力。

经济资本——差距主要体现在由社会资本所影响的弹性投入中。经济资本对于自主招生的影响主要体现于如今自主招生考点的限制，这也是考生在自主招生中最大的一笔开销，其中包括住宿、餐饮、交通的费用，交通费用所占比例最高。虽然自主招生的考试考场在逐渐

增加，但是东部地区仍然占有较大比例。这也是提高经济资本对于自主招生影响的重要原因之一。另外，其他由于父母收入甚至是父母职业、对子女教育的期待影响其他投入也有很大影响，而这一部分影响由数据中显示，差距更大。在自主考试中拥有课程培训、书籍辅导的学生往往会比没有收到培训的学生占有更大的优势，这也是经济资本对于自主招生公平的重要影响之一。

社会资本——本身存在隐秘性，影响渗透到诸多方面。社会资本本身从统计和定义上都有一定的困难和分歧，从 2007 年和 2011 年所收集的数据上来看，甚至有很多矛盾之处。一方面，在社会资本中私人关系、徇私舞弊本身的隐秘性都十分不利于调查研究。并不能得出令人信服的结论。在传统观念中私人关系是影响自主招生公平性的一个重要因素，甚至被认为是决定性因素。这一观点在家长与学校领导的调查中虽然被否认，但是其中也有许多的主观因素影响。另一方面，地域影响在数据中可以非常直观地反映出来，自主招生名额往往投放到重点中学、生源基地和经济好的地区，扩大了高校招生的地区差异，非常不利于自主招生公平性的保证。虽然目前已经意识到相关问题，有政策开始向农村、落后地区倾斜，但并没有完全改变这一现状。进一步说，目前自主招生的宣传力度不到位，这使得有很多偏远地区的学生、家长甚至学校并不了解自主招生相关政策，因而错失优惠条件和加分机会。

（二）政策建议

（1）增加自主招生考点——减少考生因为考点距离远而产生的经济资本问题的影响。由自主招生经济资本的研究可以看出，考生在交通住宿费用上的较高花费多是由于需要到另一地区参加考试而形成的费用。因此，增加考点可以尽量避免这一情况的发生，减少花费，减轻经济资本对于自主招生公平性的影响。

（2）自主招生政策向偏远地区倾斜，扩大对自主招生政策的宣传力度——防止由于地区差异形成社会资本对自主招生的不利影响。促进基础教育综合发展，从根源上拓展自主招生的选才范围，在此基础上，在城乡教育差距较大，东西部教育差距较大，重点中学与普通中学教育资源差距较大的条件下自主招生必然受到一定程度的限制，由此会损害自主招生选拔的公平与效率。为了维护教育公平，提高自主招生的效率与公平，在政策的制定与计划中应该考虑向教育欠发达、经济较落后的考生倾斜，保证自主招生的区域公平和社会公平。另外，目前对于自主招生政策的宣传力度不够，一些地区学校的同学、家长甚至老师完全不知道有关的政策。这进一步导致了地区差异性的增加，增加了自主招生区域的不公平性。因此，应该一方面利用传媒等手段提高对于自主招生的宣传力度，另一方面可以使高校有关人员或有关专业前往较为偏远的地区进行政策宣传与讲解。或者进一步建立互助关系。以此可以提高自主招生的知名度，使得更多有能力有特长的学生参与进来。

（3）加强社会监督和舆论监督，增强自主招生的可信度——防止腐败、权力滥用、人情交往等社会资本的影响。选拔性考试的基本要求就是公平的竞争与公平的选拔考试，这也是衡量一项招生考试制度是否完善的重要标准。相比于传统的高考制度，自主招生的招生标准多元化，灵活性大，有利于选拔有一技之长的专门性人才，但是目前社会认可度较低。现今又由于人民大学自主招生腐败事件的曝光使得自主招生制度的诚信度遭到前所未有的质疑。因此，一方面自主招生的推进需要有考试立法及相关教育的法制建设，另一方面也需要有社会监督作为法治的有力保障。自主招生的改革应该在征询公众对于招考方案的意见，提前公布报考及选拔标准，选拔过程需要公开透明，选拔录取结果需要公示，接受社会大众的监督。以此防止自主招生舞弊现象的发生，减少社会资本对于自主招生公平性的影响。

第四章 性别对自主招生影响的实证研究

一、文献综述与研究框架

性别差异对生活中各种活动产生着或多或少的影响，这种影响同样表现在自主招生的过程中。自从2003年中国教育部开始实行自主招生以来，性别对于自主招生政策的影响一直鲜有研究者研究，笔者研究发现，"在自主招生的过程中，男女所占比例差异大，男生报考人数远远大于女生"，除此之外，男女生在专业选择及学业成绩等方面也有不同的表现，本文将对不同性别对自主招生所产生的影响进行深入研究。

（一）自主招生中的性别差异

根据研究发现，自主招生中男女参与人数比例有很大的差异，男生报考人数越来越多，所占比例较大。笔者认为，这种情况的出现符合我国教育发展的趋势。一方面，"自主招生有利于促进性别公平"。在高考的道路上，女生成为高考队伍中的主力军，男女比例越来越失衡，这种"阴盛阳衰"的现象非常不利于大学的校园生活。这和高中女生学习成绩更优于男生有关，在高中阶段，女生的努力程度比男生更高，学习成绩也会更优于男生，从而大学录取率也远远高于男生，这就使得许多高校中女生的人数大大增加，男女比例不协调。自主招生政策实施后,男生更多地会选择这条道路来考上自己心仪的院校,大大地增进了性别公平。另一方面,男生更注重创新性思维。与许多学者的观点不同,笔者认为男生更多地选择自主招生这条道路,并非是逃避高考的"歪门邪道",正相反,他们有自己更加注重的内容,更加希望能够通过不同的选择来更好地展示出自己与众不同的一面。创新性思维并不是每个人都会具有的,也并不是每个具有创新性思维的人都能够与众不同的表现出自己来,迎合这个契机,"自主招生给予这部分人一个很好的平台,能够让他们更好地发挥出自己的特长,展示出自己的独特魅力来"。这种观点并不是认为女生不具有创新性思维,只是相对于男生而言,这种能力会显得稍微弱势一点,女生们也会扬长避短,选择一些适合自己的科目考试,能够最大化地发挥自己的专长。

(二)性别特征对自主招生的影响

性别不同,会对专业选择和学业成绩造成不同的影响。首先,男生会更偏重于选择理科专业,而女生会选择文科专业。"我国自主招生的招生对象一般要求是具有超常的创新和实践能力,或在文学、艺术、体育等方面有特殊才能;或综合素质名列前茅等"。相对而言,男生的思维偏理性化,对创新、实践比较感兴趣,因而自主招生中,会选择理工科类的专业,比如计算机。而女生的思维偏感性化,记忆能力也相对较好,所以会更偏向于文科类的专业,比如教育学。由此可以看出,性别不同,选择的专业也会有所不同,这也会间接地导致某些高校的理科专业人数过多,而文科专业"无人问津",出现所谓的"热门专业"和"冷门专业"。其次,男生的学业成绩会出现下滑趋势。实证研究,"发现自招生男女生成绩在入学之后保持一致,但是到了大二,自招男生的相对成绩在下降,自招女生的相对成绩在上升"。到了大二,自招男生的成绩会有所下降,究竟是何原因会导致该现象的产生?同样的考试科目,女生的成绩却会上升,这说明并不是课程的难易程度所导致，出现这种情况的可能性是男生的学习态度发生了改变。上了大学之后，由于家里父母不能时时刻刻陪在身边，学校里也没有老师每天在督促，容易造成男生懒散、不爱学习的习惯，而且还有游戏的诱惑，更加使得男生深陷其中，无法自拔，从而导致学习成绩的下滑。"相对而言，女生在大学里的学习氛围较好，学习意识也比较浓烈，因此，不需要外界的督促也可以很好地完成自己的学业任务。"

（三）自主招生与普通高考所体现的性别差异

近几年的研究发现，普通高考的女生所占比例在逐年上升，而自主招生的男生人数呈现增长趋势，造成如此差异的原因笔者认为主要有以下三点。第一，高考统考科目的"文科偏向"是其主要原因。所谓的"文科偏向"主要包括三个内容：考试科目失衡，统考科目的文科权重高于理科；考试地位失衡，统考科目单门文科的考试地位远高于非统考科目的单门学科；考试内容"素养化"，统考科目中的文科越来越重视语言素养的考核。"文科偏向"的游戏规则有利于女生，不利于男生已被许多研究所证实。"曾满超等考查了山东省济南市2011年考生在数学、语文、英语和三科总分上的性别差异，发现除数学成绩没有表现出显著的性别差异外，语文、英语和语数外三科总分的性别差异显著，女生的得分都显著高于男生。"李金波、杨军对"某省语文"、"英语"高考成绩的性别差异也进行了研究，发现2006—2014年，女生的语文、英语在平均分、高分比例上均要明显高于男生。女生的优势更多地体现在知识的记忆、阅读和写作上，在"高水平"的言语作业和"低水平"的言语流畅性测量方面也优于男生，而男生只是在"理解主旨和要义""做出判断和推理""理解文章的基本结构"等方面稍高于女生。另外，男女生的成绩差异还存在进一步拉大的趋势，尤其是新课程改革以后的差异变得更为明显。第二，这和男女生的生理结构密切相关。就生理而言，女生的语言发展早于男生，语言流畅性和读、写方面均占优势；"女生偏于形象思维、男生偏于逻辑思维；女生一般对以听觉为主导的语言知觉更敏感，男生对视觉的空间知觉更敏感；女生善于机械记忆，男生善于理解记忆"。可见，英语、语文的学科目标与女生生理有着很高的契合性，因此，女生很容易对文科产生学习兴趣。第三，社会文化环境也对其产生了影响。就社会文化而言，人们往往将理科等同于男性科学，将人文社会学科视为女性科学，这种学科性别意识形态不仅将女生排斥在理科之外，也将男生排除在文科之外。也就是说，男女生并没有把学科的性别意识形态视为一种压迫，而认为是理所当然、无可置疑的。因此，女孩会采用多记忆、多阅读、多积累的策略在文科上下功夫；男孩则会采用多做题、多操作的策略在理科上花精力。

（四）研究框架

本论文分析了 2008 年和 2015 年的样本数据，从横向和纵向的维度总结得出了性别在自主招生中的差异表现及变化趋势，其基本的研究框架如图 4-1 所示。

图 4-1 研究框架

二、数据来源

自 2007 年至今，课题组进行了连续的实证调查研究、实验干预研究、大数据分析研究和深入访谈研究。

在学生方面，2007 年课题组对当年度 53 所高校的全部自主招生学生进行普查，并按 1∶1 比例抽取统招生作为对照组进行了问卷调查，共回收 52 所高校 18 146 份有效问卷；2010 年对 3 省 6 所中学进行学生自主招生参与状况访谈（重点放在"知晓率"方面），完成 46 名学生访谈；2015 年对当年度 28 所高校的全部自主招生学生进行问卷调查，并按照 1∶10 比例抽取统招生为对照组，共回收有效问卷 3 955 份；2016 年，对海南省东方市、昌江黎族自治县、琼中黎族苗族自治县 5 所中学进行义务招生政策宣讲、免费招生简章发放和致信学生家长，考察信息干预对于知晓率的最终影响。此外，还对中学生进行了自主招生成本干预实验和信效度干预实验，据此来考察效率因素中的成本因素对于自主招生知晓率、报名率和报名成功率的最终影响及考察弱势群体参与自主招生笔试的信效度表现。

在学生家长方面，2007年对湖北省高三学生家长发放问卷800份，回收有效问卷728份；2011年对湖北省获得"北约""华约"笔试资格的高三学生家长发放问卷500份，回收有效问卷355份；2015年对北京大学、北京理工大学和北京师范大学三校自主招生考场外的学生家长发放问卷500份，回收有效问卷292份；此外，课题组在2007年还对高校招生干部进行了调查，对53位高校招生办公室主任发放问卷，回收有效问卷52份；对11个省的中学领导和教师发放问卷，每省9校，每校8人，每省72份，后随即补充3省6校，共105所中学，问卷840份，回收有效问卷501份；还对教育部阳光信息平台上所有获得录取的自主招生学生信息进行计算机抓取和人工智能匹配（匹配上地域、中学是否为重点中学等信息），2014年共完成31 788条有效信息抓取，2015年共完成11 096条有效信息抓取，2017年共完成136 536条有效信息抓取。以下将对这些研究数据进行实证分析。

三、研究发现

基于以上文献综述，笔者使用了高等院校自主招生课题组2015年调查整理后的数据，从学科专业、学业成绩、在校表现情况和专业认同感等多个横向维度出发，在全面考察总体性别差异的基础上，分析得出了各个维度中的性别差异状况，并且与2008年这一时期的性别差异变化进行比较，从而对我国自主招生的性别差异有一个全面的把握。

（一）总体性别差异

从2014年到2017年自主招生中的男女生性别比例可以看出（2015

年缺少数据），参加自主招生考试的男女性别比在 1.20～1.70 之间，即男生人数均多于女生，且男女生的人数正在逐年增加，具体情况如表 4-1 所示。

表 4-1　2014-2017 年自主招生男女考生人数与性别比

年度	总数	男	女	性别比
2014	31 788	18 809	12 979	1.45
2015	/	/	/	/
2016	22 564	14 022	8 542	1.64
2017	136 536	75 934	60 602	1.25

（二）自主招生中男女生的差异表现

1. 男女生学科专业的差异

采取的 230 名自招生人数中，分析了 129 名男生和 101 名女生在学科专业方面的差异，本研究采取独立样本 t 检验（置信水平为 95%），总结研究发现，自招生男女在专业选择上存在显著性差异，如表 4-2 所示。

表 4-2　2015 年男女生学科专业差异

学生性别	人数	平均数	标准差	t	p
男	129	2.327 9	1.338 82	-5.322 00	0.000
女	101	3.386 1	1.630 77		

临界置信水平为 0.000，远小于 5%，所以说明男女生在专业选择上有着明显的差别。至于差异显著在哪里，我们通过图 4-2 可以看出。

如图 4-2 所示，可以分析得出，男生更偏向于选择工科专业，女生会选择文科专业。这一结论的提出与陆根书教授在文章中的观点不谋而合，他的结果研究显示，男生倾向于选择经济管理、计算机、理

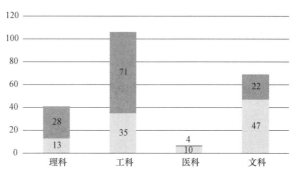

图 4-2 2015 年男女生学科专业分布情况

科、医学、工程、军事等专业；女生倾向于选择经济管理、外语、医学、新闻传播、艺术、法律等专业，"从所占比例可以看出大部分专业都存在着不同程度的性别隔离现象"。这一专业选择的差异性，与男女生智力、非智力等因素有着密切的关系。在智力方面，虽然一般认为男女生总体的智力水平不会存在明显的差异，但表现在语言、注意、记忆、思维等具体智力方面还是各有优势。文科特征的学科在语言表达等方面的内容较多，更多使用形象思维，而理科特征的学科分析性、抽象性内容多，更多使用逻辑思维。因而女生更喜欢政治、历史等学科，男生更偏向喜欢物理、化学等学科。女生在文科特征学科表现优势，男生在理科特征学科表现优势也就在情理之中。

"在非智力因素方面，男女生在兴趣、性格、自信心等方面都存在差异。"例如，女生对文科及语言学习会表现出较强的兴趣，而对科学的好奇心和求知欲相对较弱，男生表现则相反；男生具有更好的自信，但也因此会导致学习的动力不足，女生依赖性较强，常常低估自己的能力，对成败得失比较看重，也因此在学习中会更认真更投入。女生性格比较温顺文静、遵守纪律、谨慎踏实，男生则普遍比较调皮好动、不拘小节。男生自制力和自我约束方面不如女生，但意志力较女生强。男女生在这些非智力因素上的差异，会造成对学习心理资源的分配和投入不同，形成在学科学习上的优势和劣势。

2. 男女生学业成绩的差异

对自招生入校之后进行后续跟踪,全面了解他们从大一到大四的学业成绩情况,根据本课题组的调查问卷,可以得出男女生不同性别在各个阶段的成绩情况,对自招生的学业成绩进行独立样本 t 检验之后的研究结果如表 4-3 所示。

表 4-3 2015 年男女生学业成绩差异

年级	性别	人数	平均数	标准差	t	p
大一	男	56	13.82	14.938	1.184	0.239
	女	43	10.74	9.340		
大二	男	21	9.10	8.803	-0.540	0.593
	女	11	11.00	10.705		
大三	男	15	8.60	9.448	1.136	0.268
	女	9	4.67	5.408		
大四	男	9	10.11	11.805	1.083	0.302
	女	4	3.50	2.646		

由表 4-3 可以看出,p 值均大于 0.05,即表明自招男女生学业成绩差异并不显著,但是从平均值来看,无论是大一到大四,男生的成绩均优于女生。但是有学者认为,到了大二,自招男生的相对成绩在下降,自招女生的相对成绩在上升。这一结论与该学者的观点相悖,或许与样本的选取有关,在这一问题上,还需要学术界进行更深入的研究和探讨。

3. 男女生在校表现的差异

自招生入校之后的表现也应该受到研究者的关注,笔者将对 230 名自招生进行在校表现的调查,在校表现的测量维度有很多,本文选取了男女生入校后的特长发展情况为测量单位,分析了男女生在特长方面的差异(图 4-3)。

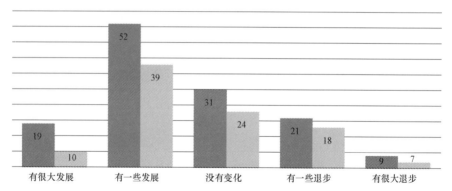

图 4-3 2015 年男女生特长发展情况
■男生次数；■女生次数

由图 4-3 可以看出，绝大多数的男女生在入校之后，他们的爱好特长有了一些发展，极少数的男生和女生有很大退步，从这个图中也可以看出男女生上了大学之后也比较注重自己的爱好特长的发展，但是这个爱好特长却没有办法用问卷的方式测量出来，男女生的爱好特长也无法一概而论，在此次问卷中，涉及的只是男女生入校前的优势科目和爱好特长是否有所发展，直观简单地可以看出男女生的优势特长都得到了一定的发展，但是如何评价这种发展却找不到事实佐证。

4. 男女生专业认同感的差异

自主招生过程中，专业的选择是考生最关注的事情。在一般情况下，自招生录取的专业大多数是自己所喜爱或选择的，那么，入校之后，经过一段时间的学习和了解之后，自招生对于自己的专业究竟持有什么态度呢？更加喜爱自己的专业还是有想转专业的想法呢？男女生对于专业的认同感是否又会存在显著差异呢？结合本课题组的数据分析，我们总结出了相关的结论。

自招生男女生转专业申请次数，如表 4-4 所示。

表 4-4 自招生男女生转专业申请次数

项目	男生次数	百分比/%	女生次数	百分比/%
是	15	15.63	4	5.78
否	81	84.37	65	94.22
总计	96	100.00	69	100.00

从表 4-4 可以看出，自招男女生对于自己的专业认同感都比较高，申请转专业的次数都比较少，但是从数据中也能看出会有学生去申请转专业，那么既然是通过自主渠道进入现专业的，为何还存在想转专业的情况呢？这样的问题还有待解决。既然自招生中不同性别的专业认同感都很强，那么相对于自招生，统招生的专业认同感又如何呢？

2015 年自招生和统招生转专业申请的独立样本 t 检验，如表 4-5 所示。

表 4-5 2015 年自招生和统招生转专业申请的独立样本 t 检验

生源类别	人数	平均数	标准差	t	p
自主招生	168	1.904 8	0.398 17	-0.818	0.414
全国统招	2 963	1.935 9	0.483 98		

从表 4-5 也可以看出，p 值大于 0.05，即表明自招生和统招生的转专业申请差异并不显著，只是平均值略高于自招生，说明统招生的专业认同感并不低于自招生，而程猛学者从他的问卷调查中得出自招生中 15% 的同学有比较强烈的转专业意愿，而统招生中则有 20% 的同学有比较强烈的转专业意愿，由此得出了统招生群体中有转专业意愿的比例高于自招生，可见自招生的专业认同感更强的结论。与该学者的结论相反，笔者认为在现如今的社会主义社会中，教育也一直在提倡自由公平，无论是自主招生政策，还是全国统考，都在奉行着"民主公平"的理念，全国统考的学生在填报志愿的时候也是遵循自己内心的想法填写的，所以在一定程度上对自己所录取的专业还是有着最基本的了解，因此，随着教育体制的改革推进，越来越多的统考生也会更加认同自己所选择的专业。比较完自招生和统考生的专业认同感之后，我们来进一步了解一下统考生中男女的专业认同感是否会存在差异。

从表 4-6 中也可以看出，大部分统招男女生也很少申请转专业，但是男生申请转专业的次数会多于女生，但是是否由此可以认为男生的专业认同感一定低于女生呢？笔者则认为尽管男生申请转专业的次数会多于女生，也不能说明男生的专业认同感低于女生，本身男女生人数比例就存在着差异，导致这一现象出现的因素可能也与所调查的男女生人数相关。

统招生男女生转专业申请次数，如表4-6所示。

表4-6 统招生男女生转专业申请次数

项目	男生次数	百分比/%	女生次数	百分比/%
是	145	9.19	163	12.41
否	1 432	90.81	1 150	87.59
总计	1 577	100.00	1 313	100.00

（三）自主招生中不同性别的变化趋势

在对自主招生性别差异进行横向考察之后，我们对在学科专业、学业成绩、在校表现和专业认同感等方面的性别差异有了全面了解，本节将以时间作为维度纵向考察性别差异的变化趋势。研究数据采取了本课题组2008年的调查数据，分别与2015年进行比较。

1. 男女生学科专业的变化趋势

从2008年到2015年，农科专业的变化趋势最为明显，见表4-7。按照教育部划分的学科类型，我们将其划分为理、工、农、医、文，根据2008年和2015年的调查结果显示，农科正在淡出自招生的世界。在7年的变化中，自招生选择农科专业的人数越来越少，笔者认为这与国家政策有着密切的联系。政策规定，我国自主招生的招生对象一般要求是具有超常的创新和实践能力，或在文学、艺术、体育等方面有特殊才能，或综合素质名列前茅等。这样的限制要求就会使得农科专业"无人问津"，绝大多数的学生都会通过竞赛、演讲或文艺展示等方式来获得自主招生的名额，从而使得农科专业一落千丈。

此外，我们可以了解到专业选择在男女生之间的差异并没有随着时间的流逝而增大，不同时间段，大多数男生还是更偏爱于工科，女生更偏爱于文科，在学科专业方面的变化趋势不明显。

表4-7 2008年与2015年男女生专业选择情况

年份	性别	理科	工科	农科	医科	文科
2008年	男	952	1 849	22	111	512
	女	508	581	36	117	1 080
2015年	男	28	71	0	1	22
	女	13	35	0	6	47

2. 男女生学业成绩的变化趋势

研究发现，2008年和2015年学生的学业成绩的变化呈现相反趋势。对2008年的自招男女生进行了独立样本t检验之后，结果发现男女生学业成绩存在显著性差异，$p=0.000>0.05$（具体过程不再重复）。进而对男女生各自的学业成绩进行了对比，见表4-8。

表4-8 2008年男女生学业成绩情况

项目	男生人数	百分比/%	女生人数	百分比/%
前几名	377	11.00	388	16.79
中上等	1 057	30.85	890	38.51
中等	1 344	39.23	852	36.87
中下等	507	14.79	149	6.45
后几名	141	4.12	32	1.38
总计	3 426	100	2 311	100

从表4-8中我们也可以看出，居于中等和中上等成绩的男生所占的比例较大，将近70%；而70%多的女生的学业成绩也属于中等和中上等，但是女生在前几名所占的比例却远远多于男生，这也表明了女生的学业成绩优于男生。

2015年的结果显示男生的成绩优于女生，这样不同的调查结果也间接表明了不同性别的学业成绩会受到多种因素的影响，例如男生更加发奋学习的时候，他们的学习热情或许会比女生的效果更为明显，进步的幅度也会比女生大得多。

3. 男女生在校表现的变化趋势

研究发现，男女生无论在 2008 年还是 2015 年，入校之后的优势科目和特长都得到了一定的发展。表 4-9 为 2008 年男女生优势科目的发展情况。

表 4-9　2008 年男女生优势科目的发展情况

项目	男生人数	百分比/%	女生人数	百分比/%
有很大发展	376	11.17	232	10.23
有些发展	1 455	43.23	1 062	46.83
无变化	769	22.85	510	22.48
有些退步	541	16.07	366	16.14
有很大退步	225	6.68	98	4.32
总计	3 366	100.00	2 268	100.00

在国家提倡多元化发展的教育时代，大学生们也不仅仅停留在只会读书、上课的层面上，在发展文化课的同时，多参加一些课外活动也成为人们所追求的事情。

4. 男女生专业认同感的变化差异

通过分析 2008 年的数据，发现男女生在专业认同感方面并没有出现大的变化差异，自招男女生的专业认同感都很强，大部分学生都对自己的专业比较满意。表 4-10 为 2008 年男女生专业喜爱程度。

表 4-10　2008 年男女生专业喜爱程度

项目	男生人数	百分比/%	女生人数	百分比/%
非常喜欢	572	16.54	437	18.75
比较喜欢	1 956	56.57	1 348	57.82
无所谓	553	15.99	314	13.47
不太喜欢	302	8.73	209	8.97
很不喜欢	75	2.17	23	0.99
总计	3 458	100.00	2 331	100.00

由 2008 年的数据可以看出，56.57%的男生和 57.82%的女生都是比较喜欢自己的专业的，而仅有 0.99%到 2.17%的人很不喜欢自己的专业，这与 2015 年的发展趋势是一致的，学生们的专业认同感一直都很强，可以看出来，绝大多数的自招生对于自己录取的专业还是比较满意的，极少数的学生会选择转专业或者很不喜欢自己的专业，这种现象的出现也很正常，毕竟深入学习了之后发现与自己的兴趣点不一致的话，再学下去也是白费时间。

四、结论与建议

通过对性别差异的横向与纵向比较，本研究考察了不同维度、不同时期我国自主招生性别差异状况，从而对自招生性别差异有了全面的认识。通过分析，可以归纳出自招生性别差异的几个特点：首先，总体自主招生人数增多。从每一年的报考人数可以看出，人数呈现持续上升的趋势，并且男生的比例逐年大于女生；其次，不同方面、不同时期的性别差异不尽相同。自招生的专业选择稳定在工科和文科两方面，间接地会影响其他专业学科的发展，即出现了所谓的"热门专业"和"冷门专业"，这样的选择同样不利于国家高等教育的发展，甚至有些"小专业"最终消失在人们面前，也不利于多元化的发展理念。2015 年的数据调查自招男生的成绩超过女生，更优于女生，从 2008 年到 2015 年，7 年的时间会改变许多因素，男生对知识的渴望并不亚于女生，在发展素质教育的过程中，男生的爆发力正是体现在了学业成绩上。综上所述，我国自主招生性别差异带来的影响不容小觑，男女双方在许多方面存在着显著性差异，如何处理好性别之间的问题，将直接影响到我国高等教育的发展。

对此，笔者提出以下建议，希望可以改善自招生性别差异现状。第一，适当鼓励考生报考其他专业。针对不同特色的院校，可以鼓励考生们填报该院校的不同专业，男生不必非要报考工科，女生也没有必要死磕文科专业，适当地挑选一些自己没有尝试过的学科类型，或许会发现自己的兴趣点不仅仅只局限于原有的一片空地。第二，要改变传统的性别观念。不能够因为对男女性别的传统看法，就限制男女生在某一方面的特长发展，这是极其不利于教育的发展的。通过对性别产生不同的看法，多元化地促进男女生的全面发展，是符合我国高等教育的发展趋势的。第三，要全面发展学生的素质教育。不能只重视文化课的培养，对于身体素质的训练、心理素质的关注，这些都是必不可少的，男女生的性格各有差异，不能用同一种方式来对待他们，需要换取不同的方式，这样才能使得男女生更好地发展。

参 考 文 献

[1] 欧阳宏斌，徐颖峻. 对当前高考模式下自主招生的分析与思考[J]. 江苏高教，2004（4）.

[2] 张亚群. 高校自主招生改革：动因、问题和对策[J]. 北京大学教育评论，2010（2）：30-40.

[3] 岳英. 高校自主招考学生创新能力的表现特征及其原因分析[J]. 复旦教育论坛，2017（3）：18-24.

[4] 阎光才. 关于创造力、创新与体制化的教育——兼析中美阶段性教育制度设计理念的差异[J] 教育学报，2011(1)：15-20.

[5] 樊本富. 中国高校自主招生研究[M]. 武汉：华中师范大学出版社，2010：179.

[6] 程猛，韩丰，杨扬. 性别与阶层视野下的自主招生学生成长——基于S大学教育学专业自主招生的分析[J]. 高校教育管理，2017（1）：104-110.

[7] 王金娜. 高考统考科目的"文科偏向"与隐性教育不公平——基于场域—文化资本的视角[J]. 教育发展研究，2016（20）：8-14.

[8] 曾满超，Mun Tsang. 中国高考成绩的性别差异（英文）.北京论坛（2012）文明的和谐与共同繁荣——教育分论坛论文及

摘要集[C]，2012：42.

[9] 李金波，杨军. 语文课程学业成绩性别差异分析[J]. 语文教学通讯·高中，2015（5）.

[10] 李金波，杨军. 英语学科高考成绩性别差异的研究[J]. 基础教育研究，2015（3）.

[11] 李金波，杨军. 高中男女生文、理科课程成绩差异的研究[J]. 教育导刊，2015（3）：41-45.

[12] 陆根书，刘珊，钟宇平. 高等教育需求及专业选择中的性别差异及其影响因素分析[J]. 高等教育研究，2009（10）：14-29.

第五章 中学在自主招生中做了什么？

——中学自主招生参与的实证研究

一、文献综述与研究框架

自主招生改革自 2003 年以来已历时 15 年，但时至今日，理论界与实践界包括大众舆论对于该项招生制度改革仍有不满之处。其中，中学作为重要的参与主体，学术界前期有关其在自主招生中的角色定位和现实表现研究是不足的。而自主招生计划整个发展过程中，中学扮演着什么样的角色，发挥着什么样的作用，还没有较为系统的阐述。为了填补这一部分的空白，笔者将围绕着中学对于自主招生参与的影响进行较为全面的研究。

（一）中学在自主招生中的不利影响

目前对中学在自主招生参与的研究中，一些文章提出中学在自主招生中扮演着消极角色，甚至对自主招生政策运行起到了阻碍作用。大部分论述主要集中在以下几点：

首先，在城乡差异上，重点与非重点的选择上，中学成了被区别对待的委屈角色。在程猛、韩丰与杨扬的研究中表明："自招生群体中来自省级和国家级示范高中的学生更多，来自普通高中的学生比例低于统招生。"刘进的研究中也表明："自主招生名额投放在一省之内的地市之间存在显著差异，有的存在倍数甚至几何级数差异，缺乏对落后地市考生入学机会的基本关照。"黄首晶与郑畅在美澳两国自主招生公平性改革的经验与借鉴中认为："在信息公开和利益表达渠道不健全的形势下，很多高校对考生生源进行权力限制，使得一些教育资源本来就薄弱的地区考生与名校无缘。"像刚开始实施自主招生时的北大、复旦、人大等高校为了抢占生源，与重点中学等优秀生源地联盟，直接输送人才，而把农村乡镇及其他普通高校拒之门外。

另外，过于统一的人才评价标准造成了城乡资源占有不均导致的竞争机会不等。储朝晖的《论推动自主招生进入常态化中》谈道："在自主招生中应该看被评价者在什么样的条件下获得如此学业水平，应该看他在同班同学中的相对位次，那些在条件较差的情况下达到特定水平的学生比在条件较好的条件下达到同样水平的人更应该获得优先招录。"但是，高校统一的人才评价标准使得乡镇中学及普通中学更加处于劣势地位。

其次，中学作为自主招生的参与方，也扮演着自身利益争夺者的负面角色。当中学的学业成绩和评价机制越来越受到关注，中学造假、舞弊、违规的行为时有发生。生源学校作为人才的供给方，有很多中学为追求升学率，提高学校声誉，一般都推良不推优。更有甚者，为了某些权钱利益，把一些学习成绩不好、综合素质不高的"关系户"学生推荐给自主招生的试点学校，出现中学"帮助"推荐生伪造成绩单、获奖证书等不诚信行为。这使得政策结果与选拔创新人才的政策初衷背道而驰。同时，中学择校风在校际差异上，虽然高校调整了划定生源地的政策，但多数自主招生试点高校对重点中学的考生仍有倾斜，助长了"先上重点中学，才能上好大学"的应试风气，使得中学择校风也愈演愈烈。

再次，自主招生给中学增加了课程和管理上的负担，中学成了疲于应付的管理者。一方面，中学的学业评价越来越被重视，但王丹与王俊生的研究发现，高中的综合评价多有流于形式的应付现象。为了学生成功报名，学校只有当学生触犯法律和严重违纪才在其自主招生评价表中体现出来，其余学生均得到学校几乎同样的综合评价。另一方面，学生为了获取证书，地方高校自主招生报名条件趋于"分数+证书"，这将导致高中阶段学生将自己的学习精力更多地分配给艺术、体育，努力获取证书，让中学的管理出现混乱。同时，为了迎接自主招生，中学也不得不增加特殊教育课程以应付各高校的单独命题带来的繁重的教学任务。而当考生在获得自主招生资格后，一些高校试图通过考生所在中学对考生进行施压以防止优秀人才流失。中学作为自主招生的人才输送方被迫承担教学和管理上的负担，而面对这些自主招生带来的压力，中学疲于应付的现象是特例还是普遍现象，现仍没有切实的研究证明。

（二）中学在自主招生中的积极作用

不同于上述研究，一些调查结果显示，中学在自主招生过程中扮演着积极角色。经整理，主要有以下几个观点：

首先，中学在自主招生政策传播中起着良好的宣传作用。自主招生实施 15 年来，并没有像高考一样得到人们的普遍重视，是否是在传播过程中出现了问题呢？在冯帆的《对高考生及其家长视阈中的自主招生制度的基本判断与政策选择》中就对自主招生的传播渠道做了调查，调查结果中表明了正式渠道传播较多，"其中高中学校和教师讲解就占了将近一半"，提出中学在自主招生中扮演了政策主要传播者的角色。然而，此项调查是否有普遍信度，还值得深究。

其次，中学在自主招生的过程中承担着对考生整体评价的任务。中学作为应考生基本信息的掌握者和平时成绩的纪录者，起着信息源和评价主体的关键作用。多项研究一致认为中学的校本成绩和学业水平成绩都应该在自主招生的选拔机制中占有"一席之地"。"在 2015 年实行综合评价录取改革试点项目的'985'高校采用"6+3+1 模式——高考投档成绩60%+高校考核30%+高中学业水平成绩10%基本成为共识。"周勤等在研究中以某高校为试点，探索实施了对申请材料进行评分并记入最终综合成绩的方法，将学生的平时成绩、专业特长、综合能力等记入评价体系，尝试更加全面科学地评价和选拔人才，"而且从近2年数据来看，高中阶段的材料评审是科学合理的，可以应用于考生的初选评价。"再如，章建石认为校本成绩作为学生在各学习阶段中的详细记录，有着对学生整体素质监测的作用，理应在选拔中占据一定的权重。边新灿在研究中举了浙江省采用的三位一体和东北大学四位一体的例子，也都把中学阶段的评价作为一个主要部分来考核。过程性考核和日常行为的纪录，以及最终对考生的中学评价，都给予了中学难以替代的地位。

最后，中学在自主招生的一定压力下，也成了素质教育的实施者和特色教育的促进者。自主招生打破了高考"一考定终生"的窠臼，更加看重"专才""怪才"，强调学生的综合素质。中学迎合这一政策，开始注重素质教育和特色教育。尹达与田建荣的《自主招生新规背景下的高中创新人才培养体系的构建》中表示，在自主招生的驱动和社会压力下，"尊重学生差异、培养创新人才，创办特色学校，培养世界公民，实施素质教育，促进师生发展，进而在文化思想、制度机制、育人模式、课程平台和教师发展等方面建立起创新人才培养体系，应该成为现代高中教育发展秉承的基本理念"。同时，虞立红的《高校自主招生的科学选才与规范管理》中提出，自主招生影响下，"在基础教育不断推进素质教育的今天，不少高中开展了特色教育，为高中生在兴趣的导引下发展多样的、不同程度的学科特长创造了条件"。这一定程度上使中学开始调整教学策略，注重学生整体素质的培养。但是自主招生是否影响到中学素质教育和特色教育的观念和教学策略的调整，尚未有研究证明。

（三）文献框架

根据目前中学对于自主招生参与影响的研究可以总结出以下几个方面，积极作用主要包括政策宣传，评价主体和教学改良等方面，不利影响主要包括选拔中被区别对待，更注重自身利益和对任务的疲于应付，具体情况可参看表5-1。但正如上文所说，这些研究普遍存在样本量小，缺乏具体理论支撑的问题，笔者将依据本课题组采集的 2008 年和 2015 年自主招生的大数据样本，对中学在自主招生中参与的影响进行较为系统和全面的研究。

表 5-1 现存研究对中学在自主招生中参与的影响的观点

项目	观点	文献	针对探究方向
不利影响	中学在自主招生的选拔中被区别对待	程猛、韩丰与杨扬，刘进与陈建，黄首晶与郑畅，储朝晖的研究	中学选拔名额是否存在地区差异及重点非重点差别
	中学在自主招生的进程中更关注自身利益	张蕾与柳军，姜闽虹，刘姝殷、林小英与文东茅，李孝更与平和光的研究	中学是否存在利己导向的不良行为
	中学面对自主招生带来的压力处于疲于应付的状态	王丹与王俊生，欧颖，尹银、周俊山与陆俊杰的研究	中学及教师对具体自主招生环节的参与程度
积极作用	中学在自主招生中起着良好的政策宣传作用	冯帆的《对高考生及其家长视阈中的自主招生制度的基本判断与政策选择》	中学是否在自主招生的政策宣传中起到重要作用
	中学作为自主招生中重要的评价主体	万圆，周勤、刘艾芳与张粤兴，章建石，边新灿的研究	中学的评价主体地位是否被认可和起作用
	中学在自主招生影响下更注重素质教育和特色教育	虞立红的《高校自主招生的科学选才与规范管理》及尹达、田建荣的研究	自主招生对中学素质教育意识和实施是否有影响

二、数据来源

本文数据均为本课题组对自主招生参与者的调查研究，本次研究主要采用 2007 年和 2015 年两次大规模问卷调查。2007 年，主要进行了对高校学生、高校招生干部、中学领导与教师和学生家长的调查。其中，在学生方面，对当年度 53 所高校的全部自主招生学生进行普查，并按 1∶1 比例抽取统招生作为对照组，共回收 52 所高校 18 146 份有效问卷。在高校招生干部方面，共调查高校招生办公室主任 53

人，回收有效问卷52份。中学领导与教师方面，共向11省中学发放了问卷，每省9校，每校8人，每省72份。后随机补充了3省6校，共105所中学，问卷840份，回收有效问卷501份。学生家长调查方面，主要向湖北省高三学生家长发放问卷800份，回收有效问卷728份。2015年，在北京大学、北京理工大学、北京师范大学三校自主招生考场外，向学生家长发放问卷500份，回收有效问卷292份，并对当年度28所高校的全部自主招生学生进行问卷调查，按1:10比例抽取统招生为对照组，回收有效问卷3 955份。以下将基于这些研究数据进行实证分析。

三、研究发现

（一）中学自主招生名额筛选作用：存在地区差异和重点非重点差别

1. 名额筛选的城乡差异

在2008年对学生家长进行调查时，63.6%的家长认为农村生源处于劣势，且58%的家长认为自主招生过程中存在不同地区之间学生人才选拔的不平等。在我们2008年对自主招生录取学生的生源地进行统计时发现，40.4%来自直辖市或省会城市，31.1%来自地级市，13.7%来自县级市，来自乡镇和农村的考生仅占6.4%和8.4%。这充分说明了在自主招生名额筛选中的城乡区别，农村生源处于劣势。

在2015年新华网发表的《自主招生强化城乡失衡 公平效率难两全》中对比了统一高考和自主招生学生中农村户籍学生的比例，发现自主招生录取的学生中来自农村的比例远低于普通高考。尤其在2003年至2007年这5年中，统一高考录取的学生约有16.4%为农村户籍，而自主招生平均仅为5.4%。名额分布在自主招生中失衡十分严重。在清华大学2011年启用了自主招生的AB计划，一些高校也在调整招生政策，但是考试内容、选拔标准甚至考试成本方面都是不利于农村生源的。这也是农村生源长期处于劣势的原因。

2. 名额筛选的重点非重点中学的差异

在2008年调查到认为当前自主选拔录取制度不足之处，25.8%的学生认为造成中学之间的不公平，非重点中学名额较少或没有名额。10.7%认为名额偏少不能满足需求。36%认为制度不健全，人为操作性较强。一方面，本课题组在2015年对学生的就读中学调查统计发现，自主招生录取的学生9.9%来自国家级示范中学，42.2%来自省（自治区、直辖市）示范中学，18.4%来自市级示范中学，27.6%来自普通高中。在2015年对学生家长进行调查时，自主招生录取的学生6.5%来自国家级示范中学，47.1%来自省级（自治区、直辖市）示范中学，17.3%的学生来自市级（直辖市区、自治区镇）示范中学，28.8%的学生来自普通高级中学。整体来看，考生来源集中于省市级示范中学，在名额筛选中，高校给了这些重点中学更多的名额。

2015年对学生和家长考生来源的调查，如表5-2所示。

表5-2 2015年对学生和家长考生来源的调查

项目	2015年学生百分比/%	2015年家长百分比/%
国家级示范中学	9.90	6.20
省（直辖市、自治区）示范中学	42.20	44.90
市级示范中学	18.40	16.40
普通高中	27.60	27.40
中职中专	1.00	0
其他	0.40	4.80

另一方面，从2015年学生家长的调查所给出的孩子的中学在所在城市的排名情况来看，绝大部分集中在前三名，其中51.9%第一名，15%第二名，11.2%第三名。这项数据更加直观地体现了在自主招生进程中，排名靠前的重点中学占据了更多的录取名额。中学名额分配制和中学校长推荐制都是高校将更多的名额分配给重点中学，从而导致

重点非重点中学在名额上相差太多。

自主招生考生所在中学在其城市排名情况,如图5-1所示。

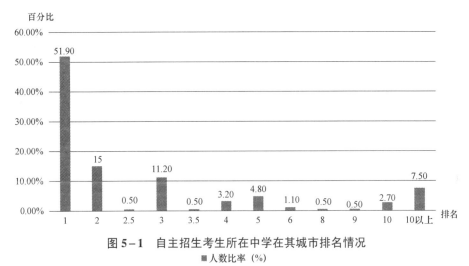

图5-1 自主招生考生所在中学在其城市排名情况

(数据来源:2015年对学生家长的调查)

(二)中学自主招生存在利己导向行为:存在"推良不推优"及教师子女近水楼台现象

1."推良不推优"现象

在调查中学在自主招生中是否存在利己导向行为时,本课题组首先在对家长有无此方面的认识做了调查。在2008年对学生家长进行问卷调查时,调查结果显示44.6%的人认为中学存在推良不推优的情况,11.8%的人认为不存在这种情况,43.6%不清楚这一情况。在2015年对学生家长进行调查时,有29.6%的人认为中学存在"推良不推优"的情况,69.6%的人认为不存在此种情况,0.8%不清楚这一情况。两次调查的结果差异很大,说明家长对此现象并没有充分的认识。

接下来,本课题组通过对学生在所在中学的班级排名进行统计(图5-2),整理后发现,通过自主招生录取的学生更多地集中在班级第10至30名,属于班级中上水平。这个数据直观地体现了中学在推荐学生报考自主招生时,为了提高升学率和自身声誉,更偏向于推荐成绩"良好"的学生。

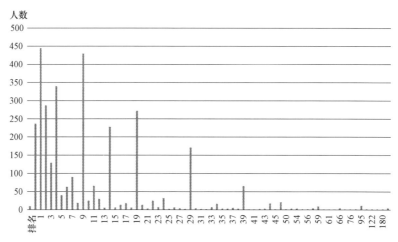

图 5-2 学生在所在中学的班级排名
■人数

（数据来源：2015 年对学生家长的调查）

2. 教师子女"近水楼台"现象

在调查到是否应防止教师子女更多占有自主招生名额时，38.4%的学生非常同意防止，40.4%的人比较同意防止占额，17.2%的人不太同意防止，仅有 4%的人完全不同意。这一定程度上反映了教师子女占取过多名额的现象确实存在。

本课题组从 2015 年对家长和学生的调查分析了学生家长的职业分布（图 5-3）。从 2015 年对自主招生录取的学生家长的职业来看，占比最大的是教师及专业技术人员，为 25.9%，其次是国家机关企业事业单位一般工作人员，占比达到 22.3%。在对学生父母职业调查中，18.2%的学生父亲职业为教师及专业技术人员，20.4%的学生母亲为教师及专业技术人员。教师群体在社会阶层中本身比例较小，但在学生家长中五分之一都为教师，这更直观说明了中学中存在教师子女"近水楼台"的现象。另外，在 2008 年对学生家长调查中，认为自主招生录取成为少数学生特权的占 66%，认为造成人才选拔不平等的占 61.3%，认为个别领导或关系户打招呼现象严重的占 53.2%。这都显现了中学存在利己导向的不良行为。

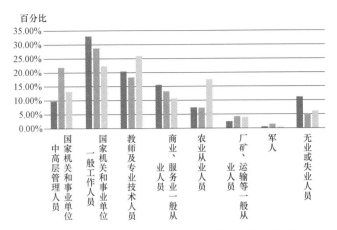

图 5-3 自主招生报考学生的父母职业分布情况
■2015年学生母亲职业； ■2015年学生父亲职业； ■2015年家长职业
（数据来源：2015 年对学生家长的调查，2015 年对学生的调查）

（三）中学对自主招生疲于应付：中学在自主招生具体环节参与不够

在调查中学在自主招生具体环节参与程度时，本课题组主要从中学老师给出的报考意愿和是否参与大量准备两个维度对学生和家长进行调查（表 5-3）。在 2015 年对学生家长进行调查时，仅有 29.1%的人同意按中学教师意愿报考大学。这在一定程度上说明中学教师提供的建议不合学生情况，另一方面也表明中学没有深入与学生了解交流，对学生的报考存在敷衍了事的态度。只有 5.9%的学生非常同意中学教师参与了大量的报名材料的准备，39%的人比较同意教师参与了材料准备，说明教师在一定程度上并没有对学生的报名进行充足的准备工作，更多的还是靠学生自己。在 2015 年对学生调查时，也只有 10.3%的学生十分同意按照中学教师的意愿报考，22.5%的比较同意参考教师的意愿。但 50.5%的学生不太同意按照中学教师的意愿报考，有 16.7%的学生完全不同意参考中学教师的意愿报考。2015 年对学生调查中看出，中学老师参与准备工作占了 50.7%左右。这再次验证了中学教师的报考指导不足，对学生具体准备缺少参与的现象。

表 5-3 2015 年学生与家长对中学教师参与自主招生具体程度的调查

项目	2015 年家长		2015 年学生	
	按照中学老师意愿报考百分比/%	中学老师参与了大量准备百分比/%	按照中学老师意愿报考百分比/%	中学老师参与了大量准备百分比/%
非常同意	3.10	5.90	17.00	12.30
比较同意	22.30	39.20	24.00	38.40
不太同意	48.60	39.20	38.00	30.00
完全不同意	26.00	15.70	21.00	19.30

（数据来源：2015 年对学生和学生家长的调查）

（四）中学在自主招生中的宣传作用：中学宣传成为必不可少的传播渠道

中学在自主招生信息传播方面起到了很大的作用。从 2008 年的调查来看（表 5-4），学生和家长了解渠道中，中学宣传占了很大比重。具体来看，学生了解渠道中，中学宣传占了 37.6%，亲朋介绍和高校宣讲分别占了 25.6% 和 23.3%，中学宣传占据了更重要地位。而家长了解的主要渠道是新闻媒体和中学的宣传，分别占比 29.8% 和 23.2%。总体来看，中学宣传在学生和家长的了解渠道中占据着不可替代的位置。一定程度上可以说明中学在自主招生政策宣传中起到了关键和主要作用。

表 5-4 2008 年学生与家长自主招生信息来源渠道

项目	中学宣传百分比/%	高校宣讲百分比/%	亲朋介绍百分比/%	新闻媒体百分比/%	其他百分比/%	不了解百分比/%
2008 年学生	37.6	23.3	25.6	12.7	0.8	
2008 年家长	23.2	7.8	8.2	29.8	5.8	25.2

（数据来源：2008 年对学生和学生家长的调查）

从 2015 年的数据来看，学生的了解渠道主要是中学宣传获取和中学教师告知，家长主要是中学宣传获取和报纸杂志互联网等传统媒体，两者了解渠道中，通过中学了解明显多于其他渠道。这与 2008 年的数据结果较吻合，说明中学宣传在自主招生中成为必不可少的渠道，也一定程度上证明了中学在自主招生信息传播中的积极作用。

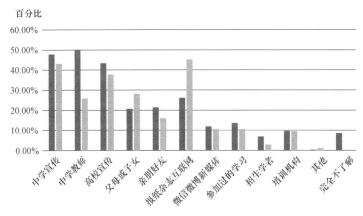

图 5-4　2015 年学生与家长自主招生信息来源渠道
■2015年学生；■2015年家长

（数据来源：2015 年对学生及学生家长的调查）

（五）中学在自主招生中的评价主体作用：中学初步选拔更益于自主招生

在 2008 年，本课题组就中学参与自主招生选拔环节的认可度，对高校招生干部、中学领导和教师及学生家长进行了调查。在对高校招生干部的问卷调查中，认为高中毕业生通过哪种渠道申请自主选拔录取和保送生资格最合适时，有 52.8%的人认为应由中学初步选拔后向高校推荐，45.3%的人认为直接向高校申请，总体看来，高校方面还是希望通过中学选拔后再向高校推荐的形式申请。

在对中学领导和教师的调查中，认为中学生要想获得自主选拔录取资格最主要的决定权在何方中，有 60%的人认为是高校，19.9%的人认为是教育主管部门，但仍有 12.9%的人认为是中学领导，7.2%的人认为是中学班主任。中学部分占据了 20.1%左右，说明中学方面也比较看重自身的评价主体作用。

在对学生家长的调查中，认为孩子要想获得自主选拔录取资格最主要的决定权在何方中，43.4%认为是高校，21%的人认为是教育主管部门，20.3%的人认为是中学领导，15.3%的人认为是中学班主任。其中中学占据了35.6%左右，说明学生家长也重视中学在自主招生中的评价主体和录取结果决定者的作用。

中学方面和家长对自主招生决定权的归属，如图5-5所示。

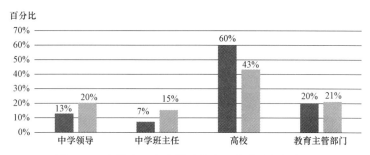

图5-5　中学方面和家长对自主招生决定权的归属

■ 中学领导和教师；■ 家长

（数据来源：2008年对中学领导和教师及家长的调查）

在2015年的调查中（表5-5），通过调查学生志愿报考是否获得中学推荐和获得笔试资格的关系，经相关性检验，一志愿获得中学推荐和获得笔试资格相关性在0.05的水平上是显著相关的。二志愿获得中学推荐和获得笔试资格相关性在0.01的水平上是显著相关的，二志愿获得中学推荐与获得面试资格相关性在0.05的水平上是显著相关的。三志愿获得中学推荐与获得笔试资格和获得面试资格相关性在

表5-5　志愿获得中学推荐与获笔试、面试资格及录取的相关程度

项目	相关系数	一志愿是否获得中学推荐	二志愿是否获得中学推荐	三志愿是否获得中学推荐
志愿是否获得中学推荐	Pearson	1	1	1
志愿是否获得笔试资格	Pearson	0.159	0.364	0.447
志愿是否获得面试资格	Pearson	0.056	0.310	0.477
志愿最终录取	Pearson	0.107	0.174	-0.265

（数据来源：2015年对学生的调查）

0.05的水平上都是显著相关的。这个数据客观地说明了自主招生选拔获得初试、面试资格与获得中学推荐是密切相关的，充分佐证了中学的评价主体作用。

（六）中学自主招生中的素质教育：观念有所转变并未落实行动

关于自主招生对中学素质教育的影响，本课题组在2008年对高校招生干部和中学领导及教师进行了相关调查。在对高校招生干部的调查中，认为自主选拔录取和保送生政策最大的益处主要集中在54.7%兼顾了对学生学习成绩和能力的考察，50.9%有利于中学素质教育的开展，50.9%有利于高校选拔特殊人才，71.7%对国家长远的高考制度改革有益，49.1%有利于高校落实办学自主权。在对中学领导及教师的调查中，认为自主选拔录取和保送生政策最大的益处主要集中在31.7%兼顾了对学生学习成绩和能力的考察，21.1%有利于中学素质教育的开展，30.2%有利于高校选拔特殊人才，14.3%对国家长远的高考制度改革有益，总体上表明了自主招生下中学素质教育应带来明显的积极效益。

在2008年对学生的调查中，30.5%认为自主选拔录取的最大促进作用在于改变了单一高考的选拔形式，22.9%认为激励中学阶段进行研究创新，增加综合能力培养，31.7%认为高校可以更灵活的选拔特殊人才。14.9%认为有利于中学素质教育的开展。在对学生家长的调查中，36.6%的家长认为自主招生录取对中学素质教育的开展有积极影响。在2015年对学生家长的调查中，87.2%认为对中学素质教育开展有积极意义。

中学和高校方面对自主招生的益处评判，如图5-6所示。

但是在2008年具体了解中学相关教育观念和教学方法时，44.7%的中学领导干部及教师认为自主选拔录取对自己任职学校的教育观念产生了积极影响。但仍有36.9%的教师认为没有明显的影响。5.3%的人认为产生了负面影响。13.1%的人表示不清楚有无影响。在调查为使自主招生录取政策取得成效，中学是否对相关的能力培养课程或教学方法做了调整时，38.6%的人认为是，但36.9%的人表示没有做任何调整，24.5%的人尚不清楚有无调整。

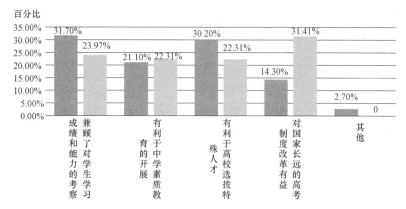

图 5-6 中学和高校方面对自主招生的益处评判
■ 中学领导及教师；■ 高校招生干部

（数据来源：2008 年对中学领导和教师及高校招生干部的调查）

显然，自主招生有利于中学素质教育的开展成为共识，但是在具体实施方面，并没有让中学转变相应的教育观念，更没有采取合适的教学策略应对。

四、结论与建议

本研究通过对 2008 年的调查和 2015 年的调查研究发现，首先，在自主招生过程中，中学的名额筛选作用存在着重点与非重点差异及城乡差异的问题，"推良不推优"的问题和教师子女"近水楼台"占据过多名额的问题。其次，自主招生的工作一定程度上加重了中学和教师的任务，从帮助学生选取志愿和准备报名材料等方面可以看出有一定的敷衍现象。再次，中学在自主招生政策宣传方面起着重要的作用，同时，在初试选拔阶段也有着必不可少的评价主体的地位，最后，自主招生对中学的素质教育和特色教育也有很大的影响，但中学在落实方面做得仍有不足。

从这两次调查中，笔者将针对研究中发现的问题给出以下 6 点建议。

第一，各高校应取消在重点高校分配名额的政策，注重城乡公平，给考生公平入学的机会。在调查到学生对自主招生在不同中学的名额分配制度的态度时，24.6% 的学生非常同意取消这一制度，33.0% 的学生比较同意取消，33.0%的人不太同意取消，仅有9.4%的人完全不同意取消这一制度。这一定程度上反映了大多数学生对自主招生公平性的诉求。同时，自主招生更考察专才，怪才，和统一高考的选拔标准不同，但也同时要注重公平。招生不能只局限于重点中学和城市学生，也要对其他学生一视同仁，以综合素质为考察标准。

第二，应对中学做好监督体系，防止中学利己行为的发生。中学掌握着初次选拔的权利，就容易发生一些教师近水楼台，中学推良不推优的问题。要完善相应法制规定，做好群众监督，保证中学在自主招生的各个环节做到公正平等。

第三，中学应切实为学生着想，为学生负责，积极提供一些报考指导和准备工作。自主招生的工作一定程度上给中学增加了管理强度，中学应该将这部分工作纳入日常管理事务中，做好妥善安排，使得中学更加有效地参与到自主招生环节中。

第四，中学要做好宣传工作。中学作为自主招生环节中与高校和考生紧紧相扣的一环，必须起到良好的上传下达作用。学生大多数且相对值得信任的信息来源就在于中学，高校的宣讲等也不能面面俱到地传达给各个中学，所以，中学就必须承担起更加重要的责任，自主招生的政策下达后要及时负责地通知给每个学生。

第五，中学作为自主招生的初次选拔的第一道关卡，要秉持公正客观的态度对报考学生负责任地给出评价。中学对于学生的评价更有依据和具体化，所以把初次筛选的权利给予中学是比较合理的。而且中学的初次选拔和推荐对考生是否获得笔试、面试资格及最终录取都有很大影响，因此，中学必须承担好客观评价、认真选拔的责任。

第六，中学作为人才输送站，素质教育是不可避免的趋势，各个中学不仅要在观念上认识到素质教育的重要性，更要落实到教学观和实践教学方面。这一转变可能需要很长的时间，但在自主招生选拔政策中应更要求考察学生的综合素质，给中学实施素质教育"上根弦"。同时，教育部相关部门也应注重中学素质教育的推动，避免只是思想上的重视而落实不到实践教学方面。

参 考 文 献

[1] 程猛,韩丰,杨扬. 性别与阶层视野下的自主招生学生成长——基于 S 大学教育学专业自主招生的分析 [J]. 高校教育管理,2017(1):104-110.

[2] 刘进,陈建. 中国高校自主招生地方保护主义的大数据分析 [J]. 上海教育科研,2016(5):5-10.

[3] 黄首晶,郑畅. 美澳两国自主招生公平性改革的经验与借鉴 [J]. 中国高教研究,2015(7):59-63.

[4] 储朝晖. 论推动自主招生进入常态化[J]. 河北师范大学学报(教育科学版),2017(4):12-16.

[5] 张蕾,柳军. 我国高校自主招生政策探析[J]. 继续教育研究,2015(3):9-10.

[6] 姜闽虹. 我国高等院校自主招生的实施效果及对策研究 [J]. 教育与职业,2015(10):22-24.

[7] 刘姝殷,林小英,文东茅. 各方利益相关者对高校自主招生政策的重构 [J]. 黑龙江高教研究,2014(11):1-3.

[8] 李孝更,平和光. 浅谈高校自主招生 [J]. 教育探索,2016(10):52-56.

[9] 王丹,王俊生. 地方高校自主招生综合评价体系中的问题与对策研究 [J]. 中国成人教育,2015(5):37-39.

[10] 欧颖. 关于高校自主招生中中学校长实名推荐制的反思 [J]. 江苏高教,2012(2):54-56.

[11] 尹银,周俊山,陆俊杰. 谁更可能被自主招生录取——兼论建立高校自主招生多元评价指标体系[J]. 清华大学教育研究,2014(6):41-47.

[12] 冯帆. 对高考生及其家长视阈中的自主招生制度的基本判断与政策选择 [J]. 教育理论与实践,2015(20):15-18.

[13] 万圆. 2015 年自主招生优惠政策的使用效益及影响因素分析 [J]. 复旦教育论坛, 2016（6）: 86-92.

[14] 周勤, 刘艾芳, 张粤兴. 基于实践的创新型人才自主招生实例分析与研究 [J]. 高教探索, 2016（7）: 96-98.

[15] 章建石. 高校自主招生选拔中校本成绩校验的模型及成效比较 [J]. 清华大学教育研究, 2016（1）: 93-98.

[16] 边新灿. 甄选入学、自主招生和"三位一体"多元选拔模式比较研究[J]. 浙江师范大学学报(社会科学版), 2015(2): 73-79.

[17] 尹达, 田建荣. 自主招生新规背景下的高中创新人才培养体系的构建 [J]. 教育理论与实践, 2015（32）: 12-14.

[18] 虞立红. 高校自主招生的科学选才与规范管理 [J]. 中国高等教育, 2015（12）: 15-17.

[19] 姚润萍. 自主招生强化城乡失衡 公平效率难两全 [EB/OL]. http://news.xinhuanet.com/local/2015-05/11/c-127786004.htm.

第六章 自主招生学生比统招生更优秀吗？

——两类学生学业表现对比研究

自主招生是改革开放以来，传统高考以外，最长跨度、最大规模、最强影响的招生制度改革。自2003年以来，改革试点取得一系列成效，成为唯一可与传统高考"分庭抗礼"并代表了国际现代化招生录取模式的改革模式。但与此同时，自主招生改革却长期"试点"而不"定型"，原因之一在于该项制度设计效果存疑。其中，理论界与实践界一直有一种声音认为，自主招生制度设计为社会资本打开了"方便之门"，也因此降低了对学生入学的学业考核标准，学生入校后学业表现不佳。2016年，该种质疑达到顶峰，一批媒体纷纷报道了自主招生学生入校后学业适应困难、"挂科"现象严重等个体案例。

但是，事实真的如此吗？自主招生学生（以下简称"自招生"）与普通高考录取学生（以下简称"统招生"）入校后学业表现究竟如何？从学理的角度来看，仅凭少数新闻案例的呈现显然是不科学的。为此，本研究运用2008—2015年两次大规模自招生和统招生问卷调查结果，拟就自招生与统招生的学业表现对比情况做出更为科学化的回答。

一、自主招生与统招生入校后学业表现：已有观点

已有的有关自招生与统招生的学业表现对比，大致可以分为两类

研究。

（一）两类学生的学业成绩比较

学业成绩通常被认为是判断在校大学生学业表现的关键指标，学业成绩的高低可以在很大程度上判断学生在入学后对学习的投入程度和其学习结果。

在此方面，已经有少数文献开启了自招生与统招生的研究对比。比如，崔盛等抽取了北京市15所高校在校本科生4 771名，对其2009年至2017年学业表现进行了为期5年的追踪调查，其回归模型显示，自招生学业成绩优于统招生，但作者在控制了高考成绩这一变量后自招生与统招生学业成绩的差异就消失了。侯佳伟调查了北京某高校从大一到大四学生1 125人，发现自招生在学习成绩上略好于统招生，但在统计结果上并没有显著差异。当然，也有的研究显示自招生学业表现差于统招生。比如，本课题组2015年曾对北京某985高校学生进行问卷调查，显示在学业成绩一项上，统招生表现更佳。其他一些研究也得到类似结论，如李雄鹰的研究发现，自招生与统招生两类考生在学业成绩上存在显著差异，统招生高于自招生。

（二）两类学生的综合素质比较

也有的研究在学业成绩之外，运用其他指标试图对自招生与统招生的学业表现进行多元评价。主要涉及大学生心理素质、社交活动、体育活动、学术表现、个人认知和发展等指标。

比如，有研究者试图对两类学生的综合素质进行比较，发现自招生参加活动次数（班级活动、志愿者等课外活动等）高于统招生；自招生更乐于和班级同学及老师进行沟通；自招生可以更好处理人际矛盾等。其他一些研究也大多发现自招生在非学业表现方面好于统招生，尤其是专业与非专业社会实践、心理素质、就业起薪等方面。这些结论的得出，可以与自招生更多来自中大城市、父母教育程度高、家庭经济条件好、中学资源占有多等一系列原因有关。

（三）已有研究的局限与本研究分析框架

有关自主招生学业表现的已有研究存在3个方面的主要缺陷。

一是媒体讨论多，实证研究少。各类媒介有关自招生学业表现的讨论较多，但真正较为规范深入的实证研究缺乏。已有的有关自招生学业表现的研究，除以上列举的部分文献外，还零散分布在一些硕士论文等文献中，但总体数量是较为稀少的。

二是抽样代表性差，研究结论迥异。已有的有关自招生学业表现的研究大致有两类方法：一类是直接从教务系统抽取自招生学生的学业成绩单；另一类是通过问卷调查的方法展开研究。前者研究证据更为扎实，但只能局限于学习表现一项内容；后者更多依据被试者自我填答来完成，研究精确度下降，但能更多涵盖多元化评价指标。无论何种研究方法，目前都受限于样本数量和抽样代表性问题，导致研究结论差异较大，无法形成被共同接受的理论性观点。

三是研究缺乏连续性。已有研究大多采集的是横断面数据，除少数研究进行了追踪调查但涉及年限跨度较短。

基于以上的文献分析，本研究认为，更加科学化地进行自招生与统招生学业表现的对比分析，应至少在以下方面进行改观，并基于此形成新的研究框架。

一是应遵循多元化的学业表现评价思路。大学生（本处特指本科生）的学业表现应更多包含其在校期间综合表现的含义。也因此，单纯调阅学生学业成绩单的做法并不可取。对此学术界大量研究都包含有多重类型的大学生学业表现的指标体系，虽然不同学者的研究视角和内容不尽相同，但大多遵循多元化的评价理念。比如，蒋承等人采用结构方程模型对影响学业成就的因素进行详细的分析，认为学习目标、学业参与、社交参与等因素可以较好评价学生学业表现。

二是应适当增大研究样本量和代表性。已有自招生与统招生学业表现研究，除个别文献外，大都在样本量和代表性方面存在显著的抽样问题。部分研究依托其他非自招生研究数据库，从中"剥离出"自招生的若干信息，这些都导致了研究结论的失真。从研究方法的角度看，应更加凸显抽样的科学性和样本的代表性。

三是应拉长研究跨度，在更长的时间线索上得出更加科学化的研究结论。对于自招生学业表现的评价，应放置于更长的时间序列中加以评价，避免横断面数据对研究结论科学性可能造成的影响。

基于以上分析，本研究将对于自主招生与统招生学业表现的对比研究分为两条主要线索，一条是"学业综合表现"，另一条是与学业表现有关联的"个人综合表现"。综合学术界的有关观点，研究框架分别包含4个二级观测指标和5个三级观测指标（图6–1）。

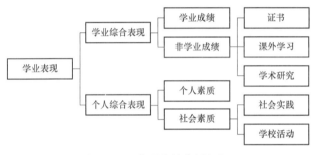

图6–1 本研究的分析框架

二、数据来源

文中所涉及数据均为本课题组在2008年至2015年对全国自主招生考试学生的问卷调查和网页信息抓取所得。2008年课题组对当年度53所高校的全部自主招生学生进行普查，并按1∶1比例抽取统招生作为对照组，回收52所高校18 146份有效问卷。调查高校招生办公室主任共53人，回收有效问卷52份问卷。在2015年对教育部阳光信息平台上所有获得录取的自主招生学生信息进行计算机抓取和人工智能匹配（匹配上地域、中学是否为重点中学等信息），完成11 096条有效信息抓取。并且对当年度28所高校的全部自主招生学生进行问卷调查，并按1∶10比例抽取统招生为对照组，回收有效问卷3 955份。

三、研究发现

（一）描述性统计分析结果

1. 学业成绩：统招生学习成绩显著优于自招生

学业成绩是衡量学生在校能力发展的重要指标，按照本研究问卷设计，其主要是通过本科生在校期间考试成绩班级排名情况来考察。

研究通过对2008年自招生和统招生学习成绩进行了t检验分析，t检验的结果显示两类学生在学业成绩上有显著差异。统招生的学习成绩显著优于自招生（表6-1）。本课题组学者刘进在抽取了北京某一大学自招生与统招生作为样本进行研究后得出自招生成绩高于统招生，笔者认为造成这一结果差异的原因是本文样本量大，而刘进学者样本较小，代表性较差。笔者认为专业喜爱程度不高有可能是导致自招生的成绩低于统招生的一个原因，所以进一步地分析了自招生与统招生对自己所学专业的喜爱情况，同样发现存在显著差异，统招生对专业的喜爱程度高于自招生（表6-2）。这一发现与之前的研究结论相违背，侯佳伟作者的文章结论显示自招生的专业满意感高于统招生，原因是自主招生的学生大部分可以自己选择大学所学习的专业，并且大部分自招生所选择的都是自己的优势学科，而统招生在一定程度上选择范围狭窄并且有可能接受学校专业调剂。

表6-1 2008年两类学生学业成绩比较

学生类别	平均数	标准差	t	p
自招生	2.57	0.96	-8.878	0.000
统招生	2.72	1		

表6-2 2008年两类学生专业喜爱程度比较

学生类别	平均数	标准差	t	p
自招生	2.20	0.888	-7.475	0.000
统招生	2.32	0.907		

研究调查了 2015 年自招生与统招生学业成绩,通过分析大一至大四的学业成绩,发现两者差异并不显著(表 6-3),但大一时自招生的学业成绩较高于统招生,在之后三年的学习中这种差异逐渐减小,统招生成绩赶上自招生。这与李雄鹰的研究是截然相反的两个方向,其研究结果发现大一大二时期自主招生学生成绩低于统招生,而在大三大四时期赶上了统招生。在分析 2015 年学生对专业的喜爱程度和是否提出过转专业申请后,笔者发现其情况与 2008 年不同,两者没有显著差异,自招生对专业喜爱程度高于统招生,提出转专业申请低于统招生(表 6-4)。这一结果的原因可能是自主招生的政策在经历了 2008 到 2015 年这 7 年的不断完善和改革后,更加注意自招生在进入大学时的专业选择和本身优势的发展。

表 6-3 2015 年两类学生学业成绩比较

年级	学生类别	均值	标准差	t	p
大一	自招生	12.47	12.78	1.398	0.162
	统招生	11.07	9.58		
大二	自招生	9.75	9.371	-0.548	0.584
	统招生	10.94	12.104		
大三	自招生	7.13	8.264	-1.246	0.213
	统招生	9.27	8.284		
大四	自招生	8.08	10.234	-0.649	0.517
	统招生	9.78	9.07		

表 6-4 2015 两类学生专业喜爱度比较

项目	学生类别	均值	标准差	t	p
是否喜欢本专业	自招生	2.540 7	0.981 45	1.022	0.307
	统招生	2.451 1	1.125 63		
是否提出转专业	自招生	1.904 8	0.398 17	-0.818	0.414
	统招生	1.935 9	0.483 98		

2. 非学业成绩

(1) 在校期间证书获得情况对比。专业证书的获得可以评判大学期间学生对专业技能的学习情况。研究调查了 2008 年两类学生外语等级证书、计算机等级证书、其他专业技能证书的获得情况（表6-5）。t 检验结果显示两类学生在外语等级证书和计算机证书的获得上都没有显著差异，统招生的计算机证书的平均值略大于自招生。但在其他专业证书的获得上，两类学生出现了显著差异，统招生其他证书的获得情况优于自招生。

在分析了 2015 年的数据后，两类学生的外语等级证书获得情况也没有显著差异（表 6-6）。综合两年的分析结果，说明在入学后两类学生对于英语的学习没有很大的差异，两类学生都能够适应第二语言的学习，并取得相同的成绩。但是在其他专业的学习情况上，统计结果显示统招生优于自招生，这在一定程度上可能反映了统招生更多地学习专业之外的技能，多方面的发展，为日后的就业提前做好铺垫。

表6-5 2008年两类学生证书获得情况

专业证书	学生类别	均值	标准差	t	p
外语等级证书	自招生	1.62	0.485	0.903	0.366
	统招生	1.62	0.486		
计算机等级证书	自招生	3.86	1.583	-1.464	0.143
	统招生	3.9	1.588		
其他专业证书	自招生	1.87	0.337	-9.052	0.000
	统招生	1.92	0.275		

表6-6 2015年两类学生证书获得情况

专业证书	学生类别	均值	标准差	t	p
外语等级证书	自招生	1.618 2	0.487 31	-1.422	0.673
	统招生	2.139 1	15.839 67		

(2) 学术研究情况对比。本文将学术研究情况分为参与科研研究情况、发表学术论文、获得国家专利、参加科技创新类比赛这四项，

从这四个方面衡量学生的学术素质。2008年的统计研究结果显示科研课题、科技创新比赛、获得专利三项均呈现显著差异（表6-7），自招生高于统招生，学术会议的参与情况两者没有显著差异。2015年的研究结果与2008年呈现反方向的趋势，在科研课题与获得专利这两个指标上出现了显著的差异，统招生高于自招生（表6-8）。笔者认为学生对科研课题的研究，参加比赛和专利等在一定程度上受到了家庭经济状况的影响。自主招生实行政策最初，大部分所普及的学校都位于一线二线城市，很少波及农村，所以经由自主招生所选拔的学生大多数家庭环境优沃，父母学历较高，这是影响学生学术研究的一个很重要原因。通过分析2008年和2015年这两年统考生的生源地，笔者发现2015年来自城市的统考生高于来自农村的统考生10%，2008年来自城市的学生则高于来自农村的学生8%。这种生源地的变化趋势从侧面解释了2015年统考生在学术研究上与自招生显著差异的消失（图6-2）。

表6-7 2008年两类学生学术研究情况

学术情况	学生类别	均值	标准差	t	p
科研课题	自招生	2.93	1.058	−2.958	0.003
	统招生	2.99	1.051		
科技创新比赛	自招生	5.48	1.146	−4.169	0.000
	统招生	5.55	1.039		
学术会议	自招生	1.99	0.105	−0.553	0.58
	统招生	1.99	0.1		
获得专利	自招生	4.91	0.495	−2.74	0.005
	统招生	4.93	0.428		

表6-8 2015年两类学生学术研究情况

学术情况	学生类别	均值	标准差	t	p
科研课题	自招生	2.958 1	0.983 93	−3.093	0.002
	统招生	3.206 2	1.379 18		

续表

学术情况	学生类别	均值	标准差	t	p
科技创新比赛	自招生	5.103	1.455 12	−1.700	0.091
	统招生	5.307 4	2.193 74		
获得专利	自招生	4.560 2	0.968 9	−3.819	0.000
	统招生	4.896 2	2.490 38		

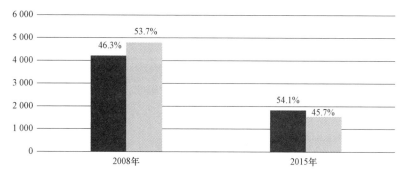

图 6-2 2008 年、2015 年统招生来自城市农村情况对比
■ 城市； ▨ 农村

（3）其他专业学习情况。大学期间的学习应更加注重自身综合能力的发展，为丰富本研究对学生能力的评判，问卷设计了学生课外选修其他专业的情况，其中包括选修二学位、选修其他专业的课程、旁听其他专业的课程、课余阅读其他专业书籍的情况（表6-9、表6-10）。综合 2008 年与 2015 年数据结果分析，2008 年两类学生课余阅读书籍有显著差异，自招生略高于统招生，这种差异在 2015 年再次调查时便不再显著，只是均值略高于统招生。其余三项指标两类学生均没有显著差异，但从均值来看，统招生都是略高于自招生的。这一数据结果表明两类学生在进入大学后都有自主学习其他专业内容的意识，努力拓展本科所学习的专业以外的知识技能。

表 6-9 2008 年两类学生其他专业学习情况

其他专业学习	学生类别	均值	标准差	t	p
选修二学位	自招生	1.71	0.455	−0.142	0.001
	统招生	1.71	0.456		

续表

其他专业学习	学生类别	均值	标准差	t	p
选修其他专业课程	自招生	1.85	0.358	−1.322	0.008
	统招生	1.86	0.35		
旁听其他专业课程	自招生	1.56	0.496	−2.183	0.018
	统招生	1.58	0.494		
课余阅读书籍	自招生	1.72	0.448	3.315	0.001
	统招生	1.70	0.46		

表 6-10 2015 年两类学生其他专业学习情况

其他专业学习	学生类别	均值	标准差	t	p
选修二学位	自招生	1.871 8	0.335 39	−0.577	0.564
	统招生	1.895	0.497 1		
选修其他专业课程	自招生	1.553 5	0.498 7	−2.774	0.006
	统招生	1.669 9	0.516 7		
旁听其他专业课程	自招生	1.818 2	0.403 49	−1.69	0.091
	统招生	1.873 6	0.396 11		
课余阅读书籍	自招生	1.730 8	0.444 99	1.455	0.146
	统招生	1.669 9	0.512 16		

(二) 个人综合素质

1. 个体素质

2008 年与 2015 年两年都调查了两类学生对于未来是否有明确的规划，在大学毕业后是选择继续读研、工作、出国或者是其他规划（表 6-11）。笔者对两年数据进行分析后发现两类学生对于未来的规划没有显著差异，总的来说两类学生都有很大比例希望可以继续深造学习，对未来有清楚的个人规划。从条形图中可以看出，2008 年在选择工作的比率上统招生要高于自招生，而"出国"比例自招生高于统招生（图 6-3）。说明自招生可能更倾向于出国深造，笔者认为这也印证了学术界大部分文章调查结果都认为自招生家庭经济情况良好，社会资本占有较多，因此，比统招生拥有更多的出国机会。2015年的数据显示统招生在考研和选择工作上比例都高于自招生，两类学生选择出国百分比接近相等（图6-4）。在2015年的调查关于其日后规划时，自招生调查数据缺少30%，这在一部分程度上导致了其百分比低于统招生。

表6-11 2008年、2015年两类学生毕业后规划情况对比

年份	学生类别	均值	标准差	t	p
2008年	自招生	1.78	0.875	1.427	0.02
	统招生	1.75	0.829		
2015年	自招生	1.7239	0.764	0.042	0.966
	统招生	1.716	2.394		

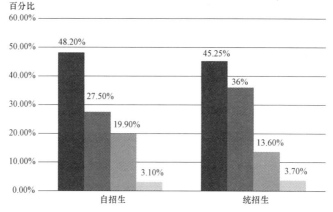

图6-3 2008年两类学生毕业后去向情况对比
■ 考研； ■ 工作； ■ 出国； ■ 其他

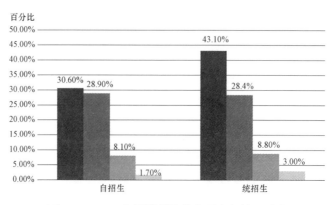

图6-4 2015年两类学生毕业后去向情况对比
■ 考研； ■ 工作； ■ 出国； ■ 其他

2. 社会素质

（1）社会实践。社会实践是一种面向社会的实习活动，可以更好地帮助大学生了解社会情况，发展综合能力，在校园和工作之间搭起一座桥梁。和本专业相关的社会实践更是可以加深学生对自己专业的理解，为以后就业做好准备。本文将社会实践分为暑期社会实践、志愿者或义工、兼职、勤工助学四个类别，其中暑期社会实践和志愿者属于非收入性质实践，兼职和勤工助学属于收入性质实践。研究调查了2008年14 872名学生，其中自招生5 818人，统招生9 054人，2015年4 070人，其中自招生235人，统招生3 835人。统计结果显示2008年两类学生在暑期实践和志愿者义工上均未出现显著差异，但统招生的人数都略高于自招生（表6-12）。兼职和勤工助学两个指标上有显著差异，自招生更倾向于做兼职和勤工助学。这与之前学者所做的研究结果不同，有学者认为统招生更倾向于从事具有收入性质的社会实践，而自招生则倾向于从事趣味性更强的社会实践。这一结果主要是因为自招生的家庭经济条件较好，多来自城市，并不需要为经济状况担忧，而统招生很大一部分来自非城市地区，父母多从事个体工作和务农，经济状况一般，学生在一定程度上需要为家庭减轻负担，所以更倾向于做收入性质实践。而笔者对大样本进行调查后，发现统招生反而更倾向于做收入性质工作，自招生则偏爱志愿者和暑期实践这一类工作。与之前研究结果不同的原因可能是本文研究样本大，抽取的地区广泛，具有更强的代表性。观察2015年的结果发现，两者在志愿者与义工和兼职这两个指标上具有显著差异，自招生略高于统招生，其他两项指标没有显著差异，这与2008年研究结果基本相同（表6-13）。

表6-12 2008年两类学生社会实践比较

社会实践	学生类别	平均数	标准差	t	p
暑期实践	自招生	1.62	0.485	-2.76	0.023
	统招生	1.64	0.48		

续表

社会实践	学生类别	平均数	标准差	t	p
志愿者义工	自招生	1.58	0.494	−1.501	0.133
	统招生	1.59	0.492		
兼职	自招生	1.76	0.428	4.182	0.00
	统招生	1.73	0.445		
勤工助学	自招生	1.87	0.339	12.372	0.00
	统招生	1.79	0.409		

表 6-13　2015 年两类学生社会实践比较

社会实践	学生类别	平均数	方差	t	p
暑期实践	自招生	1.544 9	0.499 59	0.762	0.446
	统招生	1.513 5	0.501 9		
志愿者义工	自招生	1.884 6	2.237 4	5.104	0.00
	统招生	1.553 6	0.629 25		
兼职	自招生	1.75	0.947 83	2.679	0.01
	统招生	1.635 9	0.486 13		
勤工助学	自招生	1.798 7	0.402 28	0.097	0.92
	统招生	1.801 9	0.405 28		

（2）学校活动。学生干部可以考量学生的心理素质、团队观念、综合能力等。本文将学生干部的类型分为党团干部、社团干部、院系班级干部，又对其担任干部时的表现是否优秀进行分析。2008 年研究结果显示两类学生仅仅在院系班级干部上有显著差异，统招生高于自招生（表 6-14）。2008 年和 2015 年两年的调查结果显示，两类学生在担任学生干部和学生干部的表现情况上几乎不存在差异，两类学生情况相同（表 6-15）。侯佳伟作者的调查和浙江金融职业学院的调查则显示自招生比统招生更乐于担任班级干部，本文的结果与其形成了反差。针对这两年的调查结果说明在进入大学后，两类学生都可以积极地适应大学生活，主动参加学校活动，承担班级责任。

表 6-14　2008 年两类学生学生干部参与情况

学生干部	学生类别	平均数	标准差	t	p
党团干部	自招生	1.92	0.274	-2.326	0.02
	统招生	1.93	0.258		
院系班级干部	自招生	1.51	0.5	-8.379	0.000
	统招生	1.58	0.494		
社团干部	自招生	1.74	0.441	-1.834	0.067
	统招生	1.75	0.433		
优秀干部	自招生	1.87	0.335	-2.549	0.011
	统招生	1.88	0.319		
三好学生	自招生	1.88	0.328	1.21	0.226
	统招生	1.87	0.336		
优秀团员	自招生	1.89	0.315	-1.091	0.275
	统招生	1.89	0.308		

表 6-15　2015 年两类学生学生干部参与情况

学生干部	学生类别	平均数	标准差	t	p
党团干部	自招生	1.839 7	0.368 03	-1.492	0.136
	统招生	1.920 6	0.671 26		
院系班级干部	自招生	1.628 9	0.484 62	-1.145	0.252
	统招生	1.683 9	0.595 43		
社团干部	自招生	1.645 2	0.519 01	-1.125	0.261
	统招生	1.691 9	0.503 99		
优秀干部	自招生	1.848 1	0.360 06	0.62	0.535
	统招生	1.828 1	0.395 7		
三好学生	自招生	1.844 2	0.363 89	0.673	0.501
	统招生	1.814 5	0.540 86		
优秀团员	自招生	1.845 2	0.362 92	-0.289	0.773
	统招生	1.859 6	0.617		

（三）结论

自主招生为广大学生能够更好地发挥特长优势提供了平台和入口，但自主招生是否真正选拔了合适的人才及在大学中如何帮助其更好的发展值得考量。调查研究了横跨7年的数据，通过多项指标的对比，我们可以看出，经过学校多重选拔的自主招生的考生在进入大学后和统招生在各方面都没有表现出显著的优势，在一些指标上甚至低于统招生。学业成绩的对比上，两类学生存在显著差异，统招生优于自招生。自招生的专业认同感与对专业的喜爱程度也并非像之前学术界所研究的高认同感与高喜爱感。在大学里两类学生同样都积极学习专业外知识，获得了英语和计算机等其他等级证书。讨论学术研究领域时，我们发现在学术课题、获得专利、科研研究等方面两类学生的差距随着年份发生了变化，统招生逐渐追赶上自招生，同样在学术上取得成绩。文章从个人和社会这两个角度比较了两类学生的综合素质，总体来说数据分析的结果显示两类学生没有很大差异，都愿意积极地参与社会实践，勇于承担班级和学校的责任，充当干部角色。

自主招生的改革之路还在前方，如何更好地选拔学生，在进入大学后如何激发学生潜质、培养学生特长也尤为重要。

参 考 文 献

［1］郭延凯. 高校自主招生公平性问题探析［J］. 中国青年政治学院学报，2014（2）：52-56.

［2］崔盛，吴秋翔. 自主招生、学业表现和就业薪酬［J］. 复旦教育论坛，2017（2）：101-107.

［3］侯佳伟. 高校自主招生学生入学后与普考生的对比分析［J］. 高等教育研究，2011（12）：34-39.

［4］刘进，贾慧卿. 再论自主招生的科学性——基于对学生入校后学业表现的分析［J］. 上海教育科研，2016（9）：28-31.

[5] 李雄鹰. 大学自主招生质量的实证研究[J]. 中国高教研究, 2013（6）: 33-38.

[6] 姜闽虹. 我国高等院校自主招生的实施效果及对策研究[J]. 教育与职业, 2015（10）: 22-24.

[7] 蒋承, 孙海杰, 罗尧. 本科生学业成就影响因素分析[J]. 教育发展研究, 2015（19）: 21-26.

[8] 刘清华, 樊本富. 美国AP课程教育理念对我国大学自主招生的启示[J]. 国家教育行政学院学报, 2014（4）: 90-94.

第七章 知晓率对弱势群体参与自主招生的影响

一、弱势群体自主招生知晓率的基本情况

教育公平是自主招生制度设计的应有之意,一直以来备受社会各界关注,而弱势群体自主招生的参与状况则是观测其公平问题的重要指标,保障弱势群体有效参与其中、平等分享招生权利、切实享受优质资源是继续推行自主招生制度的关键所在。根据前期的文献梳理我们不难发现,弱势群体的自主招生参与状况不容乐观,由于受地域、家庭社会资本、文化资本等复杂因素的影响,弱势群体在自主招生的选拔录取过程中处于天然的劣势。对于弱势群体自主招生参与的探究,本课题组具体采用知晓率、报名率来进行观测。目前学术界关于知晓率对弱势群体的参与影响研究不是很多,也多为无关痛痒的理论层面分析,缺少具体的实证研究,本文利用课题组丰富的调查数据,试图揭示知晓率对于弱势群体自主招生参与的影响。

(一) 2007 年弱势群体自主招生知晓率的调查现状

目前较大规模的一次实证研究是本课题组受教育部委托,于 2007 年对 2003—2006 级 52 所高校自主招生学生的普查(以下简称"自主招生普查"),该项研究还按照 1:1 比例抽取了对照组(传统高考学生),发现自主招生群体多来自中东部经济发达地区、父母职业优越的城市

家庭子女，尤其是北京、上海等拥有丰富优质教育资源的大城市更是占据自主招生名额的绝大多数，具体如表7-1所示。在该次普查中自主招生群体的父亲职业多为国家机关等事业单位中高层管理人员、一般工作人员、教师及专业技术人员等优势阶层，占总体比例的68.7%，而以商业、服务业、农业、厂矿、运输等一般从业人员及军人、无业或失业人员为代表的弱势阶层的子女在自主招生群体中占据较小的比例，仅仅占31.3%，与前者差距悬殊。优势阶层的学生凭借丰富的家庭资源可以在自主招生的场域中及时准确获得相应招生信息，而弱势阶层的子女由于父母资源匮乏，会滞后甚至错失招考信息的获取，而知晓率作为整个自主招生流程的初始环节，无疑会切断接下来的所有流程，弱势阶层的低知晓率必然会导致其在自主招生过程的低参与度。2007年本课题随后开展了大规模的招办主任、中学领导与教师和考生家长的调查。结果显示，学生、家长及中学教师对于自主招生知情度普遍较低，如高三家长对自主招生政策"完全不了解"的占了25.2%。中学领导及教师作为自主招生制度实施的具体推动者，对于其自主招生的了解程度调查结果令人震惊，如表7-2所示。只有13.9%的中学领导与教师对该政策"非常熟悉"，而"不太熟悉""一般了解"的占到72.2%，可见自主招生制度在中学的宣传与推进环节存在很大问题。作为自主招生政策的直接接触者，大多数的领导与老师对其认识不清、了解不足，其自身的模糊化必然影响"几乎把所有精力都放在学习上"的高中生的知晓程度，更夸张的是对自主招生"不太了解""不了解"的老师竟占13.9%，这种对于自主招生的无知及模糊知晓都会影响其具体的推进，尤其高中老师作为弱势群体自主招生信息获取的主要途径，如此不容乐观的知晓率必然会影响其自主招生的参与状况。

表7-1 2007年自主招生学生的父亲职业情况

行业	国家机关和事业单位中高层管理人员	国家机关和事业单位一般工作人员	教师及专业技术人员	商业、服务业一般从业人员	农业从业人员	厂矿、运输等一般从业人员	军人	无业或失业人员	总计
比例百分比/%	21.8	28.7	18.2	13.2	7.3	4.2	1.4	5.2	100

表7-2 2007年中学领导与教师对自主招生的了解情况

项 目	人数	百分比/%
非常熟悉	68	13.9
不太熟悉	180	36.8
一般了解	173	35.4
不太了解	50	10.2
不了解	18	3.7
总计	489	100

由于本文主要关注弱势群体的自主招生参与状况，所以对2007年的普查样本进行筛选，根据父母职业将其划分为弱势阶层与非弱势阶层，其中弱势阶层主要是指父母职业为商业、服务业、农业、厂矿、运输等一般从业人员及军人、无业或失业人员的家庭，而非弱势阶层是指父母职业为国家机关等事业单位中高层管理人员、一般工作人员、教师及专业技术人员的家庭。共筛选出的弱势阶层家长396人，非弱势阶层家长308人，分析发现对于自主招生"不了解"的家长中弱势群体和非弱势群体之间存在显著差异，仅本次调查发现弱势阶层中"不了解"自主招生制度的家长占30.3%，而非弱势群体家长占18.2%，两者相差12.1%（图7-1），可见对于自主招生制度的知晓率弱势群体确实处于不利地位，受经济、文化、地域因素影响，自主招生信息在弱势群体中传播不畅。

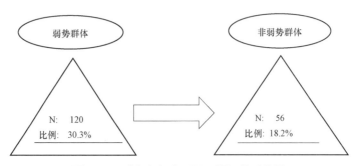

图7-1 对自主招生"不了解"的对比图

该次普查后，本课题组又进行了连续追踪调查。2011年对湖北省"北约""华约"考点355位自主招生家长的问卷调查显示，即使他们的子女已经进入自主招生考场，他们选择对该项政策"非常熟悉"的也只占5.2%，"比较熟悉"的占39.8%，综上可见弱势群体自主招生的知晓率情况不容乐观。

（二）2015年弱势群体自主招生知晓率的调查现状

2015年本课题采用整班抽样法，随机抽取18个自主招生院校中的2~3个班级，对每个班级的自主招生学生与传统高考学生进行分析，该种抽样方法基本还原了国家要求的5%的自主招生比例，符合自主招生的天然分布，表7-3是样本情况，本研究采用SPSS 22.0进行分析。

表7-3 2015年调查学生样本

项目	性别		户籍		生源类别		
	男	女	城市	农村	自主招生	保送	统考
人数	2 125	1 768	1 991	1 684	235	24	3 575
频率百分比/%	54.5	45.4	54.1	45.7	6.1	0.6	93.2

本次调查中，我们将学生对自主招生的了解程度进行了全方位立体化剖析，总共涉及18题项。根据前文对弱势群体的界定，结合具体的问卷状况，我们主要筛选出户籍与高中性质两个维度来划分弱势群体与非弱势群体，其中将户籍为农村且高中性质为普通高中、中职中专及其他类型的学生界定为"弱势群体"，总计641人，相对应的将户籍为城市且来自重点高中（国家、省、市级示范中学）的学生划分为"非弱势群体"，共筛选出非弱势群体1 166人。其中学生对自主招生的总体了解程度自身评估状况如下，调查中发现弱势群体与非弱势群体在自主招生的知晓率方面存在一定差异，比较了解自主招生制度的学生，弱势群体中大概占48.7%，而非弱势群体占68.4%，两者相差

足足达到 19.7%,可见,自主招生信息传播在两群体中并不均衡,弱势群体处于"弱势"是有目共睹之事;而"不太了解"甚至"完全不了解"自主招生制度的学生,弱势群体中占 51.2%,非弱势群体中仅占 31.5%,在弱势群体中超过一半的人不清楚自主招生政策的相关信息,这种初始环节的高"无知率"必然会影响其后续参与,那么弱势群体在自主招生场域中边缘化境地也就不言而喻了。针对调查中自主招生制度涉及的诸多方面,下文将对两个群体的知晓情况进行揭示。

自主招生作为一种新型招生制度,在十余年的发展过程中不断优化招录流程,逐渐完善涉及的方方面面,本次调查详细了解了学生对于自主招生政策的整体把控。反映出弱势群体学生对自主招生的了解程度普遍低于非弱势群体学生,具体统计显示(表 7-4):23%的非弱势群体学生"完全同意""对自主招生非常了解"的观点,而弱势群体只有 12.9%表示"完全同意",对于上述题项选择"比较同意"的分别占 42.9%和 35.8%,且两群体在这一题的平均位置值分别是 2.21 和 2.54,表明非弱势群体比弱势群体更加清楚自主招生政策。进一步来看涉及的所有题项的平均位置值,弱势群体均高于非弱势群体,再次证明两群体对于自主招生政策的了解存在显著差异,且弱势群体明显处于弱势。尤其在"清楚自主招生和高考的区别"题项上差异明显,多达 38.6%的非弱势群体表示"完全同意",而只有 12.7%的弱势群体"完全同意"该观点,相差竟达 25.9%;关于"自主招生的报名要求""报名方法""时间安排"等具体信息方面,弱势群体"完全同意"的人数占到 14.6%、13.6%、14.1%的低比例,相比较非弱势群体则基本维持在 30%左右的"完全同意"率,依旧是存在显著差异;对于"中学是否具有报名推荐权""哪些大学有推荐权""哪些学生有推荐资格"等问题的回答,弱势群体也保持较低的知晓率,且与非弱势群体相差较大。

表 7-4 学生对于自主招生的了解状况

项目	弱势群体					非弱势群体				
	平均位置值	完全同意百分比/%	比较同意百分比/%	不太同意百分比/%	完全不同意百分比/%	平均位置值	完全同意百分比/%	比较同意百分比/%	不太同意百分比/%	完全不同意百分比/%
B1	2.31	11.7	55.0	24.2	9.1	2.12	27.8	43.2	18.4	10.5
B2	2.44	12.7	50.2	28.8	7.9	1.86	38.6	44.2	13.1	3.9
B3	2.19	18.9	48.5	27.1	5.4	1.9	34.6	44.4	17.7	3.3
B4	2.4	14.6	51.1	25.6	8.2	2.01	30.0	44.2	20.3	5.4
B5	2.38	13.6	44.9	31.0	10.5	2.02	29.7	44.4	21.3	4.6
B6	2.49	14.1	40.2	34.3	11.0	2.08	31.5	37.7	23.8	6.9
B7	2.34	19.5	41.4	28.1	10.8	1.93	39.2	38.7	16.7	5.1
B8	2.56	14.8	39.0	30.9	14.8	2.07	32.7	36.4	23.0	7.8
B9	2.51	14.1	35.6	35.9	14.4	2.22	29.6	32.8	26.6	10.7
B10	2.59	14.1	38.9	32.6	14.0	2.2	26.8	39.8	25.5	7.8
B11	2.63	13.6	35.2	34.0	16.8	2.24	25.8	34.8	30.1	9.2
B12	2.45	16.7	42.9	27.1	12.9	2.08	30.4	39.5	23.6	6.3
B13	2.37	17.0	44.1	27.0	11.7	2.01	30.2	46.8	16.6	6.4
B14	2.36	18.3	43.2	26.5	11.9	2.09	28.1	43.5	22.5	5.9
B15	2.19	21.1	48.5	24.3	5.9	2.07	30.7	42.9	20.5	5.5
B16	2.36	19.4	41.7	30.3	8.0	2.16	25.9	38.8	29.5	5.7
B17	2.11	23.1	48.2	23.7	5.0	1.96	31.9	46.9	16.8	4.1
B18	2.54	12.9	35.8	35.1	16.1	2.21	23.0	42.9	26.3	7.6

注：B1=读过大学自主招生简章

B2=清楚自主招生和高考的区别

B3=通过自主招生增大高考录取率

B4=知道自主招生报名要求

B5=知道报名方法和途径

B6=知道时间安排

B7=知道中学是否有报名推荐权

B8=所在中学有哪些大学自主招生推荐权

B9=中学有哪些同学获得推荐资格

B10=知道一些大学自主笔试科目

B11=知道自主招生面试流程

B12=清楚自己是否具备资格

B13=清楚自己是否有能力

B14=成绩越是优异越了解政策

B15=教师子女更了解政策

B16=家境好的更了解政策

B17=社会资源多更了解政策

B18=我对政策非常了解

有关自主招生知晓率的测量指标过多不利于观察比较，本文又做了因素分析来进行进一步的观测，采用 SPSS 20.0 得到以下分析（表 7-5、表 7-6、表 7-7）：

表 7-5 样本充足性 KMO 值和 Bartlett 的球形度检验

KMO 值		0.898
Bartlett 的球形度检验	卡方的近似值	11 518.280
	自由度	153
	显著性	0.000

由表 7-5 可知，KMO 值为 0.898，远远高于 0.5，说明样本充足，同时 Bartlett 的球形度检验的显著性水平小于 0.05，两种结果表明本文的原始数据满足做因素分析的基本要求。由表 7-6 可以看出，特征值大于 1 的公共因素有 3 个，累积方差贡献率达到 42.326%，说明这 3 个公共因素可以代表原始 18 个条目的 42.326%的信息，因此，本文选取 3 个公共因素。从表 7-7 旋转后的成分矩阵可以看出：第 1 个公共因素在"知道中学是否有报名推荐权""所在中学有哪些大学自主招生推荐权""中学有哪些同学获得推荐资格""知道一些大学自主笔试科目、知道自主招生面试流程、清楚自己是否具备资格、清楚自己是否有能力"等 7 个指标中有较大的负荷值，反映了学生对自主招生参与主体（高校和学生）的资格问题，因此，可以将其定义为自主招生的参与主体资格因素；第 2 个公共因素在"读过大学自主招生简章""清楚自主招生和高考的区别""通过自主招生增大高考录取率""知道自主招生报名要求""知道报名方法和途径""知道时间安排"6 个指标上具有较大的负荷值，反映了学生对自主招生报名信息的了解，因此，可以定义为报名要求因素；第 3 个公共因素在"成绩越是优异越了解政策""教师子女更了解政策""社会资源多更了解政策""家境好的更了解政策"4 个指标上负荷较大，反映了学生普遍认为优势社会阶层和教师家庭凭借较高的社会地位和丰富的社会资源更容易获取自主招生信息，从而提高其子女在自主招生活动中的知晓率、参与率，

因此，可以定义为自主招生的家庭背景因素。

表7-6 因素分析结果报告

因素	初始特征值			提取载荷平方和			旋转载荷平方和		
	总计	方差百分比/%	累积百分比/%	总计	方差百分比/%	累积百分比/%	总计	方差百分比/%	累积百分比/%
1	4.987	27.703	27.703	4.987	27.703	27.703	2.929	16.273	16.273
2	1.528	8.491	36.194	1.528	8.491	36.194	2.724	15.133	31.406
3	1.104	6.132	42.326	1.104	6.132	42.326	1.965	10.919	42.326

表7-7 旋转后的成分矩阵 a

项目	因素		
	1	2	3
读过大学自主招生简章		0.630	
清楚自主招生和高考的区别		0.564	
通过自主招生增大高考录取率		0.697	
知道自主招生报名要求		0.658	
知道报名方法和途径		0.618	
知道时间安排		0.534	
知道中学是否有报名推荐权	0.550		
所在中学有哪些大学自主招生推荐权	0.660		
中学有哪些同学获得推荐资格	0.605		
知道一些大学自主笔试科目	0.515		
知道自主招生面试流程	0.536		
清楚自己是否具备资格	0.527		
清楚自己是否有能力	0.503		
成绩越是优异越了解政策			0.421
教师子女更了解政策			0.757
家境好的更了解政策			0.720
社会资源多更了解政策			0.722
我对政策非常了解			0.724

二、关于弱势群体自主招生知晓率的实验干预

通过上文的实证研究发现,弱势群体与非弱势群体在自主招生的参与中存在着显著的不公平现状,弱势群体在其中的参与度远远低于非弱势群体。具体而言,通过分析本课题组 2007 年、2015 年自主招生群体的调查发现,以自主招生方式进入大学校园的学生大多来自经济发达地区、重点高中、家庭较优越的非弱势群体,且对自主招生的知晓率显著高于弱势群体,进一步发现自主招生内部利益相关者包括高中生家长、中学老师,他们对自主招生的相关信息了解也不足。由此本课题组大胆假设知晓率偏低是否是弱势群体自主招生参与动机不足的原因?是否通过直接的信息干预可以提高弱势群体自主招生知晓率和参与动机?本研究将进行下一步的信息实验干预,同时做了三个基本假设:第一,进行实验干预以后愿意参加自主招生的学生数量明显上升;第二,真正申请自主招生的学生数量增加;第三,获得自主招生录取资格的学生数量增加。

(一)实验对象的选择

弱势群体是我们干预的目标对象,主要针对来自经济欠发达地区、非重点高中、家境比较贫困的学生。本课题组根据 2014 年和 2015 年国家统计局发布的各省 GDP 排名,将排名靠后的 5 个省份甘肃、海南、宁夏、青海、西藏作为目标对象,同时分析出这 5 个省份的自主招生参与状况,以此作为实验干预选择的关键指标。结果发现经济落后的省份,其自主招生参与率也低,由表 7-8 可见西藏是干预实验的最佳场所,但是鉴于西藏是一个以宗教为中心、少数民族为主的地区,实验开展比较困难,本课题最终选择了海南作为试验的参与省份。

表 7–8　2015 年经济欠发达的 5 个省中自主招生参与率状况

省份	自主招生参与率/%
西藏	0.09
海南	0.15
青海	0.1
宁夏	0.19
甘肃	0.25

第一步确定好省份，接下来就是选择合适的城市和学校。根据海南的行政区域划分，海口是省会城市，三亚和三沙是两个地级市，除此之外还有 10 个县和 5 个县级市。一般来说，重点中学及家境优越的学生大多分布在省会城市及经济较发达的地级市，所以排除这些城市，而且城镇、村庄虽然是家境贫困学生的聚居区，但遗憾的是海南省的城镇及村庄没有设立高中，所以也被排除在外。则剩余的 10 个县和 5 个县级市成为我们实验进行的目标城市。本课题组收集了目标城市 28 所普通高中学校的电话号码和电子邮件，在对这些学校进行了官方邀请以后，其中有 3 所高中没有回应，13 所高中婉拒了此项实验研究，12 所高中表示有兴趣参与。在本课题组向他们详细讲解了整个实验过程后，4 所高中同意参与，这 4 所高中有 2 所位于同一县，另 2 所坐落在不同的少数民族自治县。我们向所选中学的领导人和高三学生发放了同意书，对于 18 岁以下的学生，将同意书发给他们的监护人以获得批准。课题组考虑到干预实验的性质避免造成"污染"，决定将位于同一城市的两所高中作为对照组，标记为学校 C 和学校 D，另外两所学校作为实验组，标记为学校 A 与学校 B。

（二）实验干预流程

本课题组认真研究教育部和大学颁布的自主招生简章，充分了解其内涵实质，向参与者进行精准的信息传递，使他们能够详细了解自主招生政策，并根据自身实际情况申请自主招生。此次试验干预主要采用讲座和发放自主招生材料及后续线上和线下的答疑形式展开。干预活动于 2016 年 3 月开始，当时的参与对象主要是高三学生，讲座定在周末，每次时长为 3 个小时，中间休息两次各 10 分钟，3 月的第一个周六在学校 A 举行，共有 219 人参加，其中 212 名高三学生、5 名班主任、2 名校长；周日在学校 B 举行，有 168 人参加，其中高三学生 161 名、班主任 4 名、副校长 2 名、校长 1 名。讲座分为三个部分：第一部分主要介绍自主招生的基本情况，包括设计之初为什么在人才选拔过程中引入自主招生，什么是自主招生想要选拔的理想人才，以及自主招生的参与流程、时间安排和各种获得自主招生信息的途径。第二部分，以北京大学和清华大学发布的自主招生招录简章为例，具体向参与者解释每个列出条目的实际含义。第三部分是问答环节，鼓励参与者提问关于自主招生的任何问题。参与者分为 5 组，每组给予 15 分钟向课题组成员提问，同时本课题组也留下了联系方式，以便于讲座后的后续答疑。

除了讲座之外，课题组还向实验组参与者发放了相关材料，主要包括讲座使用的自主招生的幻灯片，2016 年所有自主招生高校发布的招生简章，以及课题组的联系方式。

（三）实验测量

实验干预后，课题组立马对参与的学生进行问卷调查，测量他们对自主招生的态度和熟悉程度。后续还会进行更精准的测量，包括干预后申请自主招生的人数、获得笔试资格的人数、通过自主招生获得加分的学生数，将同时观测两组高中生的反应状态，以及实验组在干预前后的表现。就对照组而言，课题组在实施了任何干预以后，都会及时联系学校领导随时关注他们的动向。由于在整个干预过程中，实验组较对照组明显处于优势地位，可能存在伦理上的问题，但是有两个理由可以证明这个实验的道德立场是明确的。首先，对照组的两所高中本身对自主招生持有怀疑的态度，倾向于高考本身；其次，课题组没有向对照学校采取任何措施，而且两组学校位于不同的县，这种地理隔离避免了信息的互换，同时为了避免干扰，关于自主招生了解状况的问卷就没有分发给对照组，而是采用2015年针对大学生自主招生熟悉度的问卷调查，这样就保证了对照组的实验纯度。

（四）实验结果与分析

为更好地观测干预效果，课题组在讲座之前对实验组高中生进行问卷调查，了解其是否会参加今年的自主招生，讲座之后又调查其参加自主招生的态度（表7-9）。结果是积极乐观的，学校1在讲座之前仅有23.2%的人要参加自主招生，讲座之后到了55.6%；与此同时学校2的变化更为明显，由23.2%上升到73.4%，由此证明为弱势群体提供全面准确的信息，增加其对自主招生的知晓度可以提高学生参与自主招生的意愿。除了对实验组高中生的态度进行观测以外，还会跟进学生接下来的实际行动。表7-10统计了4所学校在2015年、2016年、2017年实验干预前后参与自主招生的人数，之所以选择这三年是因为2015年自主招生的参与人数可以与2016年的形成对比，2016年的统计结果可以清楚地反映实验干预的效果，而2017年的数据有助于探讨干预在较长时间的影响。从表7-10中可以进一步看出，学校1在2015年的时候申请人数仅仅8人，经过课题组的公益讲座以后，申请人数实现了翻倍，但是在2017年的时候又回归到最初的水平状态；学校2则呈逐年递增态势；对照组连续3年变化程度不大，学校3保持每年1人申请的状态，学校4 3年来未实现零的突破。

表7-9 实验组高中生愿意参加自主招生的情况

项　　目	学校1百分比/%	学校2百分比/%
讲座之前	23.2	23.2
讲座之后	55.6	73.4

表 7-10 海南高中实验干预情况

	实验组						对照组					
	学校 1			学校 2			学校 3			学校 4		
年份	1st	2nd	3rd	1st	2nd	3rd	1st	2nd	3rd	1st	2nd	3rd
2015 年	8	0	0	6	3	2	1	1	1	0	0	0
2016 年	15	2	2	21	9	3	1	1	1	0	0	0
2017 年	9	2	0	37	14	9	1	1	1	0	0	0

注：1st=申请阶段；2nd=审核阶段；3rd=录取

通过上述的统计数据分析发现，实验干预的效果是明显的。向弱势群体高中生提供详细的自主招生信息，并给他们精确的解析会提高其自主招生参与率。课题组在实验干预后，学校 1 和 学校 2 由起初 23.2%的学生愿意参加自主招生分别增加到 55.6%和 73.4%；从实际行动角度来说，干预后学校 1 的申请人数由 2015 年的 8 人增加到 15 人，学校 2 由开始的 6 人增加到 21 人；干预后的一年，学校 1 申请自主招生的人数回到了初始水平，学校 2 则呈现上升态势，这两种差异化的表现值得我们进一步的探讨。因此，本课题组对这两所高中进行了回访，发现之所以呈现不同的趋势是因为两所学校在实验干预后采取的后续工作不同。就学校 1 而言，实验干预是当年学生申请自主招生的决定因素，但是在干预结束后，该校没有采取任何后续活动，这也意味着 2017 年又回到了实验前的状态；相反，学校 2 受到干预实验的极大鼓舞，并在后续定期开展有关自主招生的讲座，他们甚至扩大了目标群体，从以前只针对高三学生扩大到所有在校高中生，让他们尽早了解自主招生政策并提前做好申请准备。此外学校 2 也向家长介绍自主招生的相关政策，获得家长的后盾支持，促进了学生自主招生的申请率，同时培训专业的自主招生申请工作人员，帮助学生选择大学，准备申请文件包括自荐信、个人陈述和申请表等。学校 2 下一步还将寻求面试专家的意见，为学生提供更专业的指导服务，这也解释了为什么该校在实验干预后申请自主招生的学生越来越多。由此可见，为弱势高中生提供全面准确的自主招生信息，其自主招生知晓率、参与率就会上升，而停止向学生提供相关信息，自主招生的申请率就会降低，再次证明信息知晓率是影响弱势高中生自主招生参与的关键因素。

2007年与2015年的问卷调查显示，弱势群体自主招生的参与度较低，且与非弱势群体在自主招生知晓度方面存在显著差异，可能源于信息的不对称。为了进一步探究信息占有状况对弱势群体自主招生参与的影响，本课题组对海南省的一些弱势高中生进行了实验干预。通过对实验组开展公益讲座、提供自主招生手册、后续答疑，大大提高了弱势高中生对自主招生的了解，加强了其申请自主招生的意愿，同时通过自主招生获得加分的学生也越来越多。而对照组仅有1名学生申请自主招生，干预实验确实证明了加强对弱势高中生自主招生的信息宣传，可以提高其自主招生知晓率、参与率，从而有利于促进招生公平、教育公平。

三、弱势群体自主招生知晓率低的原因探究

（一）原因分析

知晓率是参与动机的最初环节，从前面的研究不难看出，弱势群体在整个自主招生活动中处于一种边缘化的境地。追其源头我们发现弱势群体对于自主招生政策知晓率较低，于是本课题组大胆假设是否通过直接的信息干预可以增加其知晓率。通过对海南4所高中开展实验干预，结果发现对弱势高中生做讲座、发放相关资料确实可以增加自主招生的知晓率，由此可见信息传播不畅导致了弱势群体在一开始就被自主招生这场游戏排除在外。笔者通过梳理文献发现由于制度层面、技术层面和心理层面的原因，弱势群体自主招生的知晓率偏低。具体原因如表7-11所示。

表 7-11 弱势群体自主招生知晓率低的原因

原因分类	内容解释
制度层面	公平是自主招生制度设计之初的应有之意，本应面向全国所有的高中毕业生，但是目前的操作存在"圈地"现象，在地域和学校间表现出极大的不公平。地域上主要面向经济发达省市，具体来看，上海同济大学招生范围锁定在苏浙沪等教育经济发达地区，大连理工则只面向东北三省，全国范围内保持着同样的趋势，这种做法直接剥夺了经济欠发达地区学生参与自主招生的资格，使他们以"局外人"的身份存在。而在校际方面，这种圈定也体现得淋漓尽致，一般规定拥有推荐学生参与自主招生规格的，往往是省级以上重点高中，具体锁定了申请人的学校层次，如清华、北大明确提出生源中学必须是省、市重点，北京交通大学、北京理工大学等也均表示生源来自省市重点中学，这无疑意味着弱势中学的学生还未走进考场便已输在起跑线，成为淘汰的对象，这种对优势学生的圈定和对弱势学生的排斥，无疑复制了高中生的家庭背景，窄化了生源渠道，导致了自主招生的恶性循环 由于具有自主招生资格的高校和中学聚集在经济发达地区，相关自主招生信息多通过网络发布，这些学生可以方便快捷地知晓自主招生一手消息，经济发达地区的高校和中学作为自主招生的参与主体和主力军非常重视对学生的宣传工作，发达的网络加上有利的宣传促进了非弱势群体学生的高知晓率。而那些边远落后地区、普通中学作为被自主招生遗忘的群体，设计之初未曾被考虑在内也便"自觉"以局外人自居，不重视自主招生的宣传工作。有研究显示"学校相关政策的传达"是弱势群体学生获取信息的主要途径，学校不重视或者不传达必然会导致学生较低的知晓率和参与率
技术层面	积极有力的宣传是一个政策得到落实的关键前提，自主招生政策则在宣传地域、宣传方式、宣传力度方面存在一定缺陷。有研究显示政策宣传的地点集中在经济发达地区的市、县重点中学，某大学自主招生负责人就明确指出自主招生政策宣传多是由省招办安排且设置在省会城市的重点中学，即便是高校自行组织的宣传，考虑到交通和生源质量也不会去农村，因为即使招录上来，过不了高考的线也白白浪费了一个自主招生名额。政策宣传方式单一且流于形式，主要是讲座和发资料，高校进行一次就走人、没有后续的答疑等都导致宣传效果不佳，很多考生认为宣传就是走过场。对于城市学生而言，家长是收集自主招生信息的主力军，他们可以凭借学历水平、知识结构和教育技术水平等方面的优势，精准地获取有用信息，而对农村学生而言，高中老师是获取信息的主要渠道，老师应该是招生宣传的重点对象，但是前期的调查发现，中学老师对政策了解也不清晰，且没有专门的培训，使得信息传递受阻，自然导致弱势群体自主招生知晓率偏低
人为因素	但是，本课题组的前期访谈发现，弱势群体的知晓率过低并不一定是宣传手段落后造成的。自主招生宣传缺失存在人为因素。客观存在故意阻碍宣传的情况，部分地区将自主招生推荐权视为"教育福利"，以"不影响中学秩序""推良不推优"进而提高升学率等为借口，压制宣传，导致中学生自主招生信息获取不足的问题突出。一些获得自主招生参与资格的学生都回忆称，"是班主任偷偷地告诉我这个信息"

（二）经验举措

信息宣传是招生的初始环节，宣传的广度、深度直接影响学生的参与状况。美国非常重视招生宣传工作，基本形成了宣传—申请—评阅—面试—录取的完整流程，在宣传工作上投入非常多的时间、精力和资金。例如，哈佛大学就为学生提供参观校园、课堂试听、在校就餐、住宿等便利服务，并通过发放招生手册、举办见面会等方式扩大学校宣传。俄亥俄州立大学的宣传也是种类繁多，不仅包括完善招生宣传网站、邮寄精美招生材料，还常年派出大量的工作人员深入中学一线进行宣传，包括个别交谈、举办讲座、项目推介等形式，并且常年组织各种形式的校园参观。根据卡内基教学促进基金会的调查，准毕业高中生中约有90%的学生会收到一所学校的宣传材料，有一半的毕业生会收到1件甚至10件或更多的资料。这些各色各样的招生宣传，不仅扩大了学校的影响力，还增加了学生对招生政策的了解。相比较中国在招生宣传方面的重视投入不足，前期的研究发现弱势群体自主招生知晓率偏低，很大程度上源于信息传递路径不畅，如何让偏远地区弱势高中生全面准确地掌握自主招生相关信息，提高自主招生参与率是一个值得探究的议题，对此本课题组率先进行实验干预，发现进行直接的信息干预可以很大程度上提高弱势群体自主招生知晓率。中国可以仿效美国的宣传手段，针对不同的地域、不同目标群体制订不同的宣传方案。对于经济发达地区、重点中学的学生，可以通过完善学校官网、微博、微信公众号等平台信息，为非弱势群体学生提供更全面的线上信息服务。对于弱势群体，高中老师是其获取资讯的主要途径，因此，一方面要加强对中学老师的自主招生政策的培训，定期邮寄更新的招生材料；另一方面高校要深入弱势地区、弱势中学向弱势学生讲解自主招生的相关信息，为其提供后续咨询服务，重点在县级中学和农村地区进行进校宣传推广、以点带面扩大影响，切实提高弱势群体自主招生的知晓率和参与率。

参 考 文 献

[1] 陈琳. 高校自主招生制度对农村考生公平缺失原因及对策分析[D]. 武汉：湖北大学，2012.

[2] 肖佩莲. 我国高校自主招生制度公平与效率问题探究[D]. 武汉：华中师范大学，2011.

[3] 吉明明,李峻. 公平视阈下高校自主招生选拔机制研究[J]. 中国教育学刊，2016（8）：46-50.

[4] 杜婷婷. 从教育公平角度研究上海高校本科自主招生[D]. 上海：华东理工大学，2013.

[5] 冯帆. 基于程序公正视角下的高校自主招生政策执行研究[D]. 长春：东北师范大学，2016.

[6] 任湘郴，何志祥，蒋阳飞，等. 省属高校自主招生宣传效果实证分析[J]. 中南林业科技大学学报（社会科学版），2013，7（4）：148-151.

[7] 黄首晶，郑畅. 美澳两国自主招生公平性改革的经验与借鉴[J]. 中国高教研究，2015（7）：59-63.

[8] 晏金柱. 美国大学的招生宣传工作及其启示——以美国俄亥俄州立大学为例[J]. 现代交际，2012（3）：209-210.

第八章　社会资本对高校自主招生影响的实证计量

2003年，北京大学等首批22所高校开始进行自主招生试点，尝试在高考之外另行组织对高中生的考核。过去10年，自主招生试点学校不断增加，参与学生不断增多，降分幅度不断增大，已成为考生获得重点高校录取机会的重要途径之一。但是，伴随着高校招生权限的增大，自主招生制度一直面临着公平质疑，其核心就是对社会"关系"可能影响招录结果的质疑。2013年，中国高校自主招生制度改革步入第10个年头，没有迎来轰轰烈烈的庆祝活动，却收获了自改革以来最沉痛的打击——中国人民大学爆发自主招生弊案，该校招办主任涉嫌严重招生腐败接受调查。2014年，多所高校又进一步爆出自主招生学生学习成绩过差等问题，社会资本对于自主招生的侵蚀似乎在某种程度上得到了印证，这也引发学界和民众对于自主招生制度的持续声讨。但直至目前，学术界对于社会资本影响自主招生活动一直缺乏实证证据，社会资本是否已经在多大程度上影响自主招生活动仍需开展深入研究。

一、分析框架

早期研究学者提出"社会资本"的概念主要是从资源集合的角度进行理解，比如布迪厄认为社会资本就是资源集合体，科尔曼认为社会资本是"个人拥有的社会结构资源"。在此之后，大量的研究开始指向社会资本对于社会活动的影响，核心在于个人可以通过社会资本摄取稀缺资源并获益。在此领域，华人/华裔学者做出过积极贡献，比如华人学者发现强关系假设（而非西方学界之前所认为的弱关系假设）更适用于中国，这在国际学界产生较大影响。最近十多年来，社会资本的中国化研究不断深化，还在国际学界提出了一个新的概念，即"关系"，其并不与英文的 relationship 或 social capital 相对应，其英文词就是"GuanXi"，强调人情关系的实质就是感情实惠的交换。

中国自主招生运行过程中，民众对于公平问题的质疑很大程度上集中在对"关系"影响自主招生结果的怀疑上，亦即一项公平公正的考试本应摒弃人情世故，而民众对于"关系"过多干预自主招生录取产生不满。事实上，这种不满不仅在中国大陆存在，在其他东亚国家和地区也有较明显体现。比如中国台湾地区也存在类似社会资本影响自主招生的情况，这被称为"关说"。中国台湾从 2002 年开始在联考以外，扩大申请入学和推荐甄选的比例，希望能改变联考"一考定终身"问题并改变弱势家庭子弟的不利处境。但是，实施过程中反而对中产以上阶层学生比较有利，"多元入学的'关说'特权已到骇人听闻的程度"，"六成的家长对多元入学方案的公平性持质疑态度，七成家长赞成恢复以往的联考制度"（郑若玲，2010）。

中国学界对于"关系"影响自主招生公平的质疑，主要集中在招生过程存在的权钱交易、内幕交易、寻租腐败等问题上，但一直没有直接的证据证实二者之间存在显著联系。2013 年中国人民大学自主招生舞弊事件发生后，某种程度上印证了民众的这种质疑，但此次自主招生舞弊事件中，"关系"影响自主招生到底是以个案的形式发生还是常态化、规模化的出现仍未有直接证据。

相比于经济资本、人力资本等，社会资本能否实证计量从最开始就面临质疑。本课题组认为，社会资本的计量确实非常困难，即使存在可计量的手段，在数据采集时也会面临很大困难。因此，一些学者遵循"方便"原则，往往导致采集的社会资本指标差异较大，部分指标甚至包含了非社会资本的因素。为保证研究信效度，本研究的总体思路是间接化开展社会资本计量。遵循宏、中、微的分析视角，本研究对于社会资本影响自主招生的核心变量主要围绕三个方面展开分析。

一是宏观社会阶层指标。父母所处社会阶层，与父母所占有的社会资本具有统计意义上的正相关关系。父母处于优势社会阶层占有的社会资本往往更为丰富。这种源自父母职业地位的社会资本，通常会以某种方式影响高校招生录取工作。比如据媒体报道，2014年高考期间曝光的河南杞县、通许县替考案，被替考学生家长多为当地权贵阶层，而且其社会资本广泛延伸到监考等多个考试执行与监督环节。此外，也可能从积极层面理解学生家长社会资本的影响，即身处优势社会阶层的社会成员往往可通过社会资本促进子女教育水平的提升，比如增进课外特长与能力水平提升，处于优势阶层的考生父母自身也因良好的受教育经历对提高子女受教育状况带来帮助，尤其是学生课外知识、能力的占有对于自主招生政策本身具有契合性。

二是中观考生身份特征指标。按照社会资本研究指标有关网络、信任和规范的基本界定，自主招生选拔中，考生的不同身份特征往往意味着社会资本占有的多寡。一是农村生源考生社会资本往往非常欠缺，一方面，农村生源网络与信息获取存在劣势。自主招生与传统高考很大的不同在于：考生及家庭对于信息占有的多寡很大程度上影响招录结果。相对于城市考生而言，农村学生自主招生信息获取的难度更大，尤其是掌握自主招生内幕信息的人更少。另一方面，农村生源所占有的社会资本大多处于农村及周边地区，对于高等学校的影响力十分有限，在自主招生笔试、面试环节难以发挥作用。二是弱势中学考生社会资本占有往往较少，弱势中学考生家庭社会资本占有量往往过少，这也是部分导致其就读于弱势中学的原因之一。此外，一些重点中学（如获得北京大学校长推荐制资格的中学）往往对于高等学校自主招生招录能发挥一定作用，而弱势中学在此方面能提供给本校考生的自主招生"帮助"则非常有限。

三是微观私人关系指标。私人关系对自主招生的影响是多方面的。一是在自主招生政策制订上,社会资本可以通过选拔条件制订帮助特定少数人入围笔试和面试。本课题组 2009 年对武汉市某高考"陪读村"的调查中发现,一些家长对自主招生门槛要求高(如"获得奥林匹克竞赛奖项")的学校非常赞赏,而对一些设定门槛较为随意的高校(如"高中阶段表现优秀")则充满不信任,认为是故意留下社会关系运作的空间,而对于那些对特殊且小众奖项、荣誉或经历提出要求的高校则认为非常可能存在"萝卜"招考的嫌疑。二是在自主招生名额分配和笔试、面试资格获得上,社会资本往往发挥着重要作用。在中学内部客观存在着学校推荐自主招生名额("校荐")现象,社会资本在这种资源竞争中发挥重要作用;在高校首轮自主招生入围学生筛选中(获得笔试资格),私人关系也存在运作空间。三是在最终的录取环节,由于当前自主招生不公布学生过程分,具体的录取环节也可能存在人为因素的干扰。

本研究的分析框架,如表 8-1 所示。

表 8-1 本研究的分析框架

一级指标	二级指标	观测指标
社会阶层	优势阶层/弱势阶层	父母职业
考生身份特征	农村生源/城市生源	生源地
	优势中学/弱势中学	是否获得校荐资格
私人关系	私人关系	私人关系拥有与使用;私人关系使用花费

二、数据来源

数据来源于本课题团队 2012 年对当年度在湖北省考点参加"北约""华约"笔试测试的考生家长的随机匿名问卷调查(N=355),课题组成员在家长休息室对考生家长进行了现场填答培训,保证了问卷具有很好的信度和效度,其中有关自主招生政策宣传、名额分配、科目设置、成本绩效、考试评价和未来改革 6 个维度的 Cronbach's Alpha 达到了 82.6%，信度水平处于"很可信"水平；KMO 和 Bartlett's 检验结果为 83.9%，问卷具有良好的效度水平。

调查量表中与社会资本有关的变量设置包括：① "社会阶层"指标（1=国家机关、企业、事业单位中高层管理人员；2=国家机关、企业、事业单位一般工作人员；3=教师及专业技术人员；4=商业、服务业一般从业人员；5=农业从业人员；6=厂矿、运输等一般从业人员；7=军人；8=无业或失业人员）；② "城市/农村生源"指标（1=直辖市或省会城市；2=地级市；3=县级市或县城；4=乡镇；5=农村）；③ "中学层级"指标（1=省级示范性中学；2=市级示范性中学；3=普通中学）；④ "私人关系指标"（1=动用私人关系；2=未动用私人关系）。

有自主招生活动相关的变量设置包括：① "获得自主招生笔试资格数量"指标（1–5）；② "自主招生知晓率"指标（1=非常熟悉；5=非常不熟悉）；③ "自主招生名额获得途径"指标（1=学习成绩名列前茅；2=获得学科竞赛奖；3=文学奖项或发表作品；4=英语获奖；5=文体特长；6=获得国家专利；7=获得优秀三好学生等荣誉称号；8=其他）；④ "自主招生名额获得方式"指标（1=学校推荐；2=自我推荐）；⑤ "自主招生准备活动"指标（1=学生本人准备材料；2=父母帮忙准备材料；3=班主任帮忙准备材料；4=亲朋好友帮忙准备材料；5=其他人员帮忙准备材料）。

本研究运用 SPSS 20.0 进行统计分析。下面对上述社会资本指标与自主招生指标进行逐次交互分析。

三、研究发现

（一）社会阶层指标：优势阶层占有更多自主招生机会

本研究所有被调查对象，均为获得"北约""华约"自主招生资格的考生家长，通过分析其职业构成，可清晰获得"社会阶层"指标与自主招生的基本对应关系。

自主招生考生父母的职业分布，如表8-2所示。

分析发现，获得自主招生笔试资格的考生中，父亲从事"教师及专业技术人员"（27.7%）、"国家机关、企业、事业单位一般工作人员"（27.4%）、"国家机关、企业（国营、民营和私营等）、事业单位中高层管理人员"（17.9%）职业的比例最大，超过了总样本的70%，而从事"厂矿、运输等一般从业人员"（2.2%）、"无业或失业人员"（5.7%）、"农业从业人员"（7.5%）职业则居于后3位，仅占总数的15.4%。分析考生母亲的职业情况可以得到大致相当的结论，但也存在一点重要不同，即母亲属于"无业或失业人员"的，考生反而获得自主招生资格的比例很高（14.9%），可能的原因是这部分社会阶层地位较好的家庭女性放弃工作成了全职主妇，因此，本研究讨论中国的社会阶层与自主招生关系更多仍需要以父亲职业为考察标准。统计还显示出，父母职业为"军人"的样本过少，因此，本研究将剔除对该类职业的分析。

"获得自主招生笔试资格数量"指标统计显示，父亲为"厂矿、运输等一般从业人员""无业或失业人员"反而获得更多的生均笔试数量，而父母处于国家机关、企业、事业单位中高层管理人员和一般工作人员该平均数较低，"教师及专业技术人员""商业、服务业一般从业人员"居于中间位置，"农业从业人员"比例仍非常低，这可能意味着优势阶层更关注自主招生机会质量而非盲目获得多次参考机会。

"自主招生知晓率"指标统计显示出，优势阶层占有更多的自主招生机会可能与信息获得有关，学生家长对自主招生信息熟悉程度排名前3位的依次是"国家机关、企业、事业单位中高层管理人员""教师及专业技术人员""国家机关、企业、事业单位一般工作人员"，后3位依次是"农业从业人员""无业或失业人员""商业、服务业一般从业人员"。

表 8-2　自主招生考生父母的职业分布

项目	总体自主招生占比/%		获得自主招生笔试资格数量（1-5）		自主招生知晓率（1=非常熟悉）	
	父亲	母亲	父亲	母亲	父亲	母亲
国家机关、企业、事业单位中高层管理人员	17.9	13.3	1.89	2.13	2.45	2.70
国家机关、企业、事业单位一般工作人员	27.4	27.5	1.88	2.01	2.53	2.49
教师及专业技术人员	27.7	20.4	2.13	2.05	2.48	2.51
商业、服务业一般从业人员	11.6	12.9	2.03	1.92	2.69	2.53
农业从业人员	7.5	6.8	1.26	1.35	3.13	2.90
厂矿、运输等一般从业人员	2.2	3.9	2.57	2.83	2.57	2.42
军人	0.00	0.30	0.00	3.00	0.00	5.00
无业或失业人员	5.7	14.9	2.44	1.7	2.89	2.73

进一步分析不同职业子女的自主招生获得途径（表 8-3）可以发现，优势阶层更多获得中学推荐资格，优势阶层获得自主招生资格的形式也更为多样。"国家机关、企业、事业单位中高层管理人员""国家机关、企业、事业单位一般工作人员"获得"校荐"资格的比例都超过 50%，同时，"国家机关、企业、事业单位中高层管理人员""国家机关、企业、事业单位一般工作人员""教师及专业技术人员"在 7 类自主招生资格获取途径中都占有一定比例。而"农业从业人员""厂矿、运输等一般从业人员""无业或失业人员"子女则主要是通过成绩拔尖和获得一些硬性奖励敲开高校自主招生大门。

表 8-3　父亲职业与子女获得自主招生资格途径

项目	国家机关、企业、事业单位中高层管理人员百分比/%	国家机关、企业、事业单位一般工作人员百分比/%	教师及专业技术人员百分比/%	商业、服务业一般从业人员百分比/%	农业从业人员百分比/%	厂矿、运输等一般从业人员百分比/%	无业或失业人员百分比/%
学习成绩名列前茅	68.4	67.8	71.3	62.2	70.8	71.4	66.7

续表

项目	国家机关、企业、事业单位中高层管理人员百分比/%	国家机关、企业、事业单位一般工作人员百分比/%	教师及专业技术人员百分比/%	商业、服务业一般从业人员百分比/%	农业从业人员百分比/%	厂矿、运输等一般从业人员百分比/%	无业或失业人员百分比/%
获得学科竞赛奖	42.1	67.8	70.1	78.4	87.5	85.7	61.1
文学奖项或发表作品	1.8	8.0	6.9	5.4	0.0	0.0	0.0
英语获奖	5.3	13.8	8.0	8.1	4.2	0.0	11.1
文体特长	1.8	2.3	3.4	2.7	0.0	0.0	5.6
获得国家专利	12.30	1.10	2.30	5.40	4.20	14.30	22.20
获得优秀三好学生等荣誉称号	24.6	20.7	25.3	27.0	29.2	14.3	33.3
其他	3.5	3.4	0.0	0.0	0.0	0.0	0.0
学校推荐（校荐）	58.9	52.4	45.2	45.5	45.5	33.3	38.9
自我推荐（自荐）	41.1	47.6	54.8	54.5	54.5	66.7	61.1

"高考考学生，自主招生考家长"，自主招生整个过程需要大量的材料准备工作，从学生自主招生材料准备情况，也可管窥家庭社会资本对于自主招生活动的影响。数据显示出，父亲职业与申请材料准备情况显示出明显的差异性，父亲处于优势阶层的考生，"父母帮忙准备材料"的比例都超过80%，都超过"学生本人准备材料"的比例，而相比之下，弱势阶层该比例则很低，如"农业从业人员"子女主要依靠学生自己准备各项材料，有父母帮忙的仅占50%。而且，如果从质量上考察，优势阶层的材料准备可能更直接涉及考试结果，比如自荐信、推荐信更多由"学生家长或亲友撰写"代笔（表8-4）。这也可以看出，当前自主招生制度，在申请材料环节存在一定程度弄虚作假现象，本应由学生自行完成的申请材料很大程度上被由家庭占有的社会资本取代，特别值得反思。

表8-4 父亲职业与申请材料准备情况

项目	材料准备情况	国家机关、企业、事业单位中高层管理人员百分比/%	国家机关、企业、事业单位一般工作人员百分比/%	教师及专业技术人员百分比/%	商业、服务业一般从业人员百分比/%	农业从业人员百分比/%	厂矿、运输等从业人员百分比/%	无业或失业人员百分比/%
总体情况	学生本人准备材料	70.2	77.0	78.2	83.3	87.5	85.7	83.3
	父母帮忙准备材料	82.5	81.6	81.6	66.7	50.0	71.4	66.7
	班主任帮忙准备材料	29.8	35.6	26.4	36.1	50.0	42.9	27.8
	亲朋好友帮忙准备材料	5.3	4.6	3.4	2.8	8.3	0.0	16.7
	其他人员帮忙准备材料	1.8	3.4	0.0	2.8	4.2	0.0	0.0
自荐信	学生独立原创	73.7	61.9	61.2	74.3	77.3	71.4	83.3
	学生参考相关模板完成	7.0	17.9	20.0	11.4	9.1	14.3	0.0
	父母或亲友代为撰写	19.3	15.5	14.1	11.4	0.0	0.0	16.7
	班主任或其他学校人员撰写	0.0	4.8	3.5	2.9	13.6	14.3	0.0
推荐信	学生本人撰写	55.4	50.0	58.5	62.2	54.5	71.4	62.5
	学生家长或亲友撰写	17.9	20.7	18.3	8.1	0.0	0.0	6.3
	班主任撰写	26.7	29.3	23.2	29.7	45.5	28.6	31.2

（二）考生身份特征指标：城市生源与优势中学考生处于有利地位

对比城市与农村生源在自主招生中的表现可以发现：

第一，城市生源尤其是大城市生源占据样本数的比例高。34.3%的被试者来自"直辖市或省会城市"，30.2%来自"地级市"，21.9%来自"县级市或县城"，6.4%来自乡镇，7.2%来自农村。

第二，城市生源在自主招生笔试机会占有上具有显著优势。来自"直辖市或省会城市"的被试家庭生均获得2.42个自主招生应考机会，"地级市""县级市""乡镇""农村"考生该数字依次是1.84、1.75、1.35和1.45个，且统计检验发现生源地状况与生均应考机会之前呈显著正相关关系。

第三，城市生源在自主招生信息占有方面具有优势。从"直辖市或省会城市"到"农村"，5类生源地考生家长对自主招生政策了解程度呈递减趋势，平均位置值依次是2.41、2.51、2.73、2.85和2.80，且统计检验发现考生家长生源地指标与自主招生了解程度呈显著正相关关系。

第四，城市生源对于学生获得自主资格途径有影响。分析发现，"农村"生源申请获得自主招生资格过程中，90.91%依靠的是"获得学科竞赛奖"，这一比例大大高于城市生源，而在"文学获奖或发表作品""英语获奖""文体特长"等方面大大低于城市生源，这种更多靠硬性获奖申请自主招生资格的状况与农村学生最终自主招生占有率低可能存在关联。而且值得关注的是，来自直辖市或省会城市的生源通过"自我推荐"获得自主招生资格的比例很高（53.85%），这可能与前述其申请渠道多样化存在关联，而"农村"生源更多依靠中学分配的自主招生名额（61.11%），渠道单一与最终获得自主招生名额较少有一定联系。

第五，城市生源的社会资本还在申请材料准备上发挥重要作用。来自"直辖市或省会城市""地级市"生源，父母帮忙准备材料的比例都接近或超过80%，而"农村"生源该比例仅为45.45%，"亲朋好友帮忙准备材料"的比例则低至0。

对比城市与农村生源在自主招生中的表现可进一步发现，"是否重点中学"对于自主招生活动也有非常重要的影响。本调查中，获得自主招生考试资格的"省级示范中学""市级示范中学"和"普通中学"考生比例依次为79.9%、17.2%和2.8%，三类中学生均获得考试资格学校数依次为 2.02、1.77 和 1.88，三类学生家长对自主招生政策的了解情况平均位置值依次是 2.53、2.85 和 2.56，重点中学在入学途径多样性、家庭社会资本在材料优势等方面也都存在优势（表 8-5）。

表 8-5 不同生源地考生获得自主招生资格途径

项目	直辖市或省会城市百分比/%	地级市百分比/%	县级市百分比/%	乡镇百分比/%	农村百分比/%	省级示范中学百分比/%	市级示范中学百分比/%	普通中学百分比/%
学习成绩名列前茅	63.55	71.28	75.00	70.00	72.73	68.63	70.91	55.56
获得学科竞赛奖	65.42	56.38	73.53	70.00	90.91	61.57	80.00	100.00
文学奖项或发表作品	2.80	8.51	5.88	0.00	0.00	5.49	5.45	0.00
英语获奖	10.28	7.45	10.29	15.00	0.00	9.41	5.45	11.11
文体特长	2.80	4.26	1.47	0.00	0.00	3.14	0.00	0.00
获得国家专利	12.15	4.26	1.47	0.00	4.55	5.88	5.45	0.00
获得优秀三好学生等荣誉称号	20.56	23.40	36.76	20.00	27.27	23.14	38.18	0.00
其他	0.93	3.19	1.47	0.00	0.00	1.57	1.82	0.00
学校推荐（校荐）	46.15	59.34	46.15	50.00	38.89	53.47	33.96	25.00
自我推荐（自荐）	53.85	40.66	53.85	50.00	61.11	46.53	66.04	75.00
学生本人准备材料	84.11	69.15	76.47	85.00	90.91	77.17	80.00	88.89
父母帮忙准备材料	79.44	84.04	72.06	80.00	45.45	79.53	61.82	88.89
班主任帮忙准备材料	25.23	34.04	39.71	40.00	54.55	29.92	43.64	55.56
亲朋好友帮忙准备材料	3.74	5.32	5.88	10.00	0.00	4.72	7.27	0.00
其他人员帮忙准备材料	0.93	2.13	1.47	5.00	4.55	1.57	3.64	0.00

（三）私人关系指标：未有直接证据显示私人关系大规模干预自主招生活动

除了通过社会阶层、考生身份特征进行社会资本影响自主招生情况判定，本研究还直接就考生家长是否在自主招生活动中动用社会关系进行了调查。结果显示，只有少数家长承认自己在自主招生过程中动用了私人关系，该比例仅占到被试者的 9.8%，承认动用私人关系的学生家长的人情送礼花费普遍在 10 000 元以内。90.2%的认为未动用私人关系的家长中，40.1%的人认为因为"家庭没有相关的人际关系"，50.9%的人的认为"自主招生无须找关系走后门"。但进一步调查显示，学生家长认为自主招生过程中"个别领导和关系户打招呼现象严重"的比例达到 45.1%，这又与上述结论不符，说明家长虽然不承认自身运用社会资本影响自主招生，但对制度设计存在担忧。本研究认为，由于采用直接问卷调查方式，加之自主招生部分人情关系的使用涉嫌寻租或腐败问题，可能本处调查并未能采集到真实有效信息，为此，本文不再开展动用社会关系、未动用社会关系两组家庭考生自主招生表现的比较。

四、结论与讨论

本研究从社会阶层、考生身份特征、社会关系 3 个维度，通过实证调查探寻社会资本对于高校自主招生活动的可能影响。研究发现，考生家庭社会资本对于自主招生过程和结果有重要影响，弱势阶层、弱势地区、弱势中学考生处于显著不利地位。当前，自主招生仍处于激烈的变革期，要保证制度健康运行，必须有效遏制住社会资本对于自主招生活动的实际影响，至少应在以下三个方面有所作为。

一是适度削减中学权限，降低生源地社会资本作用空间。自主招生不同于传统高考，由于高校招生能力有限，导致部分中学分享了自主招生权限，在中学内部自主招生名额分配、校长推荐名额遴选、推荐信撰写等方面，中学权限的扩充直接导致生源地考生家庭社会资本的滥用可能增大，增加了制度违规成本，降低了弱势群体的应考机会。当前，在中学缺乏必要自律和有效监控的前提下，应适度削减中学权限，将权力上移至高等学校，高校与中学的物理空间、人际空间割据可有效降低生源地社会资本的作用空间，同时，权限相对集中于高等学校，也可有效避免多头监管带来的权力真空。

二是严格进行过程监督，严惩利用社会资本进行寻租腐败。高等学校、中学和教育主管部门应打开自主招生过程"黑箱"，利用信息、技术和舆论等手段进行严格的过程监督，健全有关法律法规，增加自主招生违规、违纪、违法成本，加大惩处力度，真正让自主招生制度在阳光下运行。同时，应建立社会资本影响招生活动监督预警机制和年度报告机制，加强社会资本影响自主招生活动的路径、方式和作用机理研究，并配合一定的比较研究，为自主招生制度改革提供有效的解决方案。

三是科学公平进行制度建设，增加弱势群体应考机会。制度漏洞是社会资本在自主招生活动中大行其道的主要原因，应进行更为科学的制度建设，将自主招生权力关在制度笼子里。制度建设过程中应突出本土特征，不能盲目借鉴，比如本研究发现，中国考生绝大多数考生自荐信甚至推荐信都是由父母或亲友代为撰写的，大大偏离了政策设计目标，成为形式大于内容的无效制度设计。本研究认为，自主招生制度建设，核心应体现两种思想，一是科学思想，保证制度科学有效，方便监督，成本可控；二是公平思想，既保证招生各环节的公平公正公开，又体现对弱势群体进行补偿的思想，尤其是对于本研究显示出的那些占据社会资本较少，处于弱势地区、弱势阶层、弱势中学的考生，应适当出台一定的制度补偿。同时，本研究反映出的弱势群体信息获得不畅、考生能力多元化不足等问题也需要进行制度创新。

需要指出的是，本研究存在两方面的可能缺陷：一是社会资本在招生活动中是否可测量、如何科学测量可能存在缺陷，国际上一直存在社会资本是否可测量的争论，本研究基于理论研究筛选出的三类观测指标不一定具有完全代表性；二是社会资本测量的有效性问题，社会资本在高校招生活动中发挥作用大多涉嫌违规甚至违纪违法，直接的问卷调查虽为匿名但仍可能存在失真现象，为此，本课题组已开展大量访谈研究，有关成果也将陆续发布。

总体来看，传统高考对于弱势群体已有不利影响，自主招生不应放纵社会资本的可能影响并加剧这种教育不公，而应至少达到传统高考的公平程度。只有如此，自主招生改革才具有群众基础和合法性，才可能成为主流的人才招录模式并真正推动高校自主办学和中学素质教育。

参考文献

[1] Bian Yanjie. Bringing Strong Ties Back in: Indirect Ties, Network Bridges, and Job Searches in China. American Sociological Review, 1997, 62(3): 366-385.

[2] 边燕杰. 关系社会学及其学科地位[J]. 西安交通大学学报(社会科学版), 2010(3): 1-6.

[3] 郑若玲. 自主招生公平问题探析[J]. 中国地质大学学报(社会科学版), 2010(10): 49-54.

[4] 科恩, 普鲁萨克. 社会资本[M]. 孙健敏, 黄小勇, 姜嬿, 译. 北京: 商务印书馆, 2006.

[5] 刘进. 家庭社会资本与高等教育参与：一种间接计量的尝试[J]. 教育科学, 2011(6): 49-53.

第九章 再论自主招生的科学性
——基于对学生入校后学业表现的分析

高校自主招生公平、效率和科学性的系统评价,应将学生入校后学业表现纳入其中。原因在于,第一,从自主招生的"大公平观"[1]视域来分析,自主招生政策运行公平性的重要观测点是所遴选学生达到考核要求,不因族群差异影响招录结果,而最直接的观测方式就是考查学生入校后学业表现状况。第二,从自主招生的"效率观"来分析,该项制度设计的"四个有利于"目标的核心,是创新人才培养的目标是否达成,自主招生这一面向少数学生的单独招生活动,并不完全强调均等式公平,其对于创新人才选拔的效果,及对上、下游教育环节创新人才培养的影响甚至比公平更为重要。相比于传统高考,自主招生制度设计繁复、招生成本很高,如果所选拔出的"创新人才"培养效果不佳,入校后表现显著差于普通高考学生,则这种低效率的自主招生政策设计的合法性将遭受质疑。反之,如果所遴选人才入校后表现良好,则直接印证了改革方向的正确性,并可降低民众对于自主招生公平性的有关担忧。第三,从自主招生的科学性评价来分析,科学性评价的关键应是对学生开展长线追踪式评价。学术界一直对自主招生制度设计、政策安排、考核形式、测量内容等的科学性抱有质疑。并认为自主招生科学性的检测不应仅仅停留在招生活动本身,长线的人才培养追踪观察也应纳入科学性评价的指标之中。学界对于将自主招生学生入校后评价作为自主招生政策影响评估的手段之一抱有基本一致的态度。但总体而言，目前真正有效进行学业表现测评的深入研究总体缺乏，为此，本文将以某985高校为研究案例，以统招生为参照对象，分析自主招生学生入校后学业表现的基本特征与规律。

一、自主招生入校后学业表现研究的框架设计

设定自主招生学生入校后学业表现的概念框架至少应从三个方面加以考虑。

第一，应将学习结果与学习过程都纳入学业表现观测。从自主招生科学性评价的既有研究来看，关于学生入校后学业表现的研究尚不充分。目前学界明确开展自主招生学生入校后学业表现研究的文献只有少数几篇。已有文献对于自主招生与统招生入校后表现进行的比较研究多为描述性统计，涉及人际交往、社会实践、心理素质及兴趣爱好等方面。少数研究对自主招生学生入校后学业表现有所涉及，但对于学业差异结果的可信度缺乏论证，对学业成就产生规律和影响因素缺乏分析。此外，在研究结果上，部分新闻报道提及，自主招生学生在学习成绩上好于统招生，少数学术研究发现"自主招生的学业成绩起初显著低于统招生"，"差距从大一到大四逐步缩小并消失"。但总体上看，上述研究仍存在偏广偏浅的问题，专注于其学业表现结果性评价和形成原因分析的研究文献仍偏少。已有研究也未有效区分学业成绩是否是由于自主招生与高考两种不同方式造成的。因此，本研究认为，在深入开展自主招生学生入校后表现研究过程中，应将学业表现作为核心变量，研究既应科学呈现学业表现的现实结果，也应对其可能原因做出有效分析。

第二，应体现多元化学业评价特征。自主招生制度设计最重要的理论基础是多元智能理论，即通过新的招生选拔主体、招生选拔方法形成多元化的人才评价导向，扭转传统"高考定胜负"的单一人才评价格局。多元智能理论最早由美国哈佛大学心理学家霍华德·加德纳

提出，他认为传统的依靠智力测验对个体进行评价，由于理论与测量的偏失将会产生严重后果，"人的智力是多元的、动态的，是可以发展的……大多数人只能在一两种智能上表现特别出色，其余智能则一般"。相对而言，传统高考可视为一元考试评价制度，自主招生则是多元智能理论在考试制度方面的部分体现，自主招生过程中，各高校在考生学习成绩达标的基础上，综合考虑该生在学科特长及创新能力等各方面的综合素质来进行录取。相应地，在对自主招生学生进入高校以后的学业表现进行研究时，也不能仅限于其课程成绩这种一元的方法，同样需要从多元的角度出发，在课程学业表现之外，还应重点考虑其他能力特长的发展情况，尤其是获得自主招生录取资格的能力特长变化情况。

第三，可划分为一般表现和比较表现。"自主招生学生入校后学业表现"目前还没有统一的概念界定，但学界对于普通学生在校期间的学业表现则有比较清晰的论述，一般包含学生的课程表现，及与学生学习相关的发展性表现。比如，李俊堂（2012）认为："学业表现是关于学生在校期间学习综合表现的直观反映。主要有学生课业考试成绩、作业完成情况、学习行为记录等多种表现形式。"循此思路，本研究认为，对于自主招生学生入校后学业表现的界定应分为两个部分，即一般表现和比较表现。其中，一般表现包括自主招生学生与统招生入校后的学习成绩、学习投入、课外阅读、专业认证、创新活动、专业实践、专业认同、学习压力和综合测评；比较表现包括自主招生学生与统招生入校后能力特长的变化情况。

具体到测量技术而言，学界关于自主招生学业评价存在两种不同的方式（技术）。一种以自评式问卷调查为主要方式。2007 年，本课题组[1]受教育部委托，曾对 2003—2006 年入校的 52 所高校[2]自主招生学生进行普查，按照 1:1 比例抽取了自主招生学生与统招生（普通高考生）展开问卷调查，对于入校后评价围绕学习成绩、综合测评、专业实践、社会实践、社团活动、语言与计算机能力、第二学位、课外阅读、专利发明、专著论文、获奖等方面展开。另一种以教务部门提供的课程成绩的绝对数和相对数作为入校后学业表现的评估依据。可以看出，两种评价方式各有利弊，前者采用学生问卷自评方式，涉及学生入校后发展的方面较多，但有关课程成绩的计量相比于后一种模式则不够准确，可以认为是一种"综合模糊性评价"。而后一种评价对于学业成绩的测量非常精确，但却无法涉及人才培养的其他方面，可以认为是一种"局部精确性评价"。短期来看，两种研究方法各有利弊，且较难调和，根本原因在于教务部门提供的学业表现强调真实性，而问卷调查强调匿名性，两种不同方法论之间的矛盾使之无法有效地在同一项研究中得到融合。如果以人才的全面培养作为自主招生政策有效性的观测维度，本课题组认为"综合模糊性评价"可能效果更佳，因为课程成绩只能部分反映创新人才培养在课程学习方面的目标，对于其他目标（如"自主招生学生入校后发展情况"）则缺乏观测抓手，同时，单纯的学业成绩采集也无法进行更深层次的关于学生入校后表现的影响因素分析。为此，本研究沿用了2007年全国调查学生自评问卷的基本维度，并针对上一次调查的有效性和稳定性对量表进行了再次修订。

按照上述研究框架设计，参考2007年全国自主招生普查调查问卷，本课题组对北京某985高校2015年的在校学生采取整班调查与随机抽样的方式进行问卷调查。共发放问卷350份，收回306份，有效卷301份，涉及4个年级，29个专业，其中自主招生学生31人，保送生9人，统招生261人，核心观测指标的信度系数达到92.4%，具有较高的可靠性。

二、自主招生学生入校后学业表现状况分析

通过对于自主招生学生与统招生在一般表现和比较表现两个方面进行比较可以看出，两类学生在入校后的学业表现差别并不大。在一般表现的因素中，自主招生学生在学习成绩、学习投入、课外阅读和创新实践方面的表现都略优于统招生。在比较表现中，自主招生学生

的优势特长变化情况却不如统招生，主要表现出没有变化甚至是退步的趋势。由此可见，虽然是通过不同的途径进入高校，但自主招生学生的学习能力和效果与统招生不相上下。但自主招生学生在优势特长发展的表现却不尽如人意。

（一）自主招生学生学业表现的一般表现

第一，学习成绩，自主招生学生表现优异且逐渐上升。通过对自主招生学生（1~4年级平均排名位置为40.07%、32.46%、28.47%、31.79%）和统招生（1~4年级平均排名位置为51.61%、51.56%、52.59%、49.72%）大学四年的学习成绩在班级的平均排名统计发现，自主招生学生的学习成绩在总体上是高于统招生的。从发展趋势来看，自主招生学生的学习成绩不仅比统招生要好，而且在前三年还一直呈现上升的趋势，直到第四年才有所下降；而统招生的学习成绩在前三年一直比较稳定，在大三的时候稍有退步，但到大四的时候又开始进步。这个结果推翻了之前人们认为自主招生学生成绩不如统招生成绩好的猜测，说明自主招生学生虽然在高考后通过降分进入高校，但他们的学习能力和学习成效并不比统招生差。

第二，学习投入，自主招生学生表现出逐渐上升趋势。学习成绩的高低与学习投入的多少有直接关系。统计发现，自主招生学生平均学习上的投入从大一到大四逐年递增；统招生的平均学习投入在大学前三年逐年递增，到大四的时候有所下降。总体上，自主招生学生与统招生在学习上的投入基本相同，只是在大四的时候自主招生学生（日均3.00小时）比统招生（日均2.35小时）的平均投入多出不到一个小时。

第三，课外阅读，自主招生学生一直保持较高的阅读量。课外阅读量也是评价学生学业表现的标准之一。调查数据显示，自主招生学生大学四年的平均课外阅读量一直高于统招生的平均课外阅读量。前三年的差距并不大（维持在3.71~4.14本/年），到第四年时差距变大，平均每名自主招生学生（6.60本）要比每个统招生（3.38本）多阅读

3本书。

第四，专业认证，自主招生学生参与度高但结果与统招生差异不显著。除了学习成绩，各方面的专业认证也是评价大学生学业表现的一个重要依据。目前，大学英语四、六级是大学生毕业后走向社会对其英语能力的一个有效凭证。统计显示，自主招生学生和统招生在大学期间参加英语等级考试的比例分别高达 75% 和 79.3%，平均成绩对比发现（自主招生四、六级平均分数为 554、439，统招生四、六级平均分数为 529、487），四级成绩自主招生学生略好于统招生，六级成绩则较大幅度低于统招生。

第五，学生综合测评，自主招生学生表现与统招生接近。综合素质测评分是每个学期之后，根据学生参加课外活动的数量和等级来判断学生综合素质发展的一个分数，包括院级、校级活动，各类比赛以及志愿活动等，是最为综合的学生学业表现总体评价。调查结果显示，自主招生学生在大学期间综合测评在班级处于中上等水平（在班级前 30.21%～41.79% 区间波动），而统招生在一（班级前 47.83%）、二（前 50.49%）年级综合素质发展处于中等水平，三（前 39.46%）、四（前 38.38）年级有所好转。

（二）自主招生学生学业表现的比较表现

自主招生学生作为凭借特长优势迈入高校大门的群体，其特长优势在大学期间的发展也备受关注。从统计数据来看，自主招生学生认为自己特长优势没有变化的比例高达 39.3%，比统招生高出 21.3%。而认为自己特长有一些发展的统招生比例高达 50.8%，比自主招生学生多出 1 倍。并且，自主招生学生在认为自己特长"有一些退步"和"有很大退步"的比例都高于统招生。这种结果也反映出大学对于自主招生学生在录取和培养方面的脱节。高校将自主招生学生根据其特长优势招录进大学，却没有继续对其在能力特长方面进行培养，导致自主招生学生特长优势退化现象严重。

三、自主招生学生入校后学业表现的影响因素分析

通过回归分析探索自主招生学生学业表现的影响因素。因变量即学业表现变量包括两类，即学生学习成绩在班级的排名和综合素质测评成绩在班级排名，前者反映的是学生的课程表现，后者反映的是学生的综合表现。自变量则包括家庭资本变量（社会资本、经济资本、文化资本）、地域因素变量、学业背景变量（高考成绩、中学层次、是否为自主招生学生、获得自主招生的途径）和学习过程（学习投入、专业喜爱程度和课外阅读量）变量。由于大四的样本数据缺失率较高，本文未将大四学生样本纳入回归方程。

（一）是否自主招生对学习成绩影响的回归模型

大一学生学习成绩影响因素的回归分析模型（表 9-1），该模型对于大一学习成绩排名影响因素的解释力总体较好，解释力达 32.3%。模型显示，影响大一学生课程成绩的最大的三个因素依次是课外阅读量、学业背景和学习投入（解释力分别达到 10.7%、5.9% 和 4.5%）。其中学习投入与学习成绩排名呈正相关关系，说明学习投入越多，学习成绩在班级的排名就越靠前；而课外阅读量和学业背景都与大一学习成绩排名呈负相关关系，说明课外阅读量越大，学业背景越好，学生的学习成绩反而越低。这说明学习投入的多少与大一学习成绩的好坏有直接而且较大的关系。学业背景好并不意味着上大学后学习成绩也好。而如果课外阅读量大，专业学习投入少，学习成绩一样不会高。预想中影响力较大的专业喜爱程度、社会资本和文化资本等因素，实际上的影响力并不大。这也推翻了自主招生学生比统招生学习成绩差的观点。对此，从模型中还可发现更直接的证据在于，是否是通过自主招生途径进入高校对于模型的影响很小且检验不显著。相应地，第二学年学生学习成绩影响因素的回归分析模型（表略）分析发现，影响力最大的前三位依次是课外阅读量、经济资本和中学层次（解释力

分别为7.3%、6.2%和4.8%)。第三学年学生学习成绩影响因素的回归分析模型(模型解释力为89.1%,表略)分析发现,影响力最大的三个因素依次是学业背景、学习投入和经济资本(解释力分别为28.1%、21%和11%)。但和第一学年学生一样,是否为自主招生学生也对大三学习成绩的排名几乎没有影响。

表9-1 大一学生学习成绩影响因素回归分析模型

项目		模型1 B(sig.)	模型2 B(sig.)	模型3 B(sig.)	模型4 B(sig.)	模型5 B(sig.)	模型6 B(sig.)	模型7 B(sig.)	模型8 B(sig.)	模型9 B(sig.)	模型10 B(sig.)	模型11 B(sig.)
社会资本	家庭成员最高学历	0.017	0.061	0.115	0.131	0.160	0.168	0.178	0.187	0.167	0.161	0.133
	家庭成员是否在大学工作	−0.008	0.023	0.039	0.027	0.023	0.005	0.070	0.074	0.221	0.253	0.413
	家庭成员是否在中学工作	0.053	0.112	0.121	0.115	0.112	0.093	0.072	0.077	0.081	0.055	0.140
	家庭成员是否在政府工作	0.178	0.231	0.310	0.331	0.356	0.366	0.356	0.360	0.304	0.317	0.136
经济资本	住房面积		−0.002	−0.003	−0.002	−0.003	−0.003	−0.004	−0.004	−0.004	−0.004	−0.004
	私家车		0.116	0.143	0.204	0.183	0.206	0.135	0.132	0.051	0.069	−0.014
	家庭年收入		0.000	0.000	0.000	0.000	0.001	0.000	0.000	−0.003	−0.004	−0.006
文化资本	父亲学历			−0.024	0.044	0.059	0.046	0.006	0.003	0.011	−0.001	0.058
	家庭藏书			0.000	0.000	0.000	0.000	0.000	0.000	0.000	0.000	0.000
地域因素	城乡					−0.357	−0.375	−0.426	−0.347	−0.352	−0.211	−0.195	−0.214
学业背景因素	高考成绩						−0.003	−0.003	0.003	0.003	−0.002	−0.002	−0.001
	中学层次							−0.077	−0.042	−0.049	0.044	0.054	0.113
	学科竞赛								0.189	0.205	0.237	0.201	0.182
	文学作品									−0.400	−0.406	−0.598	−0.619	−0.472

续表

项目		模型1 B(sig.)	模型2 B(sig.)	模型3 B(sig.)	模型4 B(sig.)	模型5 B(sig.)	模型6 B(sig.)	模型7 B(sig.)	模型8 B(sig.)	模型9 B(sig.)	模型10 B(sig.)	模型11 B(sig.)
学业背景因素	英语竞赛							−0.399	−0.387	−0.384	−0.382	−0.468
	专利							0.018	0.026	0.125	0.207	0.013
	省三好学生							0.083	0.072	0.221	0.187	0.218
	体育类奖项							0.103	0.117	0.121	0.127	0.149
	艺术类							0.035	0.036	0.042	0.041	0.034
	是否自主招生								−0.143	−0.274	−0.162	−0.166
学习过程	学习投入									−0.203	−0.193	−0.225
	专业喜爱度										0.096	0.011
	课外阅读量											0.336
R^2		0.02	0.05	0.068	0.085	0.1	0.104	0.163	0.164	0.209	0.216	0.323

（二）是否自主招生对综合测评的回归模型

对被试大一学年综合测评成绩影响因素的回归分析（表9–2）发现，该模型对于大一综合测评排名影响因素的解释力为28.9%。在以上几个影响因素中，影响力最大的3个因素依次是学业背景、学习投入和课外阅读量，这3个因素对大一学习成绩的解释力分别为6%、5.9%和5%。其中，学习投入与综合测评排名呈正相关关系，说明学习投入越多，综合测评在班级的排名就越靠前。而多数学业背景因素和课外阅读量与大一综合测评排名呈负相关关系，说明学业背景好、课外阅读量越大的学生，综合测评排名并不靠前。预想中的学业背景因素应该与综合测评排名成正比，但事实却相反，这说明并不是高中时在课外活动和课程上活跃的学生在大学也一定会保持同样状态。对被试第二学年综合测评成绩影响因素的回归分析（表略）发现，影响力最大的3个因素依次是经济资本、课外阅读量和生源类别（8.1%、6%和5.6%）。第三学年综合测评成绩影响因素的回归分析（表略）发现，影响力最大的 3 个因素依次是经济资本、高考成绩和文化资本（31%、25.1%和17.1%）。

表 9-2 大一学生综合测评影响因素回归分析模型

项目		模型1 B(sig.)	模型2 B(sig.)	模型3 B(sig.)	模型4 B(sig.)	模型5 B(sig.)	模型6 B(sig.)	模型7 B(sig.)	模型8 B(sig.)	模型9 B(sig.)	模型10 B(sig.)	模型11 B(sig.)
社会资本	家庭成员最高学历	0.032	0.071	0.126	0.140	0.135	0.143	0.139	0.146	0.130	0.126	0.076
	家庭成员是否在大学工作	−0.044	−0.043	0.026	−0.031	−0.023	−0.039	0.013	0.016	0.141	0.159	0.252
	家庭成员是否在中学工作	0.026	0.072	0.040	0.039	0.030	0.012	−0.012	−0.008	−0.004	−0.019	−0.007
	家庭成员是否在政府工作	0.146	0.184	0.244	0.256	0.273	0.282	0.262	0.265	0.218	0.225	0.172
经济资本	住房面积		−0.002	−0.002	−0.002	−0.002	−0.002	−0.003	−0.003	−0.003	−0.003	0.003
	私家车		−0.027	−0.030	−0.074	−0.067	−0.088	−0.023	−0.021	0.048	0.038	0.017
	家庭年收入		0.002	0.002	0.002	0.002	0.002	0.002	0.001	−0.001	−0.002	−0.003
文化资本	父亲学历			−0.041	0.009	0.041	0.030	0.020	0.017	0.025	0.018	0.050
	家庭藏书			0.000	0.000	0.000	0.000	0.000	0.000	0.000	0.000	0.000
地域因素	城乡				0.275	−0.308	−0.355	−0.275	−0.278	−0.158	−0.149	−0.182
学业背景因素	高考成绩					−0.002	−0.002	−0.002	−0.002	−0.001	−0.001	−0.001
	中学层次						−0.072	−0.035	−0.041	0.038	0.044	0.091
	学科竞赛							0.165	0.178	0.205	0.185	0.228
	文学作品							−0.386	−0.391	−0.555	−0.566	−0.526
	英语竞赛							−0.204	−0.194	−0.192	−0.191	−0.194
	专利							0.057	0.064	0.148	0.194	0.170

续表

项目		模型1 B(sig.)	模型2 B(sig.)	模型3 B(sig.)	模型4 B(sig.)	模型5 B(sig.)	模型6 B(sig.)	模型7 B(sig.)	模型8 B(sig.)	模型9 B(sig.)	模型10 B(sig.)	模型11 B(sig.)
学业背景因素	省三好学生							0.125	0.117	0.244	0.225	0.214
	体育类奖项							0.012	0.024	0.027	0.031	0.011
	艺术类							0.025	0.026	0.032	0.031	0.032
	是否自主招生								−0.058	−0.114	−0.083	−0.058
学习过程	学习投入									−0.173	−0.167	0.188
	专业喜爱度										0.053	0.041
	课外阅读量											0.155
R^2		0.023	0.062	0.086	0.104	0.107	0.114	0.174	0.176	0.235	0.239	0.289

（三）是否自主招生对能力特长变化的回归模型

那么，生源类别是否影响入校后的能力特长变化呢？统计结果显示，对学生入校后能力特长变化影响最大的3个因素依次是专业喜爱度、高考成绩和其他学业背景。其中，高考成绩和其他主要学习背景和优势特长变化成正相关关系，说明高考成绩高、学习背景好的学生上大学以后的优势特长反而发展不好，这可能反映出这类学生的侧重点主要放在学习上，对优势特长的发展不是很重视。专业喜爱度与优势特长变化呈负相关，表明越喜爱自己专业的学生，优势特长发展越好。这也许是因为本专业学习得心应手，相对地也就有更多的时间去发展自己的优势特长。然而，预想中生源类别，即是否为自主招生学生这一因素应该对优势特长的发展有较强的影响力，但事实上的影响程度却很小（0.3%）。

学生入校后特长变化影响因素回归分析模型，如表9-3所示。

表 9-3 学生入校后优势特长变化影响因素回归分析模型

项目		模型1 B(sig.)	模型2 B(sig.)	模型3 B(sig.)	模型4 B(sig.)	模型5 B(sig.)	模型6 B(sig.)	模型7 B(sig.)	模型8 B(sig.)
社会资本	家庭成员最高学历	0.045	−0.094	−0.118	−0.021	−0.020	0.010	0.000	0.014
	家庭成员是否在大学工作	0.238	0.510	0.458	0.510	0.510	0.557	0.537	0.289
	家庭成员是否在中学工作	0.112	−0.014	0.036	−0.066	−0.067	0.054	0.041	0.188
	家庭成员是否在政府工作	0.039	−0.134	−0.162	−0.234	−0.233	−0.280	−0.277	−0.249
经济资本	住房面积		0.001	0.002	0.003	0.003	0.002	0.002	0.004
	私家车		0.005	−0.032	−0.218	−0.220	−0.323	−0.331	−0.211
	家庭年收入		0.001	0.001	0.000	0.000	−0.001	0.000	0.004
文化资本	父亲学历			0.102	−0.001	−0.005	0.024	0.030	0.067
	家庭藏书			0.000	0.000	0.000	0.000	0.000	0.000
学业背景因素	高考成绩				0.002	0.002	0.002	0.002	0.002
	中学层次					−0.011	0.006	0.013	−0.044
	学科竞赛						0.331	0.293	0.349
	文学作品						−0.281	−0.279	−0.117
	英语竞赛						0.082	0.059	0.072
	专利						0.512	0.548	0.094
	省三好学生						−0.324	−0.328	−0.097
	体育类奖项						−0.379	−0.372	−0.313
	艺术类						0.100	0.097	0.092
	是否自主招生							0.131	−0.015
学习过程	专业喜爱度								−0.538
	R^2	0.024	0.054	0.072	0.106	0.106	0.174	0.177	0.349

四、研究发现与讨论

  全文通过对来自不同年级、不同学科、不同专业的学生进行调查，分别从学习成绩、学习投入、课外阅读、专业认证、创新活动、专业实践、专业认同、压力负荷、综合测评和优势特长变化等方面分析了自主招生学生和统招生入校后的学业表现的系统分析发现：第一，自主招生学生在学业上能够达到高校的要求，甚至要优于统招生。据所得数据统计分析，自主招生学生的学习成绩上不仅不低于统招生，而且还高于统招生，并且在总体上呈现逐渐上升的趋势。自主招生之所以能够获得这样的成绩，是因为他们具备了符合大学要求的学习能力，并且在学习的过程中比统招生付出更多的投入，具体就体现在学习时间投入多、课外阅读量大、创新活动成果丰富等。这就说明，自主招生政策是一种为高校实现人才选拔目标的有效方式，值得继续坚持。第二，虽然自主招生在学业表现的一般表现中令人满意，但他们在比较表现中，即入校前后优势特长的发展变化却不尽人意。作为一群以学科特长优势而被录取的学生，在入校后的优势特长却普遍出现搁置甚至是退步的现象。这也赤裸裸地反映了高校在对自主招生学生的录取和培养方面的脱节。高校将有特长优势的学生招录进高校，但并没有对其进行相应特长的培养，使得自主招生学生丢掉了自身的优势，而当初高考时所具备的特长也仅仅成了步入高校的敲门砖。因此，高校应当重视起对于自主招生学生的培养问题，适当调整对自主招生学生的培养模式，以真正达到培养具备学科特长且综合素质全面发展的人才的目标。第三，影响学生学业表现的因素有多种，并且每一种因素对学生的影响程度也并不是一成不变的。自主招生学生总体上在大学期间的表现与统招生不相上下，甚至要优于统招生，一方面是因为他们在入校时就具备一定的优势特长，另一方面，更重要的是因为每个人不同的自身条件和外部条件造成的。自主招生学生和统招生并不存在本质上的不同，只要付出努力就会得到相应的收获。

进一步说，社会资本、经济资本、文化资本、地域因素、学业背景和学习过程等自变量与大学四年每个学年的平均成绩在班级的排名和平均综合测评成绩在班级的排名这几个因变量都有相关关系，因变量都受到自变量的影响。有的成正相关关系，有的成负相关关系。其中，学习背景和学习投入对学习成绩在班级的排名影响效果较为明显。同时，不同的自变量对这几个因变量的影响也不是完全一样的。在不同的时期，影响的程度也不一样，这种影响的程度也会随着时间的推移而改变。但总体而言，自主招生学生与统招生在入校后的学业表现（一般表现和比较表现）无显著差异。尤其是 7 个主要的回归模型显示出，学生生源类别对于学业表现影响的解释力很小。因此，可以认为，关于多元化的自主招生人才入校后学习成绩不如统招生这一假设得出了否定的结论。根据数据分析结果来看，自主招生学生入校后的学习成绩一直很优异，高于统招生，并且呈现逐渐上升的趋势。这也是因为自主招生学生在学习上的投入比较多，课外阅读量也比较多。自主招生学生并没有因为入校时成绩略微低于统招生而影响他们在大学期间接受教育的成效。自主招生还是能够为高校选拔出优秀的人才的。此外，关于多元化的自主招生人才入校后能力特长更为突出这一假设也得到了否定的结论。调查结果显示，与统招生相比，自主招生学生在特长优势方面不仅没有发展和提高，甚至还出现了退步的现象。

注释

1. 指的是本文作者博士毕业学校华中科技大学课题组。
2. 当年共 53 所自主招生高校，北京大学未完成调查。

参 考 文 献

[1] 刘进, 杨晴. 后自主招生时代：多样化的人才选拔与培养[J]. 江苏高教, 2013 (2).

[2] 郭延凯. 高校自主招生科学性问题探析[J]. 现代教育科学, 2014 (1).

[3] 涂方剑. 从制度入手提高自主招生的科学性[N]. 中国教育报, 2010-06-07.

[4] 涂丹. 中国高校自主招生联考研究[D]. 南昌：南昌大学, 2012.

[5] 付小倩. 深化高校自主招生制度改革：逻辑、障碍与路径[J]. 高校教育管理, 2015(5).

[6] 马磊, 赵俊和, 石金涛, 等. 高校自主招生有效性的实证研究[J]. 上海交通大学学报, 2009(9).

[7] 月亮岛教育. 清华复试紧跟时事热点 自主招生入校生成绩更优[EB/OL]. http://www.jisiedu.com/gaokao8/hylm/c2cf4a4889f.html.

[8] 张炯强. 复旦自招生高考分数略低 进校后成绩拔尖[EB/OL]. http://sh.gaokao.com/20091210/4b205fde92269.shtml.

[9] 李雄鹰. 大学自主招生质量的实证研究[J]. 中国高教研究, 2013(6).

[10] 代客. 多元智能理论对高校自主招生的捍卫[J]. 科技展望, 2014(22).

[11] 李俊堂. 高中文理分科对大学生学业表现影响的研究[D]. 大连：辽宁师范大学, 2012.

第十章　中国高校自主招生地方保护主义的大数据分析

自主招生公平问题一直饱受质疑。其中，宏观上最大的公平质疑来自自主招生名额分配的区域失衡问题，核心是自主招生客观存在的地方保护主义现象。但是，学界对于自主招生地方保护主义的批评仍停留在定性层面，自主招生的地方保护主义是否真实存在，其严重程度如何，其与普通高考地方保护主义的异同等问题都未得到清晰回答。在此种背景下，厘清自主招生地方保护主义的现状和规律，进一步为招生改革决策提供智力支持是教育研究学界的紧迫任务。

一、研究假设与计量工具

（一）高校招生地方保护主义的内涵与外延

从词源来看，"地方保护主义"的概念来自"地方主义"，后者表现为"中央集权的下移、地方分权系统的形成和地方政治势力的崛起"（高海燕，1998）。"地方主义"历史悠久，但"地方保护主义"概念则是在改革开放之后才出现，是在"计划经济向市场经济过渡，理顺中央与地方、条条与块块的关系时出现的"（李世源、崔巍，2006）。因此，中国学界一般将"地方保护主义"定义为："地方政府在由高度集权体制下的非利益主体向市场经济条件下的具有较大自主性的利益主体转化过程中，在处理全局利益与局部利益、长远利益与眼前利益的关系时，为了眼前利益和局部利益而损害长远利益和全局利益的错误倾向。"（吴家庆、易曙光，1995）[3]

教育领域也客观存在着地方保护主义问题，其核心表现为"排斥外地主体享用本地资源"（谢玉华，2004）[4]。高等教育的地方保护主义讨论更是由来已久，核心指向高等学校为自身利益作出的面向部分地区的招生名额投放保护政策。已有研究发现，高等学校（尤其是重点高校）名额投放存在显著的区域失衡，造成了一定程度的教育不公平问题（如陈平原，2004[5]；周洪宇，2005[6]；司洪昌，2007[7]）。对于某些大学以"学校的历史传统"等作为向不同省份分配录取名额的理由成为招生地方保护主义的主要体现（张千帆、曲相霏，2013）[8]。

中国学界已有研究对现行招生名额投放制度所谓的"考分素质论""城市让步论""历史传统论""贡献多回报也要多""省际公平不利于落后地区发展""试卷和阅卷标准无可比性"等错误观念都曾做出过有力驳斥（如征玉韦，2009[9]；张千帆，2011[10]）。前期研究还发现，不仅省际存在高校招生的地方保护主义问题，省域内也同样存在（唐建武，2012）[11]。因此可以认为，高校招生的地方保护主义的核心表现是：各区域的新生招录人数与生源基数显著失衡，少数地区获得更多的招录机会。

（二）自主招生地方保护主义的理论预设

从可观测的外在特征切入，高校自主招生地方保护主义的理论预设可概括为四个方面。

假设H1：高校自主招生名额投放存在"本地效应"。即高校面向学校所在地投放的与其他地区生源基数不成比例的自主招生计划。由于"985""211"工程高校本身就存在显著的地域分布差异，导致了自主招生高校地区分布的天然失衡，如果各自主招生高校在传统高考名额分配不够公平的基础上，进一步强化自主招生区域名额分配的地方保护，则必然进一步恶化高校招生公平现状。

假设H2：高校自主招生名额投放存在"断崖效应"。即自主招生名额投放在一省之内的地市之间存在显著差异，有的甚至存在倍数甚至几何级数差异，缺乏对落后地市考生入学机会的基本关照。课题组前期访谈显示，一省之内自主招生的名额分配差异甚至可能大于省际差异，这与省域内行政决策的从高到低属性、重点中学分布过度集中在省会与中心城市，以及多年来高校形成的招生生源基地路径依赖等原因密切相关。

假设H3：高校自主招生名额投放存在"波纹效应"。即自主招生名额投放往往以具有自主招生权高校所在省域为圆心，从圆心向周边扩散。自主招生高校除对省域内高校进行一定的招生倾斜，还可能对属地周围省域投放更多招生机会。这与自主招生的特质有关，自主招生与传统高考不同，需要考生一次或多次到校接受测试，机会成本与经济成本可能造成生源来源的属地化，高校在名额投放过程中会予以考虑。

假设H4：高校自主招生名额投放存在"补偿效应"。即中国客观存在一些"高考大省"，由于历史传统等原因并未获得与考生人口基数相匹配的高考招生计划数，或者即使获得一定的招生计划投放，但因人数过多导致高考竞争激烈、生源质量总体较好。自主招生制度出台后，各自主招生高校名额投放权限增大，可能因此更多向这些省份下拨自主招生计划，形成一定的招生"补偿"，导致这些省份的自主招生机会显著多于其他省份。

（三）自主招生地方保护主义的测量工具

为更科学开展自主招生地方保护主义的实证测量，本研究构建了2项自主招生地方保护主义的测量工具（测量指数）。

一是省际自主招生差异指数。按照考生入学机会均等的总体思路，采集各省（市）高考报名人口基数（A），计算各省（市）每万人应然自主招生招录人数（B），比照实然自主招生招录总人数（C），并以招录比例最低省份为参照（D），通过归一化处理形成省际自主招生差异指数（Y），该指数将客观反映出各省（市）间自主招生实际招录人数的差异性。

二是地市自主招生差异指数。与 Y 指数构建思路类似，旨在分析一省（市）内各地级市（区）之间自主招生入学机会的差异。但由于地级市（区）高考报名人数采集困难，因此，本研究采取简化处理方式，即以某省（市）地级市自主招生入学人数的中位数（M）为基数，计算该省（市）各地级市的自主招生差异指数（N）。

二、数据来源与分析工具

研究数据来自 2014 年教育部"阳光高考"平台公布的考生信息。课题组利用数月时间，对研究需要的有关信息进行了逐条采录和补充，最终完成了对 30 695 名获得自主招生录取资格考生的信息录入和数据挖掘工作。除此之外，为增加研究的可比性，课题组还将前期采集的 2012 年 38 所 985 工程高校分省录取信息纳入本研究。

三、研究发现Ⅰ：自主招生名额投放的"本地效应"分析

统计结果显示，省域间自主招生录取机会差异巨大。

从绝对录取数看。山东、湖北两省录取学生数都超过 3 500 人，超过全国总数的 10%；江苏、河北、北京、辽宁、河南、四川、安徽、湖南 8 省市都超过 1 500 人，总比例接近全国总数的一半（47.6%）。而江西、福建、陕西、天津、内蒙古、贵州、甘肃、新疆、云南 9 省都低于 500 人，海南、宁夏、青海、西藏等只有几十人或十几人。

进行省际自主招生差异指数（Y）计算。计算发现，省际自主招生差异指数可以分为 4 个梯队。第一梯队是北京（126.70）和上海（121.87）2 个直辖市，其每万人获得自主招生录取的机会（Y 指数）

是参照系西藏的120多倍；第二梯队是湖北（43.92）、辽宁（37.1）、山东（34.13）、天津（26.67）、江苏（26.48）、河北（26.46）、黑龙江（22.7）7省（市），其Y指数是西藏的20~50倍；第三梯队是湖南（19.73）、吉林（17.97）、浙江（16.95）、安徽（14.92）、四川（14.76）、重庆（12.74）、河南（11.82）7省（市），其Y指数是西藏的10~20倍；第四梯队是山西（9.44）、内蒙古（7.89）、江西（7.62）、福建（6.85）、陕西（6.17）、广东（4.18）、广西（4.05）、贵州（3.85）、甘肃（3.36）、新疆（3.2）、海南（2.93）、宁夏（2.48）、云南（2.08）、青海（2），其Y指数是西藏的2~10倍。

那么，省域间Y指数的巨大差异，是否是由于高校更多向本地考生投放自主招生名额造成的呢？本研究进一步分析了各省（市）在本省（灰色部分）和其他省市自主招生投放的比例状况。可以发现，所有分布有自主招生高校的22个省市，除天津市外，21个地区对本省市投放比例都排名第1。广西、贵州、河南甚至将招生名额100%投放本省。高等教育大省和自主招生大省湖北（67.7%）、山东（66.1%）、江苏（54.4%）都将绝大部分名额投放本地。教育部曾在2008年要求各部属高校在本地的招生比例不得超过30%，2009年又提出"比去年再降2%"的要求，如果以本地生源占比28%这一标准来衡量，仅有天津（9.5%）、福建（17.4%）、甘肃（19.5%）、浙江（20.0%）、北京（26.6%）、重庆（28%）6地达到这一要求。

这说明,自主招生确实客观存在着显著的名额投放的"本地效应"。如果对比普通高考的地方保护主义则会发现，自主招生名额投放对本地的保护远甚前者。按照课题组2012年对38所985高校分省招生名额投放比例的调查结果，当年度北京市985高校面向北京投放的招生计划数仅占全国总数的10.0%，而2014年自主招生本地投放数则占全国的26.6%，增加了2.66倍，类似的计算可以得出其他多个省份都存在类似情况（如江苏也增加了1倍多）。

四、研究发现Ⅱ：自主招生名额投放的"断崖效应"分析

国内已有研究对省域内地市间高等教育入学机会的地方保护问题关注不足，根据本课题组的统计显示，各省（市）自主招生名额在地市间的分配严重失衡，表现出显著地向强势地区（中心城市、经济社会发展程度较高城市）集中的趋势。主要可以概括为三种类型。

一是"豆芽型"分布。即绝大多数自主招生资源被省会城市"瓜分"，省会城市（"豆芽头"）与非省会城市（"豆芽尾"）差异巨大。这样的省份很多，比如四川省2014年度的1 700名自主招生录取学生中有1 040名集中在省会成都市（N=14.07），广东省637名自主招生录取学生中的278名集中在省会广州市（N=10.04），湖南省1 503名自主招生录取学生中的806名集中在省会长沙市（N=9.12）。而即使直辖市也表现出类似特征，以北京市为例，虽然该市高等教育发达，且有20所自主招生高校集中在该市，各行政区平均自主招生数达105.9人，但市内各区考生获得自主招生机会差异巨大，北京市1 791名自主招生录取学生中有835名集中在海淀区（N=7.83），仅海淀（835）、西城（535）、东城（166）、朝阳（88）4个区就占有了全市约90%的自主招生录取机会，而丰台（37）、顺义（34）、昌平（25）、石景山（17）、大兴（11）、通州（10）、延庆（10）当年度只有数十名考生获得录取，门头沟（8）、房山（6）、怀柔（5）、密云（3）、平谷（1）获得自主招生录取人数则只有个位数。分析另一个高等教育大省——湖北省的情况则更为清晰，该省其他地市与武汉市（2012）相比，一些核心城市如黄冈市（201）、荆州市（197）、宜昌市（185）、襄阳市（161）、黄石市（136）、仙桃市（105）、荆门市（103）、孝感市（101）自主招生招录人数尚能达到三位数，但咸宁市（83）、天门市（64）、随州市（59）、十堰市（56）、鄂州市（44）、潜江市（41）等地则只有几十人获得录取，而恩施土家族苗族自治州只有14人。

二是"胡萝卜型"分布。该类型省份自主招生名额在地市间的分配规律类似于"胡萝卜"形状，呈现上部（省会城市）大、中下部（非省会城市）小的情况，但各非省会城市总体较为均衡，基本处于相同当量上。比如山西省虽然省会城市太原（365）占比较高，但其他各地市的自主招生名额分配总体均衡，排序依次是朔州市（49）、运城市（41）、长治市（36）、忻州市（30）、临汾市（27）、大同市（24）、晋中市（22）、晋城市（20）、阳泉市（19）、吕梁市（17）。再如甘肃省，除省会兰州市（119）外，张掖市（17）、白银市（13）、武威市（9）、金昌市（8）、酒泉市（7）、庆阳市（7）、天水市（7）、定西市（4）、嘉峪关市（4）、临夏回族自治州（2）、陇南市（2）、平凉市（2）相差无几，处于低层次的相似录取水平上。天津（N=5.59）、贵州（N=3.99）等地都可归入该种类型。

三是"黄瓜型"分布。该种类型的省份，绝大多数自主招生资源集中在省会及少数城市，各地级市间虽呈现一定斜率的递减趋势，但斜率总体平缓，部分地区甚至非省会城市表现好于省会城市。比如，分析显示，并非所有省份都是省会城市占据最多的自主招生名额，如辽宁省大连市（514）获得自主招生录取的考生数多于省会沈阳市（348），山东省泰安市（524）多于济南市（474），内蒙古包头市（88）多于呼和浩特市（66），相比于"豆芽型"分布，这三个省还普遍表现出地市间自主招生录取人数的平缓分布。

可以看出，虽然各省具体情况不一，但总体上在省域内客观存在着"断崖式"自主招生名额分配现状，这种省会城市占据过多招生名额的情况，一方面，与当地具有自主招生权高校主要集中在省会城市有关，另一方面，也与传统高校招生名额分配的路径依赖有关。

五、研究发现Ⅲ：自主招生名额投放的"补偿效应"分析

统计发现，高校自主招生名额投放还存在一定的"波纹效应"，即：

自主招生高校聚集地除面向本省投放更多招生计划外，属地周围省区也往往获得超过来自其他省区的名额投放。以下试围绕"京津冀地区""长三角地区"两个高等教育中心的情况展开分析。

京津冀地区。该地区所辖的北京和天津是中国高等教育包括自主招生高校聚集地之一。其中，2014年北京市共有自主招生高校20所（占全国22.2%），投放自主招生计划5 954人（占全国19.4%），是名副其实的全国自主招生中心；天津市共有自主招生高校2所（占全国2.2%），投放自主招生计划885人（占全国2.9%）。相比而言，河北省的高等教育相对落后，只有1所自主招生权高校（占全国1.1%），投放自主招生计划252人（仅占全国0.8%）。然而，分析显示，北京、天津、河北2014年获得自主招生录取学生总数依次为1 791、344和2 230人，分别达到全国总数的5.9%、1.1%和7.3%，很明显河北省在自主招生录取中获得了更多比例。进一步区分河北省自主招生名额分省来源可以发现，该省有667个自主招生名额来自北京地区高校，达到河北省自主招生录取总数的30%，仅河北一省就占用北京市全国投放名额的11.2%。而2014年北京高校面向本地投放的自主招生指标数为1 581人，面向河北投放数达到在北京本地投放数的42%。而与2012年度北京市所有985高校在河北省的名额投放情况的对比分析可以发现，2012年度北京市985高校共面向河北省投放招生计划787个，仅占全国投放总数（18 280）的4.3%，这说明北京市面向河北投放的自主招生计划数比例约是普通高校招生计划数比例的3倍。如果选取具体的高校来分析也可得到相似发现，如北京理工大学2014年在河北投放了26个自主招生名额，按投放计划来比较，全国排名第三（北京185，山东28）；北京航空航天大学在河北投放了32个名额，计划数量也是全国第三，且超过其在西部12个省市名额投放之和。

长三角地区。该地区所辖的上海、江苏和浙江三省是京津地区之外另一个高等教育聚集区，承担了最大比例的自主招生工作。其中，2014年上海市共有自主招生高校9所（占全国10%），投放自主招生计划5 954人（与北京相同，占全国19.4%）；江苏省共有自主招生高校 11 所（占全国 12.2%），投放自主招生计划 2 879 人（占全国 9.4%）；浙江共有自主招生高校 1 所（占全国 1.1%），投放自主招生计划 575 人（占全国 1.9%）；3 省市共包含自主招生高校 21 所（占全国 23.3%），投放自主招生计划 9 408 人（占全国 30.6%）。虽然如此，浙江省自主招生在长三角整体偏弱，但上海、江苏、浙江 3 地获得自主招生录取学生数依次是 1 277、2 272 和 1 054 人，占全国总数的 4.16%、7.40% 和 3.43%，而三地考生数分别占全国总数的 0.57%、4.68%和 3.39%，三省自主招生全国占比都高于其普通高考占比，其中浙江省 2014 年的 1 054 个自主招生计划，除 115 个来自本省，剩下 939 个名额，175 个来自上海，150 个来自江苏，占比分别为 18.6%和 16.0%，而 2012 年上海和江苏两地 985 高校向浙江投放的招生计划数占全国计划数的比例仅为 4.9%和 3.9%。

  研究显示出，自主招生名额投放对部分传统的高等教育大省发挥了一定的"补偿效应"，但情况并不统一。本研究对山东、湖北、河南 3 个传统意义上的"高考大省"的自主招生名额投放状况进行了单独分析。

  山东省。山东省是"高考大省"，2014 年高考总人数达 55.8 万人，占全国总考生数的 6.14%，但名校录取率并不高，2012 年全国 38 所 985 高校生源招录的山东生源占全国总数的 6.7%。在自主招生中，山东生源占比却大幅增加，达到全国总数的 12.5%，是其普通高考录取率的 2 倍，其中，山东高校在本地的自主招生指标投放占总指标数的 25.2%，甚至低于 2012 年山东本地 985 高校面向山东本省投放指标占比（当年度山东 985 高校共面向全国投放 8 713 个招生计划，其中 3 320 个投向了山东本地，占总数的 38.1%）。这说明，是其他省份自主招生高校加大了对山东省自主招生的名额投放。

  湖北省。湖北省虽然高校众多，但因其生源数量多，也是传统的"高考大省"。2014 年，该省参加普通高考学生占全国考生数的 4.43%，但是在自主招生录取考生中，来自该省的生源占全国总数达到 11.61%。在自主招生中，该省自主招生高校面向本省投放招生计划数占该省自主招生录取总人数的 74.1%，占该省自主招生高校面向全国招生人数的 67.6%。这说明，湖北省的情况与山东省不同，其更多依赖本省高校的"地方保护"，实现了对这一高考大省自主招生录取比例的提升。

河南省。同为"高考大省"，河南省的情况与山东、湖北的也不相同。2014 年河南省高考人数占全国总数的 7.96%，但当年度该省获得自主招生录取资格的考生数仅占全国总数的 5.62%，这与山东、湖北自主招生录取率高于其高考录取比例的情况存在很大不同。但进一步分析该省 985 高校录取人数全国占比可以发现，2012 年度，38 所 985 高校共向河南投放招生计划仅占全国总数的 5.1%，这说明河南省在自主招生活动中也获得了一定（0.52%）的"补偿"，只是"补偿"力度远低于山东、湖北两地。河南的自主招生"补偿"与湖北类似，主要来自本省高校，本省高校 100%的自主招生名额都投放到本省。

六、研究结论与讨论

综合来看，中国高校自主招生公平的地方保护主义问题可以得出三个最主要结论。一是省域间自主招生名额投放的绝对数和相对数都差异巨大。本文的统计结果显示，自主招生名额投放的省域差异已远远超过普通高考名额投放地域差异，二者并不在相同量级上，这在一定程度上说明，高校自主招生名额投放缺乏必要的行业自律和制度监管，某种程度上已沦为高校招生"自留地"，高校自主招生决策弹性过大直接对弱势地区考生入学机会保障带来挑战。二是自主招生地方保护主义客观存在。既存在高等学校向本省（市）更多投放自主招生名额的现象，也存在一省（市）内不同地市（区）之间的巨大差异，还存在高等学校向属地周边省份、"高考大省"名额倾斜投向的间接的地方保护主义。学界通常认为，传统高考的名额投放，尤其是重点高校的名额投放已经存在地方保护主义，本研究则显示出很多地区自主招生名额投放更大大加剧了这种地方差异。而这些显著的自主招生区域名额投放差异，其本质上折射出的显然是各利益群体的自身诉求。三是自主招生的地方保护主义与普通高考存在显著差异。第一，量的差异。自主招生因缺乏必要的总量控制和制度监管，部分高校本地名额投放大大突破传统高考底线。第二，形式上的差异。自主招生具有很强的隐蔽性。第三，方式上的差异。自主招生名额投放不仅定点到省，很多时候甚至定点到中学，定点到人。自主招生的地方保护主义成为一种可精确操作的保护主义，加大了其寻租甚至腐败风险。

加塞特在《大学的使命》一书中谈到，高等教育改革存在的弊端会出现两种可能，一种是弊端可能会自动纠正；另一种是这类常见的弊端已为人们所接受，以至于不再被视作偏离常规[12]。多年来，高校招生的地方保护主义大行其道，似已成为被人们逐渐漠视和接受的弊端。自主招生作为一项新的改革举措本意在于释放更多高校自主权，高校自觉进行有关弊端的调整，但现实是，这项运行了十多年的改革政策却在传统地方保护主义的基础上又不断加码，这需要引起决策者的特别重视。总体而言，不讳疾忌医，客观研究自主招生地方保护主义的现状、特点和规律，斩断自主招生利益链条，切实将权力扎紧到制度铁笼内，才可能从根本上使该项制度在健康的轨道上走得更远。

参 考 文 献

[1] 高海燕. 地方主义·军事主义——近代中国军阀政治探源[J]. 中州学刊，1998（3）：139-142.

[2] 李世源，崔巍. 十年来我国地方保护主义研究综述[J]. 学术界，2006（2）：250.

[3] 吴家庆，易曙光. 地方保护主义何以愈演愈烈[J]. 求是·内部文稿，1995（7）：24-25.

[4] 谢玉华. 转轨时期的地方保护主义研究[D]. 武汉：华中师范大学，2004：36.

[5] 陈平原. 中国教育平等初探[M]. 广州：广东教育出版社，

2004.

[6] 李斌. 重点大学应遏制地方化倾向[N]. 中国青年报, 2005-08-11.

[7] 司洪昌. 国立大学招生属地化：蚕食国家利益[J]. 教育与职业, 2007(1): 20-24.

[8] 张千帆, 曲相霏. 总结——大学招生的中国问题与国际经验[C]. "大学招生与宪法平等——中国问题与国际经验"国际学术研讨会论文集, 2013: 289.

[9] 征玉韦. 高等教育获得机会省际差异研究[D]. 上海：华东师范大学, 2009.

[10] 张千帆. 中国大学招生指标制度的合宪性分析[J]. 中外法学, 2011(2): 255.

[11] 唐建武. 高考招生录取应"指标到市"[J]. 教育与职业, 2012(6): 7.

[12] 加塞特. 大学的使命[M]. 徐小洲, 陈军, 译. 杭州：浙江教育出版社, 2001: 4.

第十一章　弱势地区高中生自主招生参与的公平问题研究

保障教育公平，从自主招生制度设计的应有之意变为必然选择。学术界高度重视自主招生公平问题研究，并普遍认为，对于自主招生制度运行公平性的保障核心应落脚到对于弱势高中生群体平等分享招生权利的有效保证，关键是应保障弱势地区、弱势阶层与弱势中学的考生平等参与。虽然如此，目前学界有关弱势高中生群体自主招生参与的理论假设仍不明确，实证研究仍偏少，对于弱势高中生群体自主招生参与的基本状况、问题成因及对策建议研究仍欠缺。本研究运用大数据思维，经过大量工作，首次系统就弱势高中生群体自主招生参与的核心内容之一——弱势地区的自主招生参与情况提出理论假设，进行客观分析，并将为进一步的理论研究与改革决策提供直接参考。

一、理论预设

教育公平既有平等的含义，也有公道和正义的内涵。20世纪中期，西方存在关于教育公平内涵外延的激烈讨论。其中核心的观点包括，瑞典教育家胡森（Torsten Husen）主要从"教育机会均等"的六个因素上来解释教育公平问题；社会学者詹克斯（Jencks）则强调官僚体制对教育的过分分化导致的教育不公平；鲍尔斯（Samuel Bowles）

认为"教育不平等是社会阶级作用的结果";罗尔斯(John Bordley Rawls)认为正义的原理就是本着平等的"原初地位"人人平等,不能因为社会阶层相异、财富分配的不公、聪明才智的悬殊、心理兴趣的不同而受到不公平对待;同罗尔斯一样,德沃金(Ronald Dworkin)也认为,在分配资源时使资源均等是公正的首要选择。可以看出,各教育公平理论虽然关注点不同,但都不否定教育公平本质上是对特定多数人平等分享教育权利的保障这一基本共识。正如国内学者周洪宇教授所认为的,所谓"教育公平"本质上就是每位社会成员都享有同等的教育权利和机会,享有同等的公共教育资源服务,享有同等的教育对待,享有同等的取得学业成就和就业前景的机会,以及受教育机会和公共教育资源向社会弱势群体倾斜。

而自主招生公平则应在充分保证"教育机会"公平的基础上,发挥"平等最善"原则,提倡"弱势补偿",促进机会平等。其中,弱势群体的自主招生参与状况是观测自主招生公平状况的关键维度。而自主招生中的"弱势群体"应主要包含3类人。① 弱势地区考生。包括家庭处于中、西部地区的考生和家庭处于农村地区的考生。② 弱势阶层考生。即父母职业处于不利阶层的考生。③ 弱势中学考生。即高校不投放或很少投放自主招生名额的中学(一般为非示范中学)的考生。但是,仅仅满足其中一个条件并不能称为弱势群体考生,虽然考生地处弱势地区,但处于强势中学,同样可能获得较多的自主招生机会。本研究认为,满足上述3个条件中的2个,考生才可视为自主招生中的"弱势群体"。因此,本研究虽然从事弱势地区自主招生公平问题研究,但并不能完全代表弱势群体的自主招生公平研究,而仅仅是通过地区维度反映出自主招生名额分布的宏观差异。与此同时,与"弱势地区"对应的词汇是"非弱势地区"的概念而非"强势地区"概念,这也是本文特别需要说明的。

有关弱势地区的自主招生公平问题研究,至少应考虑两个层面的问题。一是哪些地区从自主招生中获益更多,即弱势地区与非弱势地区自主招生机会的占有问题;二是什么原因导致弱势地区自主招生参与的公平问题发生，即公平问题产生的机理。本研究拟将第一方面即弱势地区参与状况的分析置于原因探究之中，结合学界已有研究，共包含3条主要假设。

假设H1：经济发展水平与弱势地区自主招生参与的公平问题发生存在相关关系。从积极意义上理解，经济发展与教育水平存在天然密切的互动联系，地区经济、教育作为统一的社会系统，存在正向的相关关系，直接体现就是发达地区教育水平一般都较高，占有更多的教育资源。从另一方面理解，则可能意味着经济发达水平高带来一定的制度寻租可能，事实上形成强势地区对于弱势地区自主招生权利的掠夺。事实上，传统的招生研究学界有关高等教育名额投放的研究中长期存在一种GDP挂钩论，即大量的经费投入往往需要教育用响应对等的教育资源去"回报"，这一违背教育公平基本规律的论断虽然遭到大量辩驳，但在决策层仍具有一定市场。GDP是衡量地区经济发展水平的核心指标，本研究将GDP作为经济水平的测量变量，并将在省域间、省域内两个层面展开考察。其子假设可概括为：

h1：GDP总量与省域间自主招生名额投放存在正相关关系。

h2：GDP总量与省域内自主招生名额投放存在正相关关系。

假设H2：行政层级与弱势地区自主招生参与的公平问题发生存在相关关系。弱势地区通常处于权利分层的末端，在涉及分权活动时往往处于不利地位。自主招生与传统高考在名额分配活动的规则上差异很大，传统高考强调省域内名额的相对公平竞争，而自主招生则因存在名额推荐权限的问题，客观存在招生资源在不同地区、不同中心人为切割的问题，且与传统权利结构类似，存在一种垂直递减式的权利占有模型。因此，本研究认为，行政层级可能与弱势地区自主招生参与的公平问题存在相关关系，即从直辖市或省会等大城市获得名额相对要多，而分布到农村地区和偏远山区获得自主招生名额的机会微乎其微。其子假设可概括为两个方面：

h3：地市间行政级别与弱势地区自主招生参与的公平问题发生存在相关关系。

h4：地市内行政级别与弱势地区自主招生参与的公平问题发生存在相关关系。

假设 H3：高等教育资源分布与弱势地区自主招生参与的公平问题发生存在相关关系。传统的有关高考资源分布的研究中大多谈到教育资源分布对于弱势群体入学可能带来的公平性障碍。本研究认为，自主招生相比于高考而言，因为缺乏对本地生源比例限制的具体规定，更可能出现招生属地化的现象。在此种背景下，一地高等教育资源尤其是优质资源的占有情况将很大程度上影响到名额分配结果。研究假设可以概括为：

h5：优质高等教育资源集中程度与弱势地区自主招生参与的公平问题发生存在相关关系。

二、概念界定和数据来源

1. 概念界定

"弱势地区"一词属于经济学名词，主要是指那些与发达地区相比，生产力发展不平衡，科技水平还不发达的区域，在区域层面，相比于东部地区，我国的中、西部属于"弱势地区"；在省域层面也存在地市间的差异。本研究对于自主招生弱势地区的划分包括两个维度：相对弱势地区和绝对弱势地区。

相对弱势地区。中国通常把国内区域划分为西部、中部和东部三部分，西部相对于中、东部属于弱势地区，中部相对于东部属于弱势地区。除东中西外，一省内部根据经济社会发展水平也存在相对差异。以江苏省为例，省会城市一般居于核心地位，其次依次是苏州市、无锡市、扬州市、常州市等 13 个地市。其中"苏北"地区大多居于弱势地位。

绝对弱势地区。本研究将各区域内贫困县和民族地区作为自主招生绝对的弱势地区。国务院扶贫办公室发布的《中国的扶贫开发》白皮书数据显示，全国共计贫困县 592 个（含民族地区），分布在 27 个省、自治区、直辖市，涵盖了全国72%以上的农村贫困人口。

2. 数据来源

本研究数据来自2014年教育部"阳光高考"平台公布的考生信息。本课题组利用数月时间，完成了对所有30 695名最终获得自主招生录取资格考生的信息录取与数据挖掘，对研究需要的有关信息进行了逐条补充。除使用SPSS统计软件进行数据分析外，还引入地理信息系统分析方法。通过优质教育资源分布GIS绘制可以更直观地对本研究假设做出回应。

三、研究发现

1. GDP总量与省域间自主招生名额投放存在正相关关系

洛伦茨曲线及基尼系数分别是美国统计学家洛伦茨（Lorenz Edward Norton）与意大利统计学家基尼（Corrodo Gini）提出的，用于观察与测定两种现象分布的对应关系，基尼系数是根据洛伦茨曲线计算的，是国际上应用最广泛的不平等测量工具。基尼系数的测算公式：E=（A−B）/A，其中A为0到1范围内直角平分线y=x与x轴围成的面积，B为0到1范围内洛伦茨曲线与x轴围成的面积。基尼系数取值的一般标准为0.2以下分配绝对平均，0.2~0.3比较平均；0.3~0.4相对合理；0.4~0.5差距较大；0.6以上差距悬殊。

自主招生洛伦茨曲线与基尼系数，如图11−1所示。

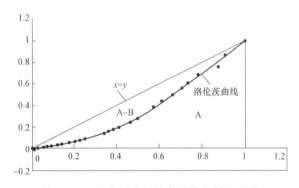

图11−1　自主招生洛伦茨曲线与基尼系数

本文自主招生名额分配的洛伦茨曲线是使用 2014 各省直辖市自主招生名额和2013年各省直辖市GDP总量两项指标来反映GDP的高低与招生名额分配的均匀情况。以 GDP 的累计百分比为横轴，相对应的名额分配百分比为纵轴，即为自主招生名额分配的劳伦兹曲线。曲线离从原点出发的对角线越近，表明自主招生名额随GDP分配的越均匀，否则越不均匀。基尼系数 E=0.192 5 说明各省直辖市随着 GDP 增加。依照各省 GDP 总量排名，可以区分为 4 个区间。可以看出，从第 1 区间到第 4 区间，自主招生录取学生数不断增加，表现出 GDP 总量与招生名额投放数之间的正向关系。进一步分析 31 省份 GDP 与自主招生人数的相关性显示，二者通过显著性水平检验。

各省GDP总量分类表，如表 11-1 所示。

表 11-1　各省GDP总量分类表

区间	第 1 区间	第 2 区间	第 3 区间	第 4 区间
GDP/万亿元（2013）	0~1	1~2	2~3	3 以上
省份	新疆、贵州、甘肃、海南、宁夏、青海、西藏	北京、安徽、内蒙古、陕西、黑龙江、广西、天津、江西、陕西、吉林、重庆、云南	河北、辽宁、四川、湖北、湖南、福建、上海	广东、江苏、山东、浙江、河南
自主招生人数/人	617	8 150	12 413	9 525
省均自主招生人数/人	88	679	1 773	1 905

2. GDP 总量与省域内自主招生名额投放存在正相关关系

本研究按照东部、中部、西部为区域，以获取自主招生名额较多的江苏省、河南省、四川省 3 个省份作为观测点。绘制三个省份内各地级市 GDP 与自主招生人数的散点图（图 11-2），非常清晰的趋势是，除少数地市不完全符合总体规律外，整体上呈现出 GDP 总额与自主招生人数的正相关关系。且该种趋势在一些地区发展失衡的省份表现更为明显。而经济发展水平较高的江苏省,由于南京GDP与苏南多市仍存在一些差距,反映出与总体规律的不一致的地方。

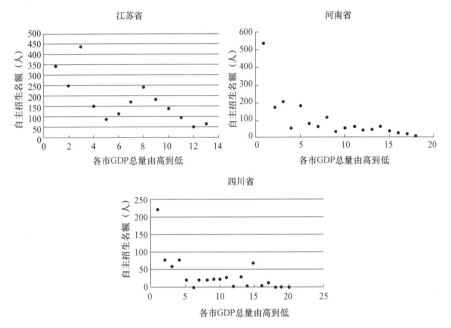

图 11-2　三省 GDP 与自主招生人数散点图

3. 地市间行政级别与弱势地区自主招生参与的公平问题发生存在相关关系

根据《2013年中国城镇行政规划》中对于大陆地区行政层级划分,本研究统计出相应行政级别与自主招生名额分配的关系(至地级市厅级)。由于4个直辖市属于省一级区划,不纳入本研究最终统计,仅对于剩下三类城市进行比较分析。结果发现,"副部级"城市市均获得483个自主招生名额,"准副省级"城市市均获得227个自主招生名额,而一般地级市(正厅级城市)则市均获得49个名额,"副部级城市"获得名额的机会是一般地级市的10倍之多。如果按照人口基数计算人均自主招生名额占有情况,也完全符合这一规律,且可以看出,直辖市每万人获得自主招生入学机会的可能性远远大于后三类城市,其甚至是一般地级市的30多倍。

不同行政级别城市自主招生名额数及占比,如表11-2所示。

表11-2 不同行政级别城市自主招生名额数及占比

级别	地区	自主招生名额(人)	辖区城镇人口(万人)	占自主招生人数比/%	市均自主招生人数	万人规模占有自主招生人数
正部级 4	北京市、上海市、天津市、重庆市	4 064	6 447	13	1 016	0.397
副部级 15	南京、武汉、广州、济南、杭州、西安、成都、沈阳、长春、哈尔滨、深圳、厦门、宁波、青岛、大连	7 248	9 344	24	483	0.086
准副省级 23	包括除上述的所有省会城市和国务院批准的15个"较大的市"(唐山、大同、包头、鞍山、抚顺、吉林、齐齐哈尔、无锡、淮南、洛阳、淄博、邯郸、本溪、徐州、苏州)	5 210	2 638	17	227	0.022
正厅级 283	正厅级包括一般地级市和新疆维吾尔自治区直辖的兵团(师市合一县级市)	13 953	52 753	46	49	0.013

4. 地市内行政级别与弱势地区自主招生参与的公平问题发生存在相关关系

本研究以河北省石家庄市(587人)为样本深度挖掘,依照现行行政区域划分地市区、县级市、县三级,分析在各级行政中自主招生名额分配情况。当前石家庄市共为8个市辖区(486人):长安区、石桥区、新华区、裕华区、正定新区、藁城区、鹿泉区、栾城区;3个县级市:辛集市(30人)、晋州市、新乐市;11个县:正定县(67人)、井陉县、赵县、高邑县、元氏县(3人)、赞皇县、平山县、灵寿县、行唐县、无极县、深泽县(1人)(其中平山县、灵寿县和赞皇县为国家级贫困县,未标注人数即0录取)。结果反映出,地市内显然也存在显著的分配不均,弱势地区的自主招生占比在这个层面仍然处于劣势。

5. 优质高等教育资源集中程度与弱势地区自主招生参与的公平问题发生存在相关关系

目前 90 所具有自主招生资格的高校覆盖了绝大多数 985 高校与 211 高校。为回答研究假设,本文将这两类高校分布的地域特征进行了统计。可以发现,从全国各个行政区划角度分析,各个区内高等教育的空间分布存在严重的不均衡。自主招生名额分配在此影响下产生趋同效应,即"高等教育集中区优先发展"。数据统计发现高等教育欠发达省份不乏自主招生生源大省,如安徽、浙江、河北、河南四省均超过千人,究其原因发现自主招生存在"就近发展区域"。

985 高校与 211 高校的地域分布,如表 11-3 所示。

表 11-3 985 高校与 211 高校的地域分布

区域	西部	中部	东部
区域内 985 高校数量	陕西 3 所、四川 2 所、重庆 1 所、甘肃 1 所	湖南 3 所、湖北 2 所、黑龙江 1 所、吉林 1 所、安徽 1 所	北京 8 所、上海 4 所、天津 2 所、江苏 2 所、广东 2 所、辽宁 2 所、浙江 1 所、福建 1 所、山东 2 所
区域内 211 院校数量	重庆 2 所、内蒙古 1 所、广西 1 所、四川 5 所、云南 1 所、贵州 1 所、青海 1 所、宁夏 1 所、陕西 7 所、甘肃 1 所、新疆 2 所、西藏 1 所	山西 1 所、吉林 3 所、黑龙江 4 所、安徽 3 所、江西 1 所、河南 1 所、湖北 7 所、湖南 4 所	北京 23 所、上海 10 所、天津 3 所、河北 1 所、辽宁 4 所、江苏 11 所、浙江 1 所、福建 2 所、山东 3 所、广东 5 所、海南 1 所

具体来看,中国高等教育发达省市有北京市(1 791)、江苏省(2 272)、湖北省(3 564)、陕西省(439)、上海市(1 277)。高等教育比较发达省市有湖南省(1 503)、广东省(637)、四川省(1 700)、辽宁省(1 787)、吉林省(580)、黑龙江省(933)、山东省(3 838)、山西(650)、天津市(344)、重庆市(643)。高等教育欠发达省份主要集中在西北地区宁夏(30)、内蒙古(299)、青海省(16)、甘肃

省（201）、新疆（105）和西南地区贵州（221）、云南（107）、广西（261）、西藏（8）、海南（36）及中东部地区福建省（352）、江西省（499）、安徽省（1 586）、浙江省（1 054）、河北省（2 230）、河南省（1 724）。（括号内数字为自主招生录取学生数）

四、研究结论与建议

教育公平作为社会公平价值在教育领域的延伸和体现，不仅是教育现代化的基本价值和基本目标，也是社会公平的重要基石。但由于制度、人为等原因，人们有关教育公平的美好愿望往往难以达成。本研究对于弱势地区自主招生参与状况的公平性理论与实证计量，所提出的3条假设和5条子假设全部得到验证，说明民众与学界对于自主招生公平状况的担忧确有实据，且研究显示出这种不公平或者说失衡现象已达到一定程度，需要引起理论界与决策者的足够重视。

在《正义论》中，罗尔斯提出了著名的正义原则。第一正义原则为"平等自由原则"，杨东平教授将之解读为平等地对待所有人，是一种横向、平均性的公正，用于处理公民的政治权利；第二正义原则为"差别原则"和"机会均等原则"，用于处理社会和经济利益问题。本文认为，有区别地对待不同的人的"差别原则"是一种纵向的、不均等的原则，它突出了在不公平的社会现实中，为处境不利者提供机会或利益的"补偿性"。按照这两项基本原则，当前改善弱势地区自主招生参与的公平状况应着力做好三方面工作。

第一，进入机会均等化。提高弱势地区学生通过自主招生模式进入高等教育的机会。笔者建议国家层面制定具有"补偿性"的政策，例如普通高考的"贫困专项计划"，并通过制度保障、提供相配套的教育资源，复旦大学2014年自主招生简章明确提出的"腾飞计划"，即对于未入选推荐中学中特别优秀的农村户籍考生（除上海市、北京市、天津市、江苏省和浙江省外），可在复旦大学招生报名系统中通过网上自荐形式申请报名资格。2014年同济大学针对弱势地区自主招生实施"筑梦计划"，计划面向中西部农村地区，特别是边远贫困地区和少数民族地区，县及县以下乡镇农村中学选才。该计划明文规定选拔标准和选拔名额，以及相配套的监督管理办法，从制度层面提高了弱势地区自主招生进入的机会。

第二，选拔尺度多元化。自主招生既要满足学校的选才要求，也要兼顾国家和社会的根本利益。自主招生过去的十多年中，学者公认选拔尺度过度单一，自主招生不是简单地针对特定学生群体进行的一场单独考试、降分录取，也不仅仅是高校追求功利，自身宣传的噱头，它是一项关系千万学子命运，关系国家人才发展的战略性计划。可喜的是自主招生选拔方式多元化发展在上海部分高校已经迈出坚实的第一步，"分类考试，多元录取""两次考试、统分结合"的多种模式日益趋同，虽然利弊共存，但实质性的进步明显。尊重多元化也是教育公平的一种体现。

第三，选拔结果透明化。《中国青年报》关于《近7成受调查者认为高校自主招生过程不够透明》一文调查发现，66.7%的人认为自主招生过程中权钱交易不可避免；56.8%的人认为过程不够透明；48.8%的人担心对教育资源缺乏地区的学生更不公。高考已经在公众心中建立起良好的效度和信度，具有较高的社会认可度。自主招生选拔急需加强社会监督和舆论引导，改变自主招生在公众心中的朦胧感和神秘状态。

参 考 文 献

[1] 周洪宇. 教育公平论［M］. 北京：人民教育出版社，2009.

[2] 罗尔斯. 正义论［M］. 何怀宏，何包钢，廖申白，译. 北京：中国社会科学出版社，2003：7.

[3] 程立显. 德沃金的"权利—公正"论述评［J］. 中国人民大

学学报,1992:51-55.

[4] 杨东平. 中国高等教育的现实与公平[M]. 北京:北京大学出版社,2006:5.

[5] 王聪聪. 近7成受调查者认为高校自主招生过程不够透明[N]. 中国青年报,2009-11-24.

第十二章 什么影响弱势中学生的自主招生报名率？

基于大数据分析法，通过深度挖掘2017年阳光高考信息平台公布的三轮自主招生数据，分析了弱势中学生自主招生报名率现状。研究发现：弱势地区中学生自主招生报名率偏低，主要集中在经济较为发达的中、东部地区，在三轮筛选中保持着相似的规律；弱势中学自主招生报名率较低，主要集中在示范中学，其中以省级示范中学居多，三轮筛选保持相似规律。

一、研究背景与分析框架

（一）研究背景

自2003年自主招生政策实施以来，试点高校从开始的22所已经增加到90所，几乎涵盖了所有的"985""211"院校，参与学生数量激增，自主招生制度从高考的补充形式逐渐发展为高等学校人才选拔的重要途径。但是自主招生制度的公平问题一直被学界和民众广为诟病，主要表现为弱势中学生自主招生参与率低。

李克强总理在2018年的政府报告中提出："要发展公平而有质量的教育。推动城乡义务教育一体化发展，教育投入继续向困难地区和薄弱环节倾斜。继续实施农村和贫困地区专项招生计划[1]。国家高度关注弱势中学、弱势地区、弱势群体在教育过程中处于劣势地位的问题。尤其自主招生涉及优质高等教育资源配置,更应该关注其公平问题。因此,弱势中学生自主招生报名率研究具有重要意义。

(二)分析框架

探究弱势中学生自主招生参与现状,学界可以运用全过程视角,追踪自主招生考生从报名—笔、面试—录取各个环节的参与情况。本文主要从自主招生考生的地区分布和中学层次两个维度研究弱势中学生自主招生参与现状。在地区分布方面,本文采用2017年阳光高考信息平台公布的三轮自主招生数据全过程揭示考生省份分布情况;在中学层次方面,笔者对所有考生中学进行上网查证,标注层级,同样也运用2017年阳光信息平台公布的三轮数据进行分析,从横向分析每一轮学生的中学层级情况,从纵向分析每一层级中学在三轮筛选中的留存情况(表12-1)。

表 12-1 研究框架

一级指标	二级指标	操作方法
地区分布	东部	第一轮自主招生报名审核通过的考生数据 第二轮具有高校自主招生入选资格的考生 第三轮高校自主招生录取考生样本数据
	中部	
	西部	
中学层次	国家级示范中学	
	省级示范中学	
	市级示范中学	
	普通中学	

二、概念界定与数据来源

(一)概念界定

弱势中学生即教育领域的弱势群体,主要指获得较少教育资源、拥有较少教育机会的人群，笔者所在课题组从自主招生公平的角度将弱势中学生概括为三类人：① 弱势地区学生。主要指家庭位于中、东部地区的学生。② 弱势阶层学生。指父母职业处于不利阶层的学生。③ 弱势中学学生。根据教育部阳光信息平台的数据统计分析显示，从自主招生政策试点以来从未有学生获得过自主招生录取的高级中学。本文认为满足上述 3 个条件中的 2 个，即可视为自主招生中的"弱势中学生"。

（二）数据来源与研究方法

报名率是观测自主招生参与状况的重要指标，是探究自主招生公平问题的重要体现。影响学生报名率的因素有很多，一直以来广为诟病的包括省域差异、中学层次等。文章试图揭示弱势中学生在自主招生活动中的参与现状，为此本研究运用爬虫技术对 2017 年教育部阳光高考信息平台发布的三轮自主招生大数据进行抓取，其中抓取第一轮"自主招生报名成功且审核通过的考生"数据 132 213 条，第二轮抓取"具有高校自主招生入选资格的考生"信息 9 400 多条，第三轮抓取"高校自主招生录取考生"信息 9 000 多条，并进一步对三轮数据的中学层次进行详细标注。响应国家"九五"期间提出的示范普通高中倡议，各地逐渐停止授予"重点中学"称号取而代之"示范性中学"，这也成为区分弱势中学与非弱势中学的关键所在。根据不同学校竞争力水平将其划分为"国家级示范中学""省级示范中学""市级示范中学""普通中学" 4 个标准，笔者按以上 4 个标准对学生所在中学进行上网查证、标记层级，全过程揭示三轮筛选中不同中学层次的参与情况。本文运用 SPSS 22.0 统计软件进行数据分析，揭示弱势中学生自主招生报名率现状，同时采用地理信息系统呈现了 2017 年自主招生参与的学生省份分布情况。

三、研究发现

（一）弱势地区自主招生报名率较低

本文通过对阳光高考信息网发布的三轮自主招生数据分析后发

现，自主招生学生报名成功存在明显的省域之分，多集中于经济发达的东、中部地区。具体来看：

第一轮"自主招生报名审核通过的考生名单"是指各地学生报名参加自主招生考试，按照高校相关要求提交材料，最后通过学校初审获得自主招生测试的学生名单。从表 12-2 中可以看出报名成功且通过初审的学生占总体比例从高到低的省份依次是山东（24 055 人，18.2%）、江苏（12 370 人，9.4%）、湖北（11 004 人，8.3%）、河北（9 896 人，7.5%）、湖南（8 869 人，6.7%）、河南（8 487 人，6.4%）、四川（7 083 人，5.4%）、辽宁（6 806 人，5.1%）、安徽（5 312 人，4%）、浙江（4 653 人，3.5%）、北京（4 000 人，3%）等，这与有些边远地区省份存在明显差异，如新疆（679 人，0.5%）、宁夏（244 人，0.2%）、海南（88 人，0.1%）、青海（85 人，0.1%）、西藏（60 人，0.0%）五地报名成功且通过初审的人数排名处于全国末尾占整体的百分比微乎其微。排名靠前的省份与排名靠后的省份自主招生报名率差距较大，存在明显的省域不公，可见弱势地区中学生自主招生报名率偏低，处于自主招生场域的不利地位。

第二轮大数据"具有高校自主招生入选资格的考生"是指通过高校自主招生测试的学生名单，即获得高校加分的考生。在这一轮获得高校自主招生入选资格的考生数量省份排名较高的依次（表 12-2）是山东（1 617 人，17.2%）、河北（1 012 人，10.8%）、河南（1 010 人，10.7%）、湖北（835 人，8.9%）、四川（808 人，8.6%）、江苏（538 人，5.7%）、安徽（451 人，4.8%）、北京（434 人，4.6%）、辽宁（353 人，3.8%）等地，其中全国排名靠后的省份是云南（16 人，0.2%）、宁夏（12 人，0.1%）、海南（9 人，0.1%）、青海（7 人，0.1%）、西藏（5 人，0.1%）等地。尤其海南、青海、西藏三地获得高校自主招生加分的学生只有个位数，与排名靠前的省份存在很大差异，这种差异与初审名单保持着相似性，山东等地在初审中是参与大省，在入选资格环节依旧是参与大省且与偏远省份悬殊较大，足以引起学界的高度重视。

进一步对第二轮大数据"具有高校自主招生入选资格的考生"数

量排名前五和后五的省份进行统计分析得到自主招生资格入选率（入选率= 获得自主招生入选资格学生数/自主招生报名审核通过的学生数），发现虽然山东在通过初审和获得自主招生入选资格的总数上排名第一，但是其入选率为 6.7%，并没有占据很大优势，反而低于河北的 10.2%、河南的 11.9%、湖北的 7.6%、四川的 11.4%；而排名靠后的省份中宁夏的资格入选率是 4.9%，海南是 10.2%，西藏是 8%，青海是 8.2%，并没有像前期那样靠后。值得一提的是，虽然排名靠后的省份中自主招生参与人数绝对数较小，但考生的资格入选率却并不低。

第三轮大数据"高校自主招生录取名单"是指获得高校自主招生加分且高考成绩符合要求的考生。从表 12-2 中可以看出最终通过自主招生选拔方式进入大学的考生依旧集中于山东（1 823 人，19.3%）、河北（944 人，10%）、江苏（888 人，9.4%）、湖北（799 人，8.5%）、四川（583 人，6.2%）、河南（565 人，6%）、安徽（523 人，5.5%）、辽宁（467 人，5%）、北京（341 人，3.6%）等地，而海南（6 人，0.1%）、青海（7 人，0.1%）、西藏（8 人，0.1%）、宁夏（9 人，0.1%）、云南（16，0.2%）等偏远地区在自主招生活动中存在感微弱，这也基本保持了自主招生学生报名初期的省域分布情况。足以见得，较高的报名率会带来较高的自主招生参与率，三轮筛选清晰呈现了弱势地区中学生在自主招生活动中的参与状况。

表 12-2 自主招生考生省份分布情况

省份	通过初审		获得入选资格		最终录取	
	人数	百分比/%	人数	百分比/%	人数	百分比/%
安徽	5 312	4.0	451	4.8	523	5.5
北京	4 000	3.0	434	4.6	341	3.6
福建	1 549	1.2	166	1.8	120	1.3
甘肃	1 126	0.9	139	1.5	88	0.9
广东	1 547	1.2	175	1.9	166	1.8
广西	961	0.7	32	0.3	35	0.4

续表

省份	通过初审		获得入选资格		最终录取	
	人数	百分比/%	人数	百分比/%	人数	百分比/%
贵州	1 463	1.1	33	0.4	28	0.3
海南	88	0.1	9	0.1	6	0.1
河北	9 896	7.5	1 012	10.8	944	10.0
河南	8 487	6.4	1 010	10.7	565	6.0
黑龙江	3 413	2.6	206	2.2	206	2.2
湖北	11 004	8.3	835	8.9	799	8.5
湖南	8 869	6.7	293	3.1	404	4.3
吉林	2 214	1.7	110	1.2	157	1.7
江苏	12 370	9.4	538	5.7	888	9.4
江西	2 256	1.7	145	1.5	163	1.7
辽宁	6 806	5.1	353	3.8	467	5.0
内蒙古	1 542	1.2	76	0.0	102	1.1
宁夏	244	0.2	12	0.1	9	0.1
青海	85	0.1	7	0.1	7	0.1
山东	24 055	18.2	1 617	17.2	1 823	19.3
山西	2 716	2.1	197	2.1	156	1.7
陕西	2 759	2.1	342	3.6	211	2.2
上海	2 179	1.6	46	0.5	171	1.8
四川	7 083	5.4	808	8.6	583	6.2
天津	1 231	0.9	83	0.9	***	***
西藏	60	0.0	5	0.1	8	0.1
新疆	679	0.5	48	0.5	58	0.6
云南	730	0.6	16	0.2	16	0.2
浙江	4 653	3.5	262	2.8	217	2.3
重庆	2 834	2.1	147	1.6	161	1.7
合计	132 211	100.00	9 607	100.00	9 452	100.00

注：***表示最终录取阶段由于抓取原因未保留到原始数据。

整体来看,弱势地区自主招生报名率较低,且与经济发达省份存在显著差异,严重影响后续自主招生参与状况。值得一提的是自主招生大省并非在每一轮筛选中保有较强的优势,如山东省虽然在前两轮筛选中占有绝对优势,但是其入选率并不高,而在初审和入选环节表现不佳的海南、青海等地入选率却处于不错的水平。

(二)弱势中学自主招生报名率较低

是否是示范中学成为区分弱势中学与非弱势中学的关键所在,一直以来学界普遍认为"示范中学"在自主招生参与中具有绝对优势,本文通过探究不同层次中学自主招生报名情况,试图呈现各层次中学自主招生参与图谱,对前期研究抓取的三轮自主招生数据分析如表 12-3 所示。

横向来看,2017 年自主招生报名成功且通过高校审核的学生数为 132 211 人,其中来自示范中学的学生有 102 759 人,占总体的 77.7%,来自普通中学的学生有 29 454 人,占整体的 22.3%,可见示范中学在自主招生活动中处于举足轻重的地位,而普通中学以较小比例存活于示范中学的夹缝中。就示范中学而言,"省级示范中学"占据主导地位,报名成功通过初审的学生数为 85 667 人,占整体的 64.8%,其次是"市级示范中学",报名成功且通过初审的学生数有 9 701 人,占整体的 7.3%;"国家级示范中学"有 7 391 人,占总体 5.6%。第二轮通过高校自主招生测试获得入选资格的学生中依旧以示范中学(7 367 人,78.4%)为主,普通中学(2 033 人,21.6%)为辅,最终录取的自主招生考生中也保持相似的趋势。这可能与当前自主招生操作存在"圈地"现象有关,一般规定拥有推荐学生参与自主招生规格的学校往往是省级以上示范中学,这就具体锁定了申请人的学校层次,如清华、北大明确提出生源中学必须是省、市示范中学[2],北京交通大学、北京理工大学等也均表示生源来自省市级示范中学,这无疑意味着弱势中学的学生还未走进考场便已输在起跑线,成为淘汰的对象[3],这种对优势学生的圈定和对弱势学生的排斥[4],无疑复制了高中生的家庭背景，窄化了生源渠道，导致了自主招生的恶性循环。

纵向来看，普通中学在三轮自主招生筛选中占比呈递减趋势。第一阶段报名成功且通过初审的考生占 22.3%，经过高校自主招生测试后进入第二阶段获得入选资格的考生为 21.6%，较第一阶段有所下降，最后结合高考分数录取的自主招生考生占 21.2%，较第二阶段下降 0.4%。可见，虽然普通中学经过重重困难冲进自主招生场域，但竞争力依旧有限。在示范中学行列三轮筛选也有所不同。具体而言，"国家级示范中学"第一轮通过初审的考生人数占总体 5.6%，第二轮通过高校自主招生测试获得入选资格的考生占 5.1%，较第一阶段有所下降，但是最终的录取环节学生数占总体比例有所上升，达到 6.2%，彰显了"国家级示范中学"的不俗竞争力；而"省级示范中学"作为自主招生活动的参与大军，在前两轮筛选中呈上升趋势，第一阶段通过初审的考生占比为 64.8%，第二阶段获得自主招生入学资格的考生占比为 66.7%，较第一阶段提高 1.9%，第三阶段最终被录取的考生占 66.3%，虽有微微下降，依旧反映出"省级示范中学"在自主招生活动中具有较强的竞争力。相反，"市级示范中学"在三轮筛选中呈逐渐下降趋势，第一阶段通过初审的考生占 7.3%，第二阶段获得入选资格的学生占 6.6%，较第一阶段下降 0.7%，最终录取环节学生数占 6.3%，较第二阶段下降 0.3%。整体来看三类示范中学中"国家级示范中学""省级示范中学"在筛选过程中竞争力较强，"市级示范中学"竞争力偏弱。

总体来看，全国数万所中学真正参与自主招生的只有 2 000 所左右，出现了巨大的中学分化。未实质性参与的中学主要是普通中学，既可能是缺乏信息途径，或在改革初期高等学校拒绝将招生名额在这些中学进行分配，或因其他客观原因造成的被动性的机会丧失。也可能是对于自主招生本身理解不够深刻，对于本校人才培养质量和学生能力特长信心不足，甚至因个体学校领导喜好等主观原因造成了自主招生参与的机会丧失。

表 12-3　2017 年不同中学层次自主招生参与状况

项目	初审		获得高校入选资格		最终录取	
中学层次	人数	百分比/%	人数	百分比/%	人数	百分比/%
国家级示范中学	7 391	5.6	477	5.1	580	6.2
省级示范中学	85 667	64.8	6 272	66.7	6 245	66.3
市级示范中学	9 701	7.3	618	6.6	596	6.3
普通中学	29 453	22.3	2 033	21.6	2 001	21.2
总计	132 211	100.0	9 400	100.0	9 422	100.0

综上所述，自主招生报名率在省域、中学层次方面存在一定差异。弱势地区、弱势中学报名率偏低，与经济发达省份和示范中学差距较大。2017 年自主招生大数据显示报名大省基本锁定在山东、河北等东部经济发达省份，且集中于"省级示范中学"，在性别方面，男生在自主招生参与活动中占据有利地位。因此，可以判断一名自主招生学生很可能来自东部经济发达省份的"省级示范中学"。造成弱势地区与弱势中学自主招生报名率偏低的原因，一方面在于高校的定向名额投放，另一方面可能与自主招生信息传播不畅有关，导致弱势中学生参与动机不足、报名率偏低。

四、研究结论与建议

2017 年阳光信息网发布的大数据显示，弱势地区、弱势中学自主招生报名成功且通过初审的学生较少，一方面由于高校自主招生名额的定向投放，另一方面可能源于信息不对称。信息宣传是招生的初始环节，宣传的广度、深度直接影响学生的参与状况。美国非常重视招生宣传工作，基本形成了宣传—申请—评阅—面试—录取的完整流程，在宣传工作上投入非常多的时间、精力和资金。例如，哈佛大学就组织学生课堂试听、参观校园、在校体验就餐、住宿等活动，并且通过发放招生手册、举办见面会等方式扩大学校宣传。俄亥俄州立大学的宣传也是种类繁多，不仅包括完善招生宣传网站、邮寄精美招生材料，还常年派出大量的工作人员深入中学一线进行宣传，包括个别交谈、举办讲座、项目推介等形式，并且常年组织各种形式的校园参观。根据卡内基教学促进基金会的调查，准毕业高中生中约有90%的学生会收到一所学校的宣传材料，有一半的毕业生会收到十件甚至更多的资料。这些各色各样的招生宣传，不仅扩大了学校的影响力，还增加了学生对招生政策的了解。

相比较中国在招生宣传方面的重视投入不足，前期研究发现弱势中学生自主招生报名率偏低，很大程度上源于信息传递路径不畅，如何让偏远地区弱势高中生全面准确地掌握自主招生相关信息，提高自主招生参与率是一个值得探究的议题，对此本课题组率先进行实验干预，发现进行直接的信息干预可以很大程度上提高弱势中学生自主招生报名率。因此，可以从以下方面提高自主招生报名率：

（1）高校要细分学生群体，制订多样化的宣传方案。中国可以仿效美国的宣传手段，针对不同的地域、不同目标群体制订不同的宣传方案。对于经济发达地区、示范中学的学生，可以通过完善学校官网、微博、微信等社交平台信息，为非弱势学生提供更全面的线上信息服务。尤其高校要深入弱势地区、弱势中学向弱势学生讲解自主招生的相关信息，为其提供后续咨询服务。重点在县级中学和农村地区进行进校宣传推广，以点带面扩大影响，切实提高弱势中学生自主招生的报名率和参与率。

（2）中学要培养自主招生专业人员，营造良好的参与氛围。对于弱势中学生而言，教师是获取资讯的主要途径，中学教师要对政策非常了解，才可以准确向学生传递自主招生相关信息。一方面，要对中学教师进行自主招生政策培训，定期去高校了解自主招生最新政策信息。另一方面，中学要充分发挥自己便利的地缘优势，积极开展自主招生政策宣传活动，在全校形成良好的自主招生参与氛围。

参考文献

[1] 李克强. 政府工作报告[EB/OL]. http://www.gov.cn/zhuanti/2018lh/2018zfgzbg/zfgzbg.htm.

[2] 陈琳. 高校自主招生制度对农村考生公平缺失原因及对策分析[D]. 武汉：湖北大学，2012.

[3] 肖佩莲. 我国高校自主招生制度公平与效率问题探究[D]. 武汉：华中师范大学，2011.

[4] 吉明明，李峻. 公平视阈下高校自主招生选拔机制研究[J]. 中国教育学刊，2016（8）：46-50.

[5] 黄首晶，郑畅. 美澳两国自主招生公平性改革的经验与借鉴[J]. 中国高教研究，2015（7）：59-63.

[6] 晏金柱. 美国大学的招生宣传工作及其启示——以美国俄亥俄州立大学为例[J]. 现代交际，2012（3）：209-210.

[7] 任湘郴，何志祥，蒋阳飞，等. 省属高校自主招生宣传效果实证分析[J]. 中南林业科技大学学报(社会科学版)，2013，7（4）：148-151.

附 录

附1：高校招生制度改革实施效果调查问卷 I
（高校学生）

同学：

您好！自1977年恢复高考以来，我国高校招生制度进行了一系列重大改革，其中自主招生制度历经2003年至今的改革实践，已成为涵盖90所重点高校、年均数十万考生参加、招录3万余名考生的重要招生活动。受教育部委托，本课题组曾对2003—2006级52所高校的所有自主招生学生进行过普查，并形成了连续多年的在自主招生领域的追踪调查数据库。为进一步开展好此项研究工作，厘清现状、发现问题、改革创新，本次受国家自然科学基金委员会（课题编号：71403020）、国家社会科学基金委员会（课题编号：13BGL127）和教育部人文社会科学研究基金（课题编号：12YGC880139）联合资助，课题组再次在全国范围内大规模开展对自主招生学生、保送生、统招生的问卷调查，您的真实回答对本研究非常重要。问卷的各项答案无好坏对错之分，问卷结果仅为研究及政府决策使用，并严格对外保密。请您按照实际情况与真实想法填写问卷。衷心感谢您的参与和支持！如果愿意，我们将为您的手机（请填写号码：_____）提供15～30 MB上网流量表示感谢。

国家自然科学基金"提升弱势群体自主招生参与
的公平与效率研究"课题组

【填写说明】请在选项前□上划"√"或在"___"上填答。如无特别说明，每个问题只选择一个答案。

第一部分　基本信息

1. 您的性别是：□1 男性　□2 女性；年龄是_____岁；民族是：□1 汉族　□2 少数民族（请注明_____族）

2. 您所学专业名称是（_____）；所属学科为：□1 理科　□2 工科　□3 农科　□4 医科　□5 文科

3. 您所在的年级：□1 大一　□2 大二　□3 大三　□4 大四　□5 大五

4. 您的高考总分____分；排名全省第____名；其中，语文____分；数学____分；英语____分

5. 您所属的生源类别是：□1 自主招生录取　□2 保送生　□3 全国统招

6. 您大学入校前户籍在：____省____市____县（区）；户籍属于：□1 农村户口　□2 城市户口

7. 您父亲职业是_____；您母亲职业是_____；家庭年收入约____万元

8. 您父亲学历是：□1 小学及以下　□2 初中　□3 高中（中专、中职）　□4 大学　□5 硕士　□6 博士

您母亲学历是：□1 小学及以下　□2 初中　□3 高中（中专、中职）　□4 大学　□5 硕士　□6 博士

9. 您家庭成员（或联系亲密的亲戚/朋友/邻里/同事）最高学历是：□1 高中及以下　□2 大学　□3 硕士　□4 博士

10. 您家庭成员（或联系亲密的亲戚/朋友/邻里/同事）是否有在大学工作的人员：□1 是　□2 否

11. 您家庭成员（或联系亲密的亲戚/朋友/邻里/同事）是否有在高中工作的人员：□1 是　□2 否

12. 您家庭成员（或联系亲密的亲戚/朋友/邻里/同事）是否有在

政府工作的人员：□1 是　　□2 否

13. 您家庭藏书约 _____ 本

14. 您家庭住房面积约_____平方米

15. 您家庭是否拥有私家车：□1 是　　□2 否

第二部分　中学情况

1. 您高中所在中学，属于：

□1 国家级示范中学

□2 省（直辖市、自治区）级示范中学

□3 市级（直辖市区、自治区旗）示范中学

□4 普通高级中学

□5 中职中专院校

□6 其他

2. 您高中所在中学，在您所在城市（如武汉市）按办学实力约排在第_____名

3. 您高中所在班级

1）是否属于所在学校的重点班（如"火箭班""加强班""奥赛班"等）：□1 是　　□2 否

2）班级分类属于：□1 理科班　□2 文科班　□3 不分文理

3）班级共有学生_____人；其中，考取本科高校_____人；考取 985 高校_____人；考取 211 高校_____人

4）班级获得保送学生_____人；获得自主招生录取_____人

4. 您本人

1）高中阶段总体成绩约为所在班级第_____名

2）是否曾获得过学科竞赛奖项：　　　　　□1 是　□2 否

3）是否有文学作品发表或获奖：　　　　　□1 是　□2 否

4）是否有英语竞赛获奖：　　　　　　　　□1 是　□2 否

5）是否曾获得过各类专利：　　　　　　　□1 是　□2 否

6）是否获得省市级三好学生称号：　　　　□1 是　□2 否

7）是否获得体育类奖项（或运动员称号）：□1 是　□2 否

8）是否获得艺术类奖项： □1 是　　□2 否
9）是否属于国家重点外国语中学： □1 是　　□2 否
10）是否属于烈士子女或见义勇为称号获得者： □1 是　　□2 否

5. 您认为来到当前学校属于：□1 高考正常发挥　　□2 高考失误
　　　　　　　　　　　　　　□3 高考超常发挥

6. 您高三时对于自主招生政策的了解情况

1）我阅读过一些大学的《自主招生简章》	□1 非常同意　□2 比较同意 □3 不太同意　□4 完全不同意
2）我清楚自主招生与高考的区别	□1 非常同意　□2 比较同意 □3 不太同意　□4 完全不同意
3）我知道通过自主招生选拔会大大增加高考录取率	□1 非常同意　□2 比较同意 □3 不太同意　□4 完全不同意
4）我知道自主招生对于报名条件的要求	□1 非常同意　□2 比较同意 □3 不太同意　□4 完全不同意
5）我知道到自主招生的报名方法和途径	□1 非常同意　□2 比较同意 □3 不太同意　□4 完全不同意
6）我知道自主招生活动的时间安排	□1 非常同意　□2 比较同意 □3 不太同意　□4 完全不同意
7）我知道我所在中学是否拥有自主招生报名推荐权	□1 非常同意　□2 比较同意 □3 不太同意　□4 完全不同意
8）我知道我所在中学有哪些大学的自主招生推荐权	□1 非常同意　□2 比较同意 □3 不太同意　□4 完全不同意
9）我知道我所在中学哪些学生获得了中学推荐资格	□1 非常同意　□2 比较同意 □3 不太同意　□4 完全不同意
10）我知道一些大学的自主招生笔试科目	□1 非常同意　□2 比较同意 □3 不太同意　□4 完全不同意
11）我知道一些大学的自主招生面试流程	□1 非常同意　□2 比较同意 □3 不太同意　□4 完全不同意
12）我非常清楚自己是否具备参加自主招生资格	□1 非常同意　□2 比较同意 □3 不太同意　□4 完全不同意
13）我非常清楚自己是否有能力参加自主招生	□1 非常同意　□2 比较同意 □3 不太同意　□4 完全不同意
14）我所在班级成绩优秀的学生更了解自主招生政策	□1 非常同意　□2 比较同意 □3 不太同意　□4 完全不同意

续表

15）教师子女往往更了解自主招生政策	□1 非常同意　□2 比较同意 □3 不太同意　□4 完全不同意
16）家庭条件好的学生更了解自主招生	□1 非常同意　□2 比较同意 □3 不太同意　□4 完全不同意
17）家庭社会资源较多的学生更了解自主招生	□1 非常同意　□2 比较同意 □3 不太同意　□4 完全不同意
18）总体上，我对自主招生政策非常了解	□1 非常同意　□2 比较同意 □3 不太同意　□4 完全不同意

7. 您对于自主招生政策的了解途径是

□1 所在中学的宣传　　　　　□2 招生高校的宣传

□3 中学教师告知　　　　　　□4 父母告知

□5 亲朋好友告知　　　　　　□6 报纸、杂志、互联网等媒体发布的信息

□7 微信、微博等新媒体信息　□8 参加过自主招生的学长告知

□9 招生研究者（学者）的宣讲　□10 教育培训机构的宣传

□11 其他（请注明）____　　□12 完全不了解

第三部分　大学入校后情况

1. 您本人进入大学后，以前的优势科目或爱好特长

□1 有很大发展　　　　　　□2 有一些发展

□3 没有变化　　　　　　　□4 有一些退步

□5 有很大退步

2. 您目前所在班级，共____人

您大一学习成绩处于班级第____名；综合测评处于班级第____名

您大二学习成绩处于班级第____名；综合测评处于班级第____名

您大三学习成绩处于班级第____名；综合测评处于班级第____名

您大四学习成绩处于班级第____名。综合测评处于班级第____名

3. 大学期间，除上课外，您每天用于学习的时间为：

大一期间：A：几乎没有；B：1 小时以内；C：1～2 小时；D：2～

3 小时；E：3 小时以上

大二期间：A：几乎没有；B：1 小时以内；C：1~2 小时；D：2~3 小时；E：3 小时以上

大三期间：A：几乎没有；B：1 小时以内；C：1~2 小时；D：2~3 小时；E：3 小时以上

大四期间：A：几乎没有；B：1 小时以内；C：1~2 小时；D：2~3 小时；E：3 小时以上

4. 大学期间，除教科书外，您每学期阅读的经典文献约为：

大一期间：A：1~2 本；B：3~5 本；C：6~9 本；D：10 本及以上；E：未阅读

大二期间：A：1~2 本；B：3~5 本；C：6~9 本；D：10 本及以上；E：未阅读

大三期间：A：1~2 本；B：3~5 本；C：6~9 本；D：10 本及以上；E：未阅读

大四期间：A：1~2 本；B：3~5 本；C：6~9 本；D：10 本及以上；E：未阅读

5. 您是否已经参加英语等级考试：□1 是　　□2 否

如选择"是"，您英语四级考试分数为：_____；您英语六级考试分数为：_____

6. 您本学科之外的其他专业学习的情况是（可多选）：

□1 辅修第二学位　　　　　□2 选修其他专业课程

□3 旁听其他专业的课程　　□4 课余阅读其他专业的书籍

□5 没有选修或旁听其他专业课程

7. 您是否满意学校的学习氛围：

□1 非常满意　　　　　　　□2 比较满意

□3 一般　　　　　　　　　□4 不太满意

□5 很不满意

8. 您参与科研课题研究的情况是：

□1 独立进行　　　　　　　□2 与同学合作

☐3 参与教师的课题　　　　☐4 从未参加

9. 您在校期间参加科技创新类竞赛的情况是（请选择参加的最高级别）：

☐1 国际级　　　　☐2 国家级

☐3 省市级　　　　☐4 校级

☐5 院系级　　　　☐6 从未参加

10. 大学期间您获得国家专利的情况是：

☐1 四个及以上　　☐2 三个

☐3 两个　　　　　☐4 一个

☐5 无

11. 您的政治面貌是：

☐1 中共党员或中共预备党员　　☐2 共青团员

☐3 群众

12. 您在大学期间曾担任学生干部的情况是（可多选）：

☐1 党团干部　　　　☐2 院系或班级干部

☐3 学生社团干部　　☐4 无

13. 您在大学期间获得过哪些院系级以上的荣誉或奖项（可多选）：

☐1 优秀学生干部类　　☐2 三好学生类

☐3 优秀党团员　　　　☐4 无

14. 你参加过的社会实践活动有：

☐1 社会调查　　　　☐2 暑期社会实践

☐3 志愿者或义工　　☐4 兼职（有酬金）

☐5 勤工助学　　　　☐6 从未参加

15. 您是否喜欢自己所学的专业：

☐1 非常喜欢　　　　☐2 比较喜欢

☐3 无所谓　　　　　☐4 不太喜欢

☐5 非常不喜欢

16. 您是否提出过转专业申请：☐1 是　☐2 否；是否获得学校同意 ☐1 是　☐2 否

17. 您参与和专业相关的社会实践活动的情况：

☐1 经常参加　　　　　　☐2 较多参加

☐3 偶尔参加　　　　　　☐4 很少参加

☐5 从不参加

18. 您专业学习压力情况：

☐1 非常大　　　　　　　☐2 比较大

☐3 一般　　　　　　　　☐4 比较小

☐5 非常大

19. 您毕业后的意向是：☐1 读研　☐2 工作　☐3 出国　☐4 其他（请注明）

第四部分　自主招生报考情况

注：如未报名参加高校自主招生选拔活动，请跳过本部分问卷填答，您的填答已经结束，谢谢。

1. 您是否报名参加了自主招生：☐1 是　☐2 否。如选择"是"请继续回答

项目	大学名称	是否获得中学推荐资格	是否获得笔试资格	是否获得面试资格	是否最终获得自主招生录取
报名大学1		☐1 是　☐2 否	☐1 是　☐2 否	☐1 是　☐2 否	☐1 是　☐2 否
报名大学2		☐1 是　☐2 否	☐1 是　☐2 否	☐1 是　☐2 否	☐1 是　☐2 否
报名大学3		☐1 是　☐2 否	☐1 是　☐2 否	☐1 是　☐2 否	☐1 是　☐2 否

2. 您自主招生报名情况

A1 我尽量报考很多所大学的自主招生	☐1 非常同意　☐2 比较同意 ☐3 不太同意　☐4 完全不同意
A2 我尽量报名我最热爱的大学	☐1 非常同意　☐2 比较同意 ☐3 不太同意　☐4 完全不同意

续表

题项	选项
A3 我尽量报名所在中学有推荐名额的大学	□1 非常同意　□2 比较同意 □3 不太同意　□4 完全不同意
A4 我尽量报名我最有把握的大学	□1 非常同意　□2 比较同意 □3 不太同意　□4 完全不同意
A5 我尽量按照家人或亲友意愿报考大学	□1 非常同意　□2 比较同意 □3 不太同意　□4 完全不同意
A6 我尽量按照中学老师意愿报考大学	□1 非常同意　□2 比较同意 □3 不太同意　□4 完全不同意
A7 我更多考虑的是大学知名度而不是专业好坏	□1 非常同意　□2 比较同意 □3 不太同意　□4 完全不同意
A8 我尽量报名本省（市）的大学	□1 非常同意　□2 比较同意 □3 不太同意　□4 完全不同意
A9 我尽量报名发达省市的大学	□1 非常同意　□2 比较同意 □3 不太同意　□4 完全不同意
A10 我家人帮我搜集了所有自主招生信息	□1 非常同意　□2 比较同意 □3 不太同意　□4 完全不同意
A11 我家人帮我准备好了报名材料	□1 非常同意　□2 比较同意 □3 不太同意　□4 完全不同意
A12 我中学老师参与了我的报名材料准备	□1 非常同意　□2 比较同意 □3 不太同意　□4 完全不同意
A13 我聘请了专业人士帮忙准备报名材料	□1 非常同意　□2 比较同意 □3 不太同意　□4 完全不同意
A14 我的申请信是由我自己完成的	□1 非常同意　□2 比较同意 □3 不太同意　□4 完全不同意
A15 我的推荐信是由我或家人自己写好的	□1 非常同意　□2 比较同意 □3 不太同意　□4 完全不同意
A16 报名费我承担得起	□1 非常同意　□2 比较同意 □3 不太同意　□4 完全不同意
A17 报名时我不考虑考试成本问题（如到外省考试）	□1 非常同意　□2 比较同意 □3 不太同意　□4 完全不同意
A18 应取消自主招生在不同中学的名额分配制度	□1 非常同意　□2 比较同意 □3 不太同意　□4 完全不同意
A19 应取消"校长推荐制"等中学推荐制度	□1 非常同意　□2 比较同意 □3 不太同意　□4 完全不同意
A20 应防止教师子女更多占有自主招生名额	□1 非常同意　□2 比较同意 □3 不太同意　□4 完全不同意

3. 您自主招生考试情况

B1 我进行了自主招生考试的认真准备	□1 非常同意　□2 比较同意 □3 不太同意　□4 完全不同意
B2 我报名了自主招生考试辅导班	□1 非常同意　□2 比较同意 □3 不太同意　□4 完全不同意
B3 我购买了自主招生考试用书	□1 非常同意　□2 比较同意 □3 不太同意　□4 完全不同意
B4 我知道自主招生考试与高考的异同	□1 非常同意　□2 比较同意 □3 不太同意　□4 完全不同意
B5 我所在中学为我提供了自主招生考试指导	□1 非常同意　□2 比较同意 □3 不太同意　□4 完全不同意
B6 我觉得笔试试题非常科学	□1 非常同意　□2 比较同意 □3 不太同意　□4 完全不同意
B7 我觉得笔试试题应该是大学老师命的题	□1 非常同意　□2 比较同意 □3 不太同意　□4 完全不同意
B8 我觉得笔试试题应该是中学老师命的题	□1 非常同意　□2 比较同意 □3 不太同意　□4 完全不同意
B9 我觉得笔试试题能考出我的真实水平	□1 非常同意　□2 比较同意 □3 不太同意　□4 完全不同意
B10 笔试成绩进行了及时公示	□1 非常同意　□2 比较同意 □3 不太同意　□4 完全不同意
B11 我觉得高考成绩完全可以取代自主招生笔试成绩	□1 非常同意　□2 比较同意 □3 不太同意　□4 完全不同意
B12 我觉得面试考核非常必要	□1 非常同意　□2 比较同意 □3 不太同意　□4 完全不同意
B13 我觉得面试流程设置非常合理	□1 非常同意　□2 比较同意 □3 不太同意　□4 完全不同意
B14 我觉得面试试题非常科学严谨	□1 非常同意　□2 比较同意 □3 不太同意　□4 完全不同意
B15 我觉得面试过程能反映出我的真实水平	□1 非常同意　□2 比较同意 □3 不太同意　□4 完全不同意
B16 面试官进行了充分面试准备	□1 非常同意　□2 比较同意 □3 不太同意　□4 完全不同意
B17 面试官打分不偏不倚，公正客观	□1 非常同意　□2 比较同意 □3 不太同意　□4 完全不同意

续表

B18 面试环节容易造成腐败问题发生	□1 非常同意　□2 比较同意 □3 不太同意　□4 完全不同意
B19 面试成绩进行了及时公示	□1 非常同意　□2 比较同意 □3 不太同意　□4 完全不同意
B20 考试内容基本在我的知识结构范围内	□1 非常同意　□2 比较同意 □3 不太同意　□4 完全不同意
B21 考试内容能突出对于综合能力的考察	□1 非常同意　□2 比较同意 □3 不太同意　□4 完全不同意
B22 考核内容对城市学生有利	□1 非常同意　□2 比较同意 □3 不太同意　□4 完全不同意
B23 考核内容对参加过奥赛学生有利	□1 非常同意　□2 比较同意 □3 不太同意　□4 完全不同意
B24 考核内容对家庭经济好的学生有利	□1 非常同意　□2 比较同意 □3 不太同意　□4 完全不同意
B25 考核内容对家庭社会资源多的学生有利	□1 非常同意　□2 比较同意 □3 不太同意　□4 完全不同意
B26 考核内容对偏才、怪才学生有利	□1 非常同意　□2 比较同意 □3 不太同意　□4 完全不同意
B27 考核内容对理工科学生有利	□1 非常同意　□2 比较同意 □3 不太同意　□4 完全不同意
B28 考核内容对女生有利	□1 非常同意　□2 比较同意 □3 不太同意　□4 完全不同意
B29 考核内容应增加实验等能力测试环节	□1 非常同意　□2 比较同意 □3 不太同意　□4 完全不同意
B30 应形成标准化考试，让更多学生自由参加	□1 非常同意　□2 比较同意 □3 不太同意　□4 完全不同意

附2：高校自主招生制度改革实施效果调查问卷 Ⅱ
（考生家长）

尊敬的自主招生考生家长：

您好！自 1977 年恢复高考以来，我国高校招生制度进行了一系列重大改革，其中自主招生制度历经 13 年的改革实践，已成为涵盖 90 所重点高校、年均数十万考生参加、招录 3 万余名考生的重要招生活动。受教育部委托，本课题组曾于 2006 年对 52 所高校 1.8 万名自主招生学生、数千名考生家长、数千名中学校长与高三年级组长、52 所高校招办负责人进行过问卷调查，并在此之后形成了连续多年的自主招生追踪调查数据库。为进一步开展好相关研究工作，为国家招生改革决策提供参考，本次受国家自然科学基金委员会（课题编号：71403020）、国家社会科学基金委员会（课题编号：13BGL127）和教育部人文社会科学研究基金会（课题编号：12YGC880139）联合资助，课题组再次在全国范围内大规模开展对自主招生学生、家长、教师和招办负责人的问卷调查，您的真实回答对本研究非常重要。问卷的各项答案无好坏对错之分，问卷结果仅为研究及政府决策使用，并严格对外保密。请您按照实际情况与真实想法填写问卷。衷心感谢您的参与和支持！

国家自然科学基金"提升弱势群体自主招生参与的公平与效率研究"课题组

【填写说明】请在选项前□上划"√"或在"＿＿＿"上直接填答。如无特别说明，每个问题只选择一个答案。

1. 您的性别：□1 男性　□2 女性

民族：□1 汉族　□2 少数民族；年龄：＿＿＿＿＿岁

2. 您的户籍所在地为：□1 直辖市或省会城市　□2 地级市　□3 县级市或县城　□4 乡镇　□5 农村

3. 您的学历：□1 小学及以下　□2 初中　□3 高中（中专/中职）
　　□4 大学（大专）　□5 硕士　□6 博士

配偶学历：□1 小学及以下　□2 初中　□3 高中（中专/中职）
　　□4 大学（大专）　□5 硕士　□6 博士　□7 不适合回答

4. 您的职业是：　　　　　　　　您配偶的职业是：

□1 国家机关企业事业单位中高层管理人员　　□1 国家机关企业事业单位中高层管理人员

□2 国家机关企业事业单位一般工作人员　　□2 国家机关企业事业单位一般工作人员

□3 教师及专业技术人员　　□3 教师及专业技术人员

□4 商业、服务业一般从业人员　　□4 商业、服务业一般从业人员

□5 农业从业人员　　□5 农业从业人员

□6 厂矿、运输等一般从业人员　　□6 厂矿、运输等一般从业人员

□7 军人　　□7 军人

□8 无业或失业人员　　□8 无业或失业人员

5. 您家庭成员（或联系亲密的亲戚/朋友/邻里/同事）最高学历是：
□1 高中及以下　□2 大学　□3 硕士　□4 博士

6. 您家庭成员（或联系亲密的亲戚/朋友/邻里/同事）是否有在大学工作的人员：□1 是　□2 否

7. 您家庭成员（或联系亲密的亲戚/朋友/邻里/同事）是否有在高中工作的人员：□1 是　□2 否

8. 您家庭成员（或联系亲密的亲戚/朋友/邻里/同事）是否有在政府工作的人员：□1 是　□2 否

9. 您家庭藏书约_____本；家庭住房面积约____平方米；是否拥有私家车：□1 是　□2 否

10. 请估算：从小至今，您在该位子女的教育上的总花费大约为____万元

您在此次自主招生方面的相关花费大约___万元；（其中，购买书籍___元；参加辅导班___元；人情送礼___元；交通___元；住宿___元；

餐饮__元；其他__元）

11. 您孩子高中所在中学属于：

☐1 国家级示范中学　　☐2 省（直辖市、自治区）级示范中学

☐3 市级（直辖市区、自治区旗）示范中学　☐4 普通高级中学

☐5 中职中专院校　☐6 其他

12. 您孩子所在中学，在您所在城市（如武汉市）按办学实力约排在第_____名。

13. 您对自主招生政策以下方面的了解情况如何

1）我阅读过一些大学的《自主招生简章》	☐1 非常同意　☐2 比较同意 ☐3 不太同意　☐4 完全不同意
2）我清楚自主招生与高考的关系	☐1 非常同意　☐2 比较同意 ☐3 不太同意　☐4 完全不同意
3）我知道通过自主招生选拔会大大增加高考录取概率	☐1 非常同意　☐2 比较同意 ☐3 不太同意　☐4 完全不同意
4）我知道自主招生对于报名条件的要求	☐1 非常同意　☐2 比较同意 ☐3 不太同意　☐4 完全不同意
5）我知道到自主招生的报名方法和途径	☐1 非常同意　☐2 比较同意 ☐3 不太同意　☐4 完全不同意
6）我知道自主招生活动的时间安排	☐1 非常同意　☐2 比较同意 ☐3 不太同意　☐4 完全不同意
7）我知道孩子所在中学是否拥有自主招生报名推荐权	☐1 非常同意　☐2 比较同意 ☐3 不太同意　☐4 完全不同意
8）我知道孩子所在中学有哪些大学的自主招生推荐权	☐1 非常同意　☐2 比较同意 ☐3 不太同意　☐4 完全不同意
9）我知道孩子所在中学哪些学生获得了中学推荐资格	☐1 非常同意　☐2 比较同意 ☐3 不太同意　☐4 完全不同意
10）我知道一些大学的自主招生笔试科目	☐1 非常同意　☐2 比较同意 ☐3 不太同意　☐4 完全不同意
11）我知道一些大学的自主招生面试流程	☐1 非常同意　☐2 比较同意 ☐3 不太同意　☐4 完全不同意
12）我非常清楚自己孩子是否具备参加自主招生资格	☐1 非常同意　☐2 比较同意 ☐3 不太同意　☐4 完全不同意

续表

13）我非常清楚自己孩子是否有能力参加自主招生	□1 非常同意　□2 比较同意 □3 不太同意　□4 完全不同意	
14）成绩好的学生往往更了解自主招生政策	□1 非常同意　□2 比较同意 □3 不太同意　□4 完全不同意	
15）教师子女往往更了解自主招生政策	□1 非常同意　□2 比较同意 □3 不太同意　□4 完全不同意	
16）家庭条件好的学生更了解自主招生政策	□1 非常同意　□2 比较同意 □3 不太同意　□4 完全不同意	
17）家庭社会关系较多的学生更了解自主招生政策	□1 非常同意　□2 比较同意 □3 不太同意　□4 完全不同意	
18）总体上，我对自主招生政策非常了解	□1 非常同意　□2 比较同意 □3 不太同意　□4 完全不同意	

14. 您对于自主招生政策的了解途径是

□1 所在中学的宣传　　　　□2 招生高校的宣传
□3 中学教师告知　　　　　□4 子女告知
□5 亲朋好友告知　　　　　□6 报纸、杂志、互联网等媒体
　　　　　　　　　　　　　　　发布的信息
□7 微信微博等新媒体信息　□8 参加过自主招生的学生告知
□9 招生研究者（学者）的宣讲
□10 教育培训机构的宣传　　□11 其他（请注明）_____
□12 完全不了解

15. 您孩子报名参加了自主招生的情况如何

项目	大学名称	推荐类型	是否获得考试资格
报名大学 1		□1 中学推荐　□2 自我推荐	□1 是　□2 否
报名大学 2		□1 中学推荐　□2 自我推荐	□1 是　□2 否
报名大学 3		□1 中学推荐　□2 自我推荐	□1 是　□2 否

16. 您孩子自主招生报名过程情况

A1 尽量报考很多所大学的自主招生以增加成功率	□1 非常同意　□2 比较同意 □3 不太同意　□4 完全不同意

续表

A2 尽量报名孩子最热爱的大学	□1 非常同意 □3 不太同意	□2 比较同意 □4 完全不同意
A3 尽量报名孩子所在中学有推荐名额的大学	□1 非常同意 □3 不太同意	□2 比较同意 □4 完全不同意
A4 尽量报名孩子最有把握的大学	□1 非常同意 □3 不太同意	□2 比较同意 □4 完全不同意
A5 尽量按照孩子父母或亲友意愿报考大学	□1 非常同意 □3 不太同意	□2 比较同意 □4 完全不同意
A6 尽量按照中学老师意愿报考大学	□1 非常同意 □3 不太同意	□2 比较同意 □4 完全不同意
A7 更多考虑的是大学知名度而不是专业好坏	□1 非常同意 □3 不太同意	□2 比较同意 □4 完全不同意
A8 尽量报名本省（市）的大学	□1 非常同意 □3 不太同意	□2 比较同意 □4 完全不同意
A9 尽量报名发达省市的大学	□1 非常同意 □3 不太同意	□2 比较同意 □4 完全不同意
A10 父母及家人帮忙搜集了大量的自主招生信息	□1 非常同意 □3 不太同意	□2 比较同意 □4 完全不同意
A11 父母及家人帮忙准备了大量的报名材料	□1 非常同意 □3 不太同意	□2 比较同意 □4 完全不同意
A12 中学老师参与了大量报名材料的准备	□1 非常同意 □3 不太同意	□2 比较同意 □4 完全不同意
A13 聘请了专业人士帮忙准备报名材料	□1 非常同意 □3 不太同意	□2 比较同意 □4 完全不同意
A14 申请信是由学生自己完成的	□1 非常同意 □3 不太同意	□2 比较同意 □4 完全不同意
A15 推荐信是由父母或家人写好的	□1 非常同意 □3 不太同意	□2 比较同意 □4 完全不同意
A16 报名费您承担得起	□1 非常同意 □3 不太同意	□2 比较同意 □4 完全不同意
A17 报名时不考虑考试成本问题（如到外省考试）	□1 非常同意 □3 不太同意	□2 比较同意 □4 完全不同意

17. 您孩子

1）高中阶段总体成绩约为所在班级第___名，班级共有学生___名；

2）是否曾获得过学科竞赛奖项： □1 是 □2 否

3）是否有文学作品发表或获奖： □1 是 □2 否

4）是否有英语竞赛获奖： □1 是 □2 否

5）是否曾获得过各类专利： □1 是 □2 否

6）是否获得省市级三好学生称号： □1 是 □2 否

7）是否获得体育类奖项（或运动员称号）： □1 是 □2 否

8）是否获得艺术类奖项： □1 是 □2 否

9）是否属于国家重点外国语中学： □1 是 □2 否

10）是否属于烈士子女或见义勇为称号获得者： □1 是 □2 否

11）申请自主招生资格时是否还使用过其他荣誉（请注明_____）： □1 是 □2 否

18. 您认为自主招生是否提升了高中生的综合素质或能力特长：

□1 是 □2 否

19. 您认为自主招生是否帮助大学选拔到了最优秀的学生：

□1 是 □2 否

20. 您认为中学在自主招生过程中是否存在"推良不推优"情况：

□1 是 □2 否

21. 您认为自主招生教师子女是否获得更多资格： □1 是 □2 否

22. 您认为自主招生农村生源是否处于劣势： □1 是 □2 否

23. 您认为是否可以用自主招生取代高考： □1 是 □2 否

24. 您认为是否可以用高考取代自主招生笔试部分：

□1 是 □2 否

25. 您认为自主招生是否兼顾了对学生学习成绩和其他能力的考察： □1 是 □2 否

26. 您认为自主招生是否对高考制度改革有积极意义：

□1 是 □2 否

27. 您认为自主招生是否对中学素质教育的开展有积极意义：

□1 是 □2 否

28. 您认为自主招生是否成为少数学生的特权： □1 是 □2 否

29. 您认为自主招生是否存在不同地区之间学生人才选拔的不平等： □1 是 □2 否

30. 您认为自主招生是否变相增加了学生负担： □1 是 □2 否

31. 您认为自主招生是否存在寻租或腐败行为：
□1 存在但不严重 □2 存在且比较严重 □3 不存在

32. 您认为当前自主选拔录取的规模应该：
□1 扩大比例 □2 维持当前比例 □3 减小比例 □4 停止此类招生

33. 据您所知，通过自主招生进入高校的学生中最多的是哪类人
□1 成绩拔尖 □2 成绩一般，但其他方面能力突出 □3 成绩一般，但家庭背景特殊 □4 其他_____

34. 您对当前自主选拔录取和保送生政策实施的总体评价是
□1 很好 □2 较好 □3 一般 □4 较差 □5 很差

35. 您认为哪种人才选拔方式更公平
□1 普通高考 □2 自主招生 □3 保送 □4 其他（请注明_____）

36. 您认为哪种人才选拔方式更能选拔出高校所需人才
□1 普通高考 □2 自主招生 □3 保送 □4 其他

37. 您认为哪种人才选拔方式更能推进中学素质教育
□1 普通高考 □2 自主招生 □3 保送 □4 其他

38. 您认为哪种人才选拔方式更能有利于学生个人成长
□1 普通高考 □2 自主招生 □3 保送 □4 其他

您的填答到此结束。如有相关问题欢迎与本课题组联系（刘进讲师，博士，硕士生导师。010-68911153/86-10-18146549825，liujinedu@bit.edu.cn），如您愿意接受我们进一步的访谈，也欢迎您留下电话_____或邮箱_____。真诚感谢您对本研究和中国高等教育事业发展的支持。祝您的孩子取得好成绩。

附3：高校自主招生制度改革实施效果调查问卷Ⅲ（中学生）

尊敬的中学生：

您好！自1977年恢复高考以来，我国高校招生制度进行了一系列重大改革，其中自主招生制度历经13年的改革实践，已成为涵盖90所重点高校、年均数十万考生参加、招录3万余名考生的重要招生活动。受教育部委托，本课题组曾于2006年对52所高校1.8万名自主招生学生、数千名考生家长、数千名中学校长与高三年级组长、52所高校招办负责人进行过问卷调查，并在此之后形成了连续多年的自主招生追踪调查数据库。为进一步开展好相关研究工作，为国家招生改革决策提供参考，本次受国家自然科学基金委员会（课题编号：71403020）、国家社会科学基金委员会（课题编号：13BGL127）和教育部人文社会科学研究基金会（课题编号：12YGC880139）联合资助，课题组再次在全国范围内大规模开展对自主招生学生、家长、教师和招办负责人的问卷调查，您的真实回答对本研究非常重要。问卷的各项答案无好坏对错之分，问卷结果仅为研究及政府决策使用，并严格对外保密。请您按照实际情况与真实想法填写问卷。衷心感谢您的参与和支持！

国家自然科学基金"提升弱势群体自主招生参与的公平与效率研究"课题组

【填写说明】请在选项前□上划"√"或在"＿＿＿"上直接填答。如无特别说明，每个问题只选择一个答案。

1. 您的性别：□1 男性　□2 女性；民族：□1 汉族　□2 少数民族；年龄：＿＿＿＿岁

2. 您的户籍所在地为：□1 直辖市或省会城市　□2 地级市　□3 县级市或县　□4 乡镇　□5 农村

3. 您父亲的学历：□1 小学及以下□2 初中□3 高中（中专/中职）

☐4 大学（大专） ☐5 硕士 ☐6 博士

母亲的学历：☐1 小学及以下 ☐2 初中 ☐3 高中（中专/中职）
☐4 大学（大专） ☐5 硕士 ☐6 博士

4. 您父亲的职业是： 您母亲的职业是：

☐1 国家机关企业事业单位中高层管理人员　　☐1 国家机关企业事业单位中高层管理人员

☐2 国家机关企业事业单位一般工作人员　　☐2 国家机关企业事业单位一般工作人员

☐3 教师及专业技术人员　　☐3 教师及专业技术人员

☐4 商业、服务业一般从业人员　　☐4 商业、服务业一般从业人员

☐5 农业从业人员　　☐5 农业从业人员

☐6 厂矿、运输等一般从业人员　　☐6 厂矿、运输等一般从业人员

☐7 军人　　☐7 军人

☐8 无业或失业人员　　☐8 无业或失业人员

5. 您家庭成员（或联系亲密的亲戚/朋友/邻里/同事）最高学历是：
☐1 高中及以下 ☐2 大学 ☐3 硕士 ☐4 博士

6. 您家庭成员（或联系亲密的亲戚/朋友/邻里/同事）是否有在大学工作的人员：☐1 是 ☐2 否

7. 您家庭成员（或联系亲密的亲戚/朋友/邻里/同事）是否有在高中工作的人员：☐1 是 ☐2 否

8. 您家庭成员（或联系亲密的亲戚/朋友/邻里/同事）是否有在政府工作的人员：☐1 是 ☐2 否

9. 您家庭藏书约 _____ 本；家庭住房面积约____平方米； 是否拥有私家车：☐1 是 ☐2 否

10. 您高中所在中学属于：

☐1 国家级示范中学

☐2 省（直辖市、自治区）级示范中学

☐3 市级（直辖市区、自治区旗）示范中学

☐4 普通高级中学

☐5 中职中专院校

☐6 其他

11. 您对自主招生政策以下方面的了解情况如何

1）我阅读过一些大学的《自主招生简章》	☐1 非常同意　☐2 比较同意 ☐3 不太同意　☐4 完全不同意
2）我清楚自主招生与高考的关系	☐1 非常同意　☐2 比较同意 ☐3 不太同意　☐4 完全不同意
3）我知道通过自主招生选拔会大大增加高考录取概率	☐1 非常同意　☐2 比较同意 ☐3 不太同意　☐4 完全不同意
4）我知道自主招生对于报名条件的要求	☐1 非常同意　☐2 比较同意 ☐3 不太同意　☐4 完全不同意
5）我知道自主招生的报名方法和途径	☐1 非常同意　☐2 比较同意 ☐3 不太同意　☐4 完全不同意
6）我知道自主招生活动的时间安排	☐1 非常同意　☐2 比较同意 ☐3 不太同意　☐4 完全不同意
7）我知道我所在中学是否拥有自主招生报名推荐权	☐1 非常同意　☐2 比较同意 ☐3 不太同意　☐4 完全不同意
8）我知道我所在中学有哪些大学的自主招生推荐权	☐1 非常同意　☐2 比较同意 ☐3 不太同意　☐4 完全不同意
9）我知道我所在中学哪些学生获得了中学推荐资格	☐1 非常同意　☐2 比较同意 ☐3 不太同意　☐4 完全不同意
10）我知道一些大学的自主招生笔试科目	☐1 非常同意　☐2 比较同意 ☐3 不太同意　☐4 完全不同意
11）我知道一些大学的自主招生面试流程	☐1 非常同意　☐2 比较同意 ☐3 不太同意　☐4 完全不同意
12）我非常清楚自己是否具备参加自主招生资格	☐1 非常同意　☐2 比较同意 ☐3 不太同意　☐4 完全不同意
13）我非常清楚自己是否有能力参加自主招生	☐1 非常同意　☐2 比较同意 ☐3 不太同意　☐4 完全不同意
14）成绩好的学生往往更了解自主招生政策	☐1 非常同意　☐2 比较同意 ☐3 不太同意　☐4 完全不同意
15）教师子女往往更了解自主招生政策	☐1 非常同意　☐2 比较同意 ☐3 不太同意　☐4 完全不同意
16）家庭条件好的学生更了解自主招生政策	☐1 非常同意　☐2 比较同意 ☐3 不太同意　☐4 完全不同意

续表

17）家庭社会关系较多的学生更了解自主招生政策	□1 非常同意　□2 比较同意 □3 不太同意　□4 完全不同意
18）总体上，我对自主招生政策非常了解	□1 非常同意　□2 比较同意 □3 不太同意　□4 完全不同意

12. 您对于自主招生政策的了解途径是

□1 所在中学的宣传　　　　　□2 招生高校的宣传

□3 中学教师告知　　　　　　□4 子女告知

□5 亲朋好友告知　　　　　　□6 报纸、杂志、互联网等媒体发布的信息

□7 微信、微博等新媒体信息　□8 参加过自主招生的学生告知

□9 招生研究者（学者）的宣讲

□10 教育培训机构的宣传　　　□11 其他（请注明）_____

□12 完全不了解

13. 您

1）高中阶段总体成绩约为所在班级第_____名，班级共有学生_____名；

2）是否曾获得过学科竞赛奖项：　　　　　□1 是　□2 否

3）是否有文学作品发表或获奖：　　　　　□1 是　□2 否

4）是否有英语竞赛获奖：　　　　　　　　□1 是　□2 否

5）是否曾获得过各类专利：　　　　　　　□1 是　□2 否

6）是否获得省市级三好学生称号　　　　　□1 是　□2 否

7）是否获得体育类奖项（或运动员称号）　□1 是　□2 否

8）是否获得艺术类奖项　　　　　　　　　□1 是　□2 否

9）是否属于国家重点外国语中学　　　　　□1 是　□2 否

10）是否属于烈士子女或见义勇为称号获得者　□1 是　□2 否

11）您是否还有过其他荣誉（请注明_____）

　　　　　　　　　　　　　　　　　　　　□1 是　□2 否

14. 您收听本次自主招生政策公益解读之前，是否有意向参加今

年自主招生活动： □1 是 □2 否

您收听本次自主招生政策公益解读之后，是否有意向参加今年自主招生活动： □1 是 □2 否

15. 关于高考与自主招生活动，您还有何意见或建议

_____
_____

您的填答到此结束。如有相关问题欢迎与本课题组联系，如您愿意进一步与我们联系，请您留下电话或邮箱_____。真诚感谢您对本研究和中国高等教育事业发展的支持。祝您取得好成绩。

国家自然科学基金资助项目"提升弱势群体自主招生参与的公平与效率：关系模型与政策改革研究"课题组

组长：北京理工大学教育研究院刘进，讲师、博士、硕士生导师、校教学促进与教师发展中心副主任（国家级示范中心）

成员：陈健（硕士研究生）、哈梦颖（硕士研究生）、李明宇（本科生）

联系电话：17801036505（陈健）

电子邮箱：liujinedu@bit.edu.cn

微信公众号：刘进博士北京理工大学

二维码：

附4：致学生家长关于积极了解自主招生政策的信函

尊敬的学生家长，您好：

我们是国家自然科学基金委员会资助项目"提升弱势群体自主招生参与的公平与效率：关系模型与政策改革研究"（项目编号：71403020）课题组成员。

来函是为了提醒您更多关注国家自主招生政策，积极组织学生参与高校自主招生活动。

自主招生全称为高校自主选拔录取，自2003年由教育部推广试行。核心是在传统高考之外，赋予高校部分招生自主权，并通过招生制度改革有效促进中学创新人才的培养与选拔，破解中学应试教育难题，增加高校人才选拔的科学性与公平性。目前，包括北京大学、清华大学在内的90所国内重点高校已基本全部获得了自主招生试点权限，各校每年拿出当年度5%左右的招生计划进行自主招生活动。考生一经自主招生录取，当年度可享受降低20~60分进行高考录取及其他优惠政策（具体情况参见各高校《招生简章》）。

过去13年来，中国已有近10万名高中生享受该项政策顺利进入高校，自主招生已成为学生进入重点高校的关键环节。但在一些落后偏远地区，也存在因为宣传不足等原因导致家长对该项政策了解重视不够、学生参与不多等问题。

为此，本课题组受国家自然科学基金委员会资助，在部分西部地区公益性开展自主招生政策研究和宣传推广活动。专程向您发来此信，提醒您通过多种途径积极了解自主招生政策，并指导学生用好此项政策，进入理想中的大学。

附件为本课题组为您免费提供的2016年部分高校自主招生简章汇编。更多信息您也可以查阅教育部阳光高考信息公开平台（http://gaokao.chsi.com.cn/）。

如有进一步需要咨询的问题,也欢迎来电来函。

国家自然科学基金资助项目"提升弱势群体自主招生参与的公平与效率:关系模型与政策改革研究"课题组

组长:北京理工大学教育研究院刘进,讲师、博士、硕士生导师、校教学促进与教师发展中心副主任(国家级示范中心)

成员:陈健(硕士研究生)、哈梦颖(硕士研究生)、李明宇(本科生)

联系电话:17801036505(陈健)

电子邮箱:liujinedu@bit.edu.cn

微信公众号:刘进博士北京理工大学

二维码: